中国古代河流

王 俊 著

中国商业出版社

图书在版编目（CIP）数据

中国古代河流 / 王俊著. -- 北京：中国商业出版社，2022.1
ISBN 978-7-5208-1947-3

Ⅰ.①中… Ⅱ.①王… Ⅲ.①河流—介绍—中国—古代 Ⅳ.① K928.42

中国版本图书馆 CIP 数据核字（2021）第 243505 号

责任编辑：王　静

中国商业出版社出版发行
010-63180647　www.c-cbook.com
（100053　北京广安门内报国寺 1 号）
新华书店经销
三河市吉祥印务有限公司印刷

*

710 毫米 ×1000 毫米　16 开　16 印张　205 千字
2022 年 1 月第 1 版　2022 年 1 月第 1 次印刷
定价：40.00 元

* * *

（如有印装质量问题可更换）

《中国传统民俗文化》编委会

主　编　傅璇琮　著名学者，国务院古籍整理出版规划小组原秘书长，清华大学古典文献研究中心主任，中华书局原总编辑

顾　问　蔡尚思　历史学家，中国思想史研究专家
　　　　卢燕新　南开大学文学院教授
　　　　于　娇　泰国辅仁大学教育学博士
　　　　张骁飞　郑州师范学院文学院副教授
　　　　鞠　岩　中国海洋大学新闻与传播学院副教授，中国传统文化研究中心副主任
　　　　王永波　四川省社会科学院文学研究所研究员
　　　　叶　舟　清华大学、北京大学特聘教授
　　　　于春芳　北京第二外国语学院副教授
　　　　杨玲玲　西班牙文化大学文化与教育学博士

编　委　陈鑫海　首都师范大学中文系博士
　　　　李　敏　北京语言大学古汉语古代文学博士
　　　　韩　霞　山东教育基金会理事，作家
　　　　陈　娇　山东大学哲学系讲师
　　　　吴军辉　河北大学历史系讲师

策划及副主编　王　俊

序　言

中国是举世闻名的文明古国，在漫长的历史发展过程中，勤劳智慧的中国人创造了丰富多彩、绚丽多姿的文化。这些经过锤炼和沉淀的古代传统文化，凝聚着华夏各族人民的性格、精神和智慧，是中华民族相互认同的标志和纽带，在人类文化的百花园中摇曳生姿，展现着自己独特的风采，对人类文化的多样性发展做出了巨大贡献。中国传统民俗文化内容广博，风格独特，深深地吸引着世界人民的眼光。

正因如此，我们必须按照中央的要求，加强文化建设。2006年5月，时任浙江省委书记的习近平同志就已提出："文化通过传承为社会进步发挥基础作用，文化会促进或制约经济乃至整个社会的发展。"又说，"文化的力量最终可以转化为物质的力量，文化的软实力最终可以转化为经济的硬实力。"（《浙江文化研究工程成果文库总序》）2013年他去山东考察时，再次强调：中华民族伟大复兴，需要以中华文化发展繁荣为条件。

正因如此，我们应该对中华民族文化进行广阔、全面的检视。我们应该唤醒我们民族的集体记忆，复兴我们民族的伟大精神，发展和繁荣中华民族的优秀文化，为我们民族在强国之路上阔步前行创设先决条件。实现民族文化的复兴，必须传承中华文化的优秀传统。现代的中国人，特别是年轻人，对传统文化十分感兴趣，蕴含感情。但当下也有人对具体典籍、历史事实不甚了解。比如，中国是书法大国，谈起书法，有些人或许只知道些书法大家如王羲之、柳公权等的名字，知道《兰亭集序》是千古书法珍品，仅此而已。再如，我们都知道中国是闻名于世的瓷器大国，中国的瓷器令西方人叹为观止，中国也因此获得了"瓷器之国"（英语china的另一义即为瓷器）的美誉。然而关于瓷器的由来、形制的演变、纹饰的演化、烧制等瓷器文化的内涵，就知之甚少了。中国还是武术大国，然而国人的武术知识，或许更多来源于一部部精彩的武侠影视作品，对于真正的武术文化，我们也难以窥其堂奥。我国还是崇尚玉文化的国度，我们的祖先发现了这种"温润而有光泽的美石"，并赋予了这种冰冷的自然物鲜活的生命力和文化性格，如"君子当温润如玉"，女子应"冰清玉洁""守身如玉"；"玉有五德"，即"仁""义""智""勇""洁"；等等。今天，熟悉这些玉文化内涵的国人也为数不多了。

也许正有鉴于此，有忧于此，近年来，已有不少有志之士开始了复兴中国传统文化的努力之路，读经热开始风靡海峡两岸，不少孩童以至成人开始重拾经典，在故纸旧书中品味古人的智慧，发现古文化历久弥新的魅力。电视讲坛里一拨又一拨对古文化的讲述，也吸引着数以万计的人，重新审视古文化的价值。现在放在读者面前的这套"中国传统民俗文化"丛书，也是这一努力的又一体现。我们现在确实应注重研究成果的学术价值和应用价值，充分发挥其认识世界、传承文化、创新理论、资政育人的重要作用。

中国的传统文化内容博大，体系庞杂，该如何下手，如何呈现？这套丛书处理得可谓系统性强，别具匠心。编者分别按物质文化、制度文化、精神文化等方面来分门别类地进行组织编写，例如，在物质文化的层面，就有纺织与印染、中国古代酒具、中国古代农具、中国古代青铜器、中国古代钱币、中国古代木雕、中国古代建筑、中国古代砖瓦、中国古代玉器、中国古代陶器、中国古代漆器、中国古代桥梁等；在精神文化的层面，就有中国古代书法、中国古代绘画、中国古代音乐、中国古代艺术、中国古代篆刻、中国古代家训、中国古代戏曲、中国古代版画等；在制度文化的层面，就有中国古代科举、中国古代官制、中国古代教育、中国古代军队、中国古代法律等。

此外,在历史的发展长河中,中国各行各业还涌现出一大批杰出人物,至今闪耀着夺目的光辉,以启迪后人,示范来者。对此,这套丛书也给予了应有的重视,中国古代名将、中国古代名相、中国古代名帝、中国古代文人、中国古代高僧等,就是这方面的体现。

生活在21世纪的我们,或许对古人的生活颇感兴趣,他们的吃穿住用如何,如何过节,如何安排婚丧嫁娶,如何交通出行,孩子如何玩耍等,这些饶有兴趣的内容,这套"中国传统民俗文化"丛书都有所涉猎。如中国古代婚姻、中国古代丧葬、中国古代节日、中国古代民俗、中国古代礼仪、中国古代饮食、中国古代交通、中国古代家具、中国古代玩具等,这些书籍介绍的都是人们颇感兴趣、平时却无从知晓的内容。

在经济生活的层面,这套丛书安排了中国古代农业、中国古代经济、中国古代贸易、中国古代水利、中国古代赋税等内容,足以勾勒出古代人经济生活的主要内容,让今人得以窥见自己祖先的经济生活情状。

在物质遗存方面,这套丛书则选择了中国古镇、中国古代楼阁、中国古代寺庙、中国古代陵墓、中国古塔、中国古代战场、中国古村落、中国古代宫殿、中国古代城墙等内容。相信读罢这些书,喜欢中国古代物质遗存的读者,已经能掌握这一领域的大多数知识了。

除了上述内容外,其实还有很多难以归类却饶有兴趣的内容,如中国古代乞丐这样的社会史内容,也许有助于我们深入了解这些古代社会底层民众的真实生活情状,走出武侠小说家加诸他们身上的虚幻的丐帮色彩,还原他们的本来面目,加深我们对历史真实性的了解。继承和发扬中华民族几千年创造的优秀文化和民族精神是我们责无旁贷的历史责任。

不难看出,单就内容所涵盖的范围广度来说,有物质遗产,有非物质遗产,还有国粹。这套丛书无疑当得起"中国传统文化的百科全书"的美誉。这套丛书还邀约大批相关的专家、教授参与并指导了稿件的编写工作。应当指出的是，这套丛书在写作过程中，既钩稽、爬梳大量古代文化文献典籍，又参照近人与今人的研究成果，将宏观把握与微观考察相结合。在论述、阐释中，既注意重点突出，又着重于论证层次清晰，从多角度、多层面对文化现象与发展加以考察。这套丛书的出版，有助于我们走进古人的世界，了解他们的生活，去回望我们来时的路。学史使人明智，历史的回眸，有助于我们汲取古人的智慧，借历史的明灯，照亮未来的路，为我们中华民族的伟大崛起添砖加瓦。

是为序。

傅璇琮

2014年2月8日

目 录

第一章 河流概述 ··· 1

  第一节 世界古代河流——三大文明起源 ···················· 1

    1. 苏美尔文明的起源——两河文明 ·························· 1

    2. 世界第一长河——埃及尼罗河 ······························ 5

    3. 巴印共有河流——印度河 ······································ 9

  第二节 中国古代河流 ·· 11

    1. 最早的水系与河流 ·· 11

    2. 中国的七大水系 ·· 14

    3. 华夏文明的摇篮 ·· 17

第二章 长江文化 ··· 22

  第一节 史前的长江文化 ·· 22

    1. 人类的起源 ·· 22

    2. 史前文化的成就 ·· 24

    3. 史前文明的标识 ·· 26

  4. 史前长江的发展变迁和规律 …………………………… 28

  5. 史前长江文化的地位和影响 …………………………… 29

 第二节 夏商周时期的长江文化 ……………………………… 31

  1. 夏代的长江文化 ………………………………………… 31

  2. 商代的长江文化 ………………………………………… 33

  3. 周代的长江文化 ………………………………………… 36

 第三节 秦汉时期的长江文化 ………………………………… 38

  1. 长江流域秦汉时期的经济发展 ………………………… 38

  2. 长江流域秦汉时期的物质文明 ………………………… 40

 第四节 隋唐时期的长江文化 ………………………………… 48

  1. 隋唐时期长江流域的经济发展 ………………………… 48

  2. 隋唐时期长江流域文化的交融与发展 ………………… 51

  3. 唐代后期长江文化的勃兴及安史之乱带来的影响 …… 54

 第五节 宋元明清的长江文化 ………………………………… 55

  1. 宋元长江文化的繁荣与发展 …………………………… 55

  2. 明代长江文化的繁荣与发展 …………………………… 58

  3. 清代长江文化的繁荣与发展 …………………………… 62

第三章 长江文明的兴起 …………………………………………… 66

 第一节 长江流域文化 ………………………………………… 66

  1. 吴越文化的产生和发展 ………………………………… 66

  2. 巴蜀文化的产生和发展 ………………………………… 67

  3. 楚地的民族文化 ………………………………………… 69

 第二节 长江文化流域的文化遗址 …………………………… 71

1. 河姆渡遗址 ·· 71
　　2. 良渚文化 ·· 74
　　3. 三星堆遗址 ·· 76
　　4. 金沙遗址 ·· 78

第四章　黄河文化的发展和变迁 ·· 82

第一节　史前时期的黄河文化 ·· 82
　　1. 旧石器时代的黄河文化 ······································ 82
　　2. 新石器时代的黄河文化 ······································ 87
　　3. 铜石并用时代的黄河文化 ···································· 90

第二节　夏商周时期的黄河文化 ·· 91
　　1. 夏代的黄河文化 ·· 91
　　2. 商代的黄河文化 ·· 95
　　3. 周代的黄河文化 ·· 103

第三节　秦汉时期的黄河文化 ·· 111
　　1. 秦代的黄河文化 ·· 111
　　2. 汉代的黄河文化 ·· 116

第四节　隋唐时期的黄河文化 ·· 125
　　1. 隋朝的黄河文化 ·· 125
　　2. 唐代的黄河文化 ·· 131

第五节　宋元明清的黄河文化 ·· 148
　　1. 北宋的黄河文化 ·· 148
　　2. 元代的黄河文化 ·· 159
　　3. 明清时期的黄河文化 ·· 167

第五章 黄河文明的产生和变化 ……… 172

第一节 黄河流域的历史文化 ……… 172
第二节 黄河文化遗址 ……… 177
1. 半坡遗址 ……… 177
2. 仰韶文化 ……… 180
3. 大汶口文化 ……… 181
4. 龙山文化 ……… 184
5. 二里头文化 ……… 186

第六章 古代的水运、水利工程 ……… 188

第一节 农田水利 ……… 188
1. 奴隶社会时期的农田水利 ……… 188
2. 战国、秦、东汉时期的农田水利 ……… 193
3. 东汉至南北朝时期的农田水利 ……… 194
4. 唐宋时期的农田水利 ……… 196
5. 元、明、清时期的农田水利 ……… 198

第二节 农田水利工程 ……… 201
1. 渠系工程 ……… 201
2. 陂塘蓄水工程 ……… 207
3. 御咸蓄淡工程 ……… 208
4. 陂渠串联工程 ……… 209
5. 圩田工程 ……… 210
6. 淀泊工程 ……… 213

第三节 运河——开万世之利 ……… 214
1. 大运河的开凿与贯通 ……… 215

  2.京杭大运河的形成 …………………………… 216

  3.京杭大运河的政治与完善 …………………… 218

  4.京杭大运河的管理 …………………………… 219

 第四节 内河航运及海运交通 ………………………… 221

  1.先秦时期的河运 ……………………………… 222

  2.秦汉时期的河运 ……………………………… 225

  3.隋唐时期的航运 ……………………………… 229

  4.隋唐以后的河运 ……………………………… 234

参考文献 ………………………………………………… 237

第一章

河流概述

第一节 世界古代河流——三大文明起源

1. 苏美尔文明的起源——两河文明

大约在公元前 5000 年，幼发拉底河与底格里斯河链条河流孕育出来的两河文明进入新石器时代，在沙马拉文化（公元前 5500—公元前 5000 年）和哈拉夫文化（公元前 5300—公元前 4500 年）时期，两河文明逐渐过渡到"蛮荒时代"，开始有居民在这里定居。

在公元前 4500—公元前 3500 年，两河文明开始过渡到文明时代，苏美尔人登上历史舞台。关于苏美尔人具体的起源和故乡问题至今仍不清楚，只知道大约在公元前 3500 年即乌鲁克时期，他们已经移居到美索不达米亚的南部地区。

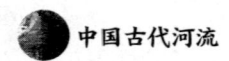
中国古代河流

在公元前4世纪后期的乌鲁克时代，苏美尔人建立了美索不达米亚地区最早的文明，他们在这里建立了最早的城市。到公元前3100—公元前3000年，苏美尔人的文字从象形图画过渡到楔形文字，并开始使用泥版书写文字。

公元前2900—公元前2331年，是苏美尔人发展的一个重要阶段。这一时期，他们散居在美索不达米亚南部地区，建立了一系列城邦国家，各城邦的最高统治者被称为"恩"。在苏美尔城邦发展的后期，随着城邦政治、军事势力的日益壮大，城邦国开始出现"王"，最高统治者的权力向世袭制转变。虽然与此同时苏美尔邦国还存在着长老议会和公民大会这样的权力机构，但在苏美尔城邦后期，王权膨胀，各国争斗日益激烈，"王"便逐渐失去了作用。

苏美尔城邦持续混战的几百年期间，出现了好几位霸主，但都没有实现完全统一。在长期的内斗中，苏美尔城邦慢慢走向衰败，北方闪米特人的兴起使苏美尔城邦走到了历史的尽头。大约在公元前2371年，萨尔贡在苏美尔城邦混战后期趁机夺取了王位，不久就在北方的阿卡德建城，建立了继苏美尔城邦之后的阿卡德王国。

然而，萨尔贡对苏美尔—阿卡德地区建立在武力上的统治并不稳定，在他统治后期，各地出现叛乱，反叛者还包围了阿卡德城。在苏美尔人不断的反抗下，古提人和阿摩利人找到机会入侵了美索不达米亚的东北和西北地区，阿卡德王国终于在内外势力的打击下灭亡。古提人继阿卡德王国之后统治美索不达米亚地区，但在不到100年的时间里，古提人建立的王国就消失了。

大约公元前2120年，苏美尔人逐渐复兴，乌鲁克王逐渐摆脱古提人的统治。公元前2113年，乌鲁克大将乌尔纳木反叛，战胜了乌鲁克王，自称"苏美尔和阿卡德之王"，建立了乌尔第三王朝。苏美尔人的统治在这一时期得到了加强,还颁布了人类历史上第一部法典《乌尔纳木法典》。

不过,乌尔第三王朝的统一实际上是一个松散的联邦制,统治基础并不稳固,在伊比辛王即位后,周边各国反叛不断、外族入侵,最终于公元前2006年被埃兰人攻陷,乌尔第三王朝灭亡。苏美尔人在短暂的复兴后走向终结,此后再也没有登上过美索不达米亚的政治舞台,两河流域开始向大帝国的方向进行发展。

与华夏文明体系中的长江文明和黄河文明一样,幼发拉底河与底格里斯河这两条河同样是生命的摇篮,它塑造了肥沃的美索不达米亚平原,在这里孕育出了人类历史上最古老的两河文明——巴比伦文明。

公元前3500—公元前3000年,是传说中的大洪水暴发,也就是圣经中记载洪水和诺亚方舟的故事时期。

公元前3200年,楔形文字在两河流域形成。两河流域缺少木材和石料,苏美尔人就用河流冲积出来的泥土制成泥版,用芦苇制作书写工具,然后在泥版上刻画图案或者书写文字。这种文字符号因为每一笔的刻痕都呈现出起笔部分痕迹的宽、深,拖出部分痕迹的窄、浅,就像木楔一样,所以称为楔形文字。

公元前3000年左右,苏美尔人制定天文历法,并在高高的观象台上观察月亮的变化,根据月亮的盈亏将一年分为12个月,共354天,并设闰月。他们根据天上星辰的神的名字命名一周:星期天(太阳神)、星期一(月神)、星期二(火星神)、星期三(水星神)、星期四(木星神)、星期五(金星神)、星期六(土星神)。

苏美尔的尼普尔诞生了世界上最早的学校,为王室和神庙培养书吏和书记员。这里有流传最早的史诗《吉尔伽美什》,讲述了乌鲁克的国王吉尔伽美什的故事,他的三分之二是神、三分之一是人,完成了许多伟大的

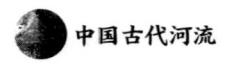 中国古代河流

功绩。

公元前2350年,阿卡德王朝建立,统一两河流域。阿卡德王朝的鼎盛时期,征服了许多远方部落。公元前2300年,出现了世界上最早的地图。上面可以看到一片被小丘环绕的地区有一条水道穿过,并用楔形文字在地图中央表明了土地所有者和土地的面积。

公元前2170—公元前2006年,乌尔的苏美尔人建立第三王朝,同时进入青铜时代,建造了吉库拉塔形式的白色神庙。

公元前2000年,巴比伦城崛起,阿摩利人建都古巴比伦城。这一时期,诞生了世界上现存的最古老、最完整的法典《汉谟拉比法典》。这部法典规定了司法行政、土地房屋、商业债务、私产保护、婚姻家庭、农牧、租赁等方面的情况,还规定了伤害罪和奴隶买卖及处罚的相关事宜。这一时期,出现了世界上最早的60进制。巴比伦神庙的祭司还开办了借贷机构,将借贷分为实物借贷和金银借贷,偿还方式包括为分期付款,每月一还,还规定金银借贷的利息为20%,实物借贷的利息为33%。

公元前1800年,古巴比伦城开凿"汉谟拉比—万民之富"运河,兴建了无数灌溉水渠;诞生了数学史上第一条公式,根据这条数学公式可根据水渠的矩形断面计算水渠的灌溉水量。

公元前1700年,人类历史上最早的农业历书《农人农历》,以农夫教子的口吻讲述了一年的农事进程。

约公元前1600年赫梯人入侵美索不达米亚,古巴比伦灭亡。几经斗争之后,伽勒底人出身的那波帕拉萨尔重修巴比伦城,新巴比伦时期到来。巴比伦经过千载兴衰,写下了人类文明史的辉煌篇章。

2. 世界第一长河——埃及尼罗河

尼罗河是世界第一长河，它发源于非洲东北部布隆迪高原，流经卢旺达、布隆迪、坦桑尼亚、肯尼亚、乌干达、扎伊尔、苏丹、埃塞俄比亚和埃及9个国家，最终注入地中海，全长约6670千米。尼罗河还是世界上流经国家最多的国际性河流之一。不要以为世上的河都是向东流的，尼罗河就不是。它仿佛生来就与众不同，总是戴着神秘的面纱，就是因为这份神秘和沧桑，使得它拥有无尽魅力。尼罗河是世界上唯一自南向北流淌的大河。

尼罗河由卡盖拉河、白尼罗河、青尼罗河三条河流汇流而成。尼罗河下游谷地河三角洲则是人类文明的最早发源地之一，古埃及就诞生在此。至今，埃及仍有96%的人口和绝大部分工农业生产集中在这里。因此，尼罗河被视为埃及的生命线。

几千年来，尼罗河每年6—10月定期泛滥。8月份河水上涨最高时，淹没了河岸两旁的大片田野，之后人们纷纷迁往高处暂住。10月以后，洪水消退，带来了尼罗河肥沃的土壤。在这些肥沃的土壤上，人们栽培了棉花、小麦、水稻、椰枣等农作物。在干旱的沙漠地区形成了一条"绿色走廊"，而5000年的文明古国——埃及就在这里创造出了辉煌的埃及文化。现今，埃及90%以上的人口均分布在尼罗河沿岸平原和三角洲地区，埃及人称尼罗河是他们的生命之母。

尼罗河跨越世界上面积最大的撒哈拉沙漠，流域面积约335万平方千米，占非洲大陆面积的1/9，全长6670千米，年平均流量3100立方米/秒，为世界最长的河流。尼罗河——阿拉伯语意为"大河"。"尼罗，尼罗，长比天河"，是苏丹人民赞美尼罗河的谚语。

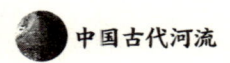 中国古代河流

尼罗河定期泛滥之谜

尼罗河是非洲的第一大河,它同我们中国的黄河是同样有名的。虽然它的下游流经干旱的沙漠,但它常年水量丰富,特别是每年夏秋季节都会定期泛滥,不但带来了充足的水分,还给两岸带来了大量的泥沙和腐殖质,非常有利于作物的生长和灌溉。很早以前,这里就产生了古老的埃及文明。在当地流行一些谚语,说"尼罗河是埃及文明之母",或者说"埃及是尼罗河之赐"。

为什么尼罗河会定期泛滥呢?原来尼罗河有两条源流:一条叫白尼罗河,它的上源是卡格拉河,发源于赤道附近的群山之间,这里常年下雨,而且中途又有众多的湖泊调节,因此尼罗河河水是终年不断的;另一条源流叫青尼罗河,发源于埃塞俄比亚高原上的塔纳湖,这里夏季降雨多,占全年降水量的 75% 以上,冬春干燥。因此青尼罗河的河水会使尼罗河下游每年在夏秋季节定期泛滥一次。

尼罗河供给埃及大量的水资源,使得原来干旱的沙漠地区,沿尼罗河两岸出现了一条"绿色走廊",集居着埃及全国 95% 以上的人口。这里每年可以分 3 季种植庄稼,3—6 月,利用上年泛滥期间拦蓄的水灌溉,可以种植棉花、甘蔗、稻米等。7—11 月洪水泛滥期间,一部分土地筑堤蓄水,任其淹没;另一部分土地仍可种植稻米和玉米。11 月至次年 3 月耕种面积最广,可种植棉花、小麦、豆类等作物。

近年来,由于在尼罗河上游修建了阿斯旺水坝,已影响到泛滥的规律,河水中的腐殖质等物质大量沉淀在水库里,不但减少了下游河水中的肥力,而且使生活在河口附近海中的鱼类也因河水中的食料少了而减产。因此,在改造自然的时候,对它可能产生的各方面的影响是应该多方面考虑的。

尼罗河三角洲

尼罗河三角洲东西宽约250千米，南北长约160千米，面积为2.4万平方千米。三角洲地区属热带沙漠气候，降水量稀少，年降雨量不过50毫米左右，农业生产全靠尼罗河水进行灌溉。

古代，人们利用尼罗河水的定期泛滥（每年8月）来灌溉。这定期的泛滥还为两岸带来了肥沃的土壤，使得尼罗河下游三角洲的土地面积大大超过了两河流域、印度河流域、黄河流域的灌溉面积，成为"地中海沿岸的粮仓"。

随着农业生产的发展和阿斯旺水坝的兴建，尼罗河水不再每年泛滥了。埃及人在三角洲地带修建水闸和人工运河，利用尼罗河水进行自流灌溉。难怪埃及人风趣地说："我们不是靠天吃饭，是靠尼罗河水。"

尼罗河三角洲除了土地肥沃外，气候条件也好：无暴雨，无雹灾，热量充足，是棉花生长的理想地方。从开罗到亚历山大，整个三角洲棉田毗连，年产量占世界长纤维棉的40%，棉花为埃及的主要出口商品，也使埃及成为非洲产棉最多的国家。

尼罗河三角洲为海相沉积地层，具备良好的生油储油条件。1967年在距开罗市以北约180千米的地方发现了一个大气田，日产气量现在达到400万立方米（一般居民家一天用气量只要1立方米）。接着，又发现了好几个大气田。埃及现有4个石油区，尼罗河三角洲即为其中之一。专家指出，整个三角洲下面是个大油田，不过由于埋藏太深（都在8000米以下），目前还难以开采。尼罗河三角洲独特的地理位置，使它成为亚洲、非洲、欧洲三大洲的交通枢纽。由于三角洲得天独厚的优越条件，使全国95%的人都居住在此，成为世界上人口最稠密地区之一。

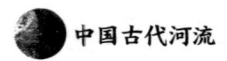

阿斯旺大坝

阿斯旺大坝是阿斯旺最著名的景物。埃及人在此修建的阿斯旺大坝，结束了尼罗河年年泛滥的历史，使几千年来养育埃及的母亲河真正造福人民。

阿斯旺大坝看起来像是铺在大湖上面的一条宽广的公路。大坝两侧除了无边的水面外，还有很多水利设施，这样工业化的场面在埃及是不多见的。由大坝上水库平面图及说明可知，弧形拱桥式的大坝，高111米，长3830米，宽40米，将尼罗河拦腰截断，从而使河水向上回流，形成面积达5120平方千米、蓄水量达1640亿立方米的人工湖——纳赛尔湖。远处是莲花状的大坝建成的纪念碑，伴着平静的湖水。

尼罗河水资源之争

近年来，随着尼罗河流域国家的人口增长和工农业发展，各国对水的需求与日俱增，而目前分配尼罗河水的依据仍然是几十年前的协议。1929年，在当时英国殖民者的提议下，9个尼罗河流域国家达成一项赋予埃及和苏丹对尼罗河水拥有优先使用权的协议，埃塞俄比亚没有加入这项协议。1959年，尼罗河流域国家对协议进行了部分修改，埃及每年享有555亿立方米的尼罗河水，而苏丹的份额为185亿立方米，其他国家认为协议不公。

曾被称为非洲"水塔"的埃塞俄比亚扼守着青尼罗河的源头，每年从埃塞俄比亚境内注入尼罗河的水量占尼罗河总水量的86%，因此埃塞俄比亚要求每年至少分得120亿立方米的河水。而埃及和苏丹不同意埃塞俄比亚从上游截留河水，认为这将影响下游的生存。由于严重缺水，埃及前总统萨达特曾经说过："埃及将对任何可能危及青尼罗河水流的行动做出强硬反应，哪怕诉诸战争。"

知识链接

尼罗河名字的由来

"尼罗河"一词最早出现于2000多年前。关于它的来源有两种说法:一是来源于拉丁语"尼罗"(mil)意思是"不可能"。因为尼罗河中下游地区很早以前就有人居住,但是由于瀑布的阻隔,使得中下游地区的人们认为要了解河源是不可能的,故名尼罗河。二是认为"尼罗河"一词是由古埃及法老(国王)尼罗斯(nilus)的名字演化来的。

3. 巴印共有河流——印度河

如果有人问:"印度河在哪个国家?"也许有人回答:"印度河当然在印度。"这就错了。印度河的老家在我国西藏自治区冈底斯山西麓,它向西北穿过克什米尔的深山峡谷,再转向南行,就进入巴基斯坦的东北边境了。入境后切穿盐岭,又进入了号称"五河之地"的旁遮普平原。因为它在这里接纳了5条支流,所以水量大大增加。再向南,流过冲积平原和三角洲,最后进入阿拉伯海。

印度河全长3180千米,是南亚最长的河流,流域面积96万平方千米。它的干流大部分在巴基斯坦境内,只有上游一部分干流和一些支流在印度境内。

既然印度河的大部分干支流都在巴基斯坦,为什么河名却叫作印度河呢?这有历史原因。印度和巴基斯坦以及孟加拉国本是南亚次大陆上的统一国家,后来沦为英国的殖民地。1947年8月15日独立时,"印、巴分治",分为印度和巴基斯坦(包括后来的孟加拉国),河水归几国共同使用。为了避免纠纷,两国在1960年签订了"印度河用水条约",规定印度

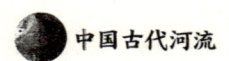
中国古代河流

使用河水系总水量的1/5，其余归巴基斯坦使用。

印度河流域气候炎热干燥，年平均降雨量不足300毫米，东南部还有大片沙漠。印度河每年有两次涨水期，它的中下游平原灌渠纵横，人烟稠密，盛产小麦、棉花和稻米，是巴基斯坦的"粮仓"。

古老的印度河不仅是古代文明的摇篮，而且是现代农业的重要基础。

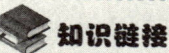

河流的世界之最

世界上最长的内流河——伏尔加河。

世界上流域面积最广的河流——亚马孙河。

世界上最长的运河——京杭大运河。

世界上含沙量最大的河流——黄河。

世界上海拔最高的河流——雅鲁藏布江。

世界上最高的悬河——黄河下游800千米的地上悬河（简称地上河）。

世界上流经国家最多的河流——多瑙河（位于欧洲，流经9个国家）。

世界上货运量最大的国际运河——苏伊士运河。

第二节　中国古代河流

1. 最早的水系与河流

（1）河流是水系的主体

水系，是指流域内具有同一归宿的水体所构成的水网系统，组成水系的水体有河流、湖泊、水库、沼泽等。

河流是水系的主体，单由河流组成的水网系统又称为河流水系。河流水系通常具有各种形状，表现出复杂的几何特征。河系的支流以等级划分，一种方法是将流入干流的支流称为一级支流，流入一级支流的称为二级支流。另一种方法是将最初形成地表水流的支流称为一级之流，流入干流的称为末级支流。

河流水系的类型有以下几种：

树枝状水系　干支流呈树枝状，是水系发育中最普遍的一种类型，一般发育在抗侵蚀力较一致的沉积岩或变质岩地区。如西江上游接纳柳江、郁江、桂江等支流。

扇形水系　干支流组成流域轮廓形如扇状的水系，如海河水系。北运河、永定河、大清河、子牙河和南运河五大支流交汇于天津附近，之后入海。这种水系汇流时间集中，易造成暴雨成灾。

羽状水系　干流两侧支流分布较均匀，近似羽毛状排列的水系。这种水系汇流时间长，暴雨过后洪水过程缓慢。如西南纵谷地区，干流粗壮，

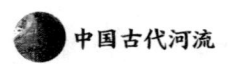

支流短小，且对称分布于两侧，是羽状水系的典型代表。

平行状水系 支流近似平行排列汇入干流的水系。当暴雨中心由上游向下游移动时，极易发生洪水，如淮河蚌埠以上的水系。

格子状水系 由干支流沿着两组垂直相交的构造线发育而成的水系，如闽江水系。

此外还有梳状水系，即支流集中于一侧，另一侧支流少。放射状水系及向心状水系，前者往往分布在火山口四周，后者往往分布在盆地中。通常大河由两种或两种以上水系组成。

（2）影响河流特征的因素

河流作为水系的主体，不同的河流具有不同的特征，不同的特征会直接或间接地影响倚靠河流生存的生物群体的特征。那河流的这些特征又是怎么形成的呢？

影响河流特征的因素很多，概括起来主要有以下几点。

气候因素 我国的河流，特别是东部季风区的河流，补给水源主要是雨水。降水地区分布由东南向西北递减的规律，影响到我国的河网密度也具有由东南向西北减少的规律。由于降水有季节分配不均衡、年际变化大的特点，影响到河流年内及年际的径流量变化就较大。我国的大河多为东西流向，而锋面雨带的推移也具有纬向方向延伸的特点，使河流易形成全流域同时进入汛期。西部干旱地区内流河的补给水源主要靠永久冰雪融水，气温高低直接影响到径流量的大小。北方河流的补给水源中有季节性冰雪融水，河流一般有春汛。河流冰封时间的长短也由气温决定，在由低纬向高纬流向的河段，由于气温的变化，还会出现凌汛。

地形因素 青藏高原是我国地势最高的地区，由这里向东、南、北方向降低，因此河流分属于太平洋、印度洋及北冰洋三大水系，其中太平洋水系的面积最大。我国地势西高东低，分为三个阶梯，在阶梯上及分界线处成为河流发源地带。如发源于第一阶梯青藏高原的有长江、黄河、澜沧江、怒江等；发源于第二阶梯东缘的有黑龙江、辽河、海河、滦河、西江等；发源于第三阶梯的长白山地、山东丘陵、闽浙丘陵等地的有鸭绿江、图们江、钱塘江、闽江等。当河流流经阶梯分界线时，形成落差，水力资源丰富。

土质、植被因素 黄土土质疏松，颗粒很细，耐冲性能差，黄土高原上的植被覆盖又少，因此凡是发源或流经黄土高原的河流，含沙量都大。而南方及东北山区的河流，由于植被覆盖率高，河流含沙量小。

人类活动因素 人工开挖河道，裁弯取直改变原有河道，修建跨流域的调水工程改变径流的分布，都会对河流产生一定影响。我国的河流大多数分布在东南部外流区内。这里的河流多而且长，夏季容易形成汛期。秦岭和淮河一线以北的河流，冬季河流结冰，普遍形成枯水期，一些河流甚至断流。西北内陆河较少，一些地方为无流区。这里的河流水源不丰，沿途多沙漠和戈壁，蒸发和渗漏严重，很多河流成为季节性河道。在我国，除了众多的天然河流外，还有许多人工开凿的河流，例如京杭运河和灵渠等。京杭运河是世界上最长、开凿最早的人工河。其全长约1800千米，自北向南经过京、津两市和冀、鲁、苏、浙4省，贯通海河、黄河、淮河、长江、钱塘江五大水系和一系列湖泊。历史上京杭运河起过沟通南北运输的重要作用，现在江苏、浙江境内的运河，仍然是重要的水上运输线，年运输量仅次于长江。在南水北调工程中，运河还将作为长江水北上到达京津的输水通道。

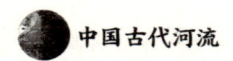中国古代河流

2. 中国的七大水系

长江以"长"得名,是中国最长的河流,它从唐古拉山的主峰——各拉丹冬雪山发源,像一条银色的巨龙,横卧在中国的中部,流过美丽的青藏高原,横贯四川盆地,游走于两湖之间,滋润苏皖大地,流经长江三角洲,沿途700多条大小河川,浩浩荡荡由上海直奔东海。

长江流经10个省、直辖市、自治区,全长6300千米,为世界第三大河。长江水系好像一株茂密的参天大树,干支纵横交错,布满整个流域,滋养了大片土地。长江有700多条一级支流,40多条流域面积在1万平方千米以上,9条流域面积在5万平方千米以上,4条流域面积在10万平方千米以上,雅砻江、岷江、嘉陵江、乌江、沅江、湘江、汉江和赣江多年平均流量超过了黄河,都在1000立方米/秒以上。汉江全长1532千米,流域面积15.1万平方千米,从陕西省秦岭南麓穿过秦巴山地,由武汉汇入长江,是长江最长的支流。

长江的含沙量远比黄河小,但水量巨大,平均每年输送入海的泥沙有近5亿吨。这些泥沙填海成陆,造就了富饶的长江三角洲。长江三角洲约3万平方千米,像一把折扇一样,以镇江为顶点向东北、东南方向散开,它河道纵横、土地肥沃、人口集中,自古就是工农业生产最发达的地区。

黄河水系

黄河为中国第二长河,全长5464千米,仅次于长江。黄河发源于青藏高原巴颜喀拉山北麓的约古宗列盆地,流经青海、四川、甘肃、宁夏、内蒙古、山西、陕西、河南、山东等9个省和自治区,由山东省注入渤海。黄河流域包括鄂尔多斯内流区的79.5万平方千米,汇集了40多条主要支流和1000多条溪川,流域面积达75万平方千米。

黄河的主要支流有河源至河口镇上游段的大夏河、洮河、湟水。其中，发源于甘肃斜山东麓的洮河，是黄河上游最大的支流，从刘家峡附近流入黄河。河口镇至河南郑州桃花峪的无定河、汾河、渭河、伊洛河为黄河的中游。其中，发源于甘肃省渭源的鸟鼠山的渭河，是黄河的最大支流。渭河横贯八百里秦川，在潼关汇入黄河。郑州至河口的下游段，地处华北平原，是地上"悬河"。

黄河流域幅员辽阔，地形复杂，从南到北依次属湿润、半湿润、半干旱和干旱气候，气候差异较大。

珠江由西江、北江、东江、珠江三角洲组成，流域遍布云南、贵州、广西、广东、湖南、江西6省（自治区），以及我国香港、澳门特别行政区和越南东北部，总流域面积45.37万平方千米，我国境内流域面积44.21万平方千米。珠江流域的西江、北江、东江汇入珠江三角洲后，经虎门、蕉门、洪奇门、横门、磨刀门、鸡啼门、虎跳门和崖门八大口门入注南海，形成"三江汇流，八口出海"的水系特点。

珠江流域的主流，为发源于云南省曲靖市乌蒙山余脉的马雄山东麓的西江，全长2075千米，流域集水面积35.31万平方千米，占珠江流域面积的77.8%。西江流经云南、贵州、广西和广东4省（自治区），至广东省佛山市与北江汇合后流入珠江三角洲网河区。

珠江流域还有较大的高原湖泊，均位于云南省境内，总集水面积2406平方千米，总容量202.5亿立方米，平均入湖总水量5.23亿立方米。另外，珠江三角洲水网密布，水道纵横交错，水系集水面积2.68万平方千米，主要河道近100条，其中入注珠江三角洲的中小河流有流溪河、潭江、增江和深圳河等，网河区西、北、东江主干河道长294千米。

淮河在中国地理上是一条重要的界线，位于长江与黄河两条大河之

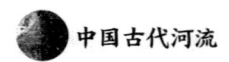
中国古代河流

间，是中国中部一条重要的河流，流域面积为18.6万平方千米。淮河发源于河南省与湖北省交界处的桐柏山太白顶（又称大复峰），干流全长1000千米，由干流和10多条较大的支流、无数的小支流组成。

淮河的上游，是从源头到河南、安徽交界处的洪河口一段，长382千米。上游的支流，比较湍急，暴涨暴落，支流也大都湍急，规模不大。中游部分被称为"淮河三峡"——凤台的峡山、怀远的荆山和五河的浮山。河流逼山而行，碧空倒映，为淮河中游增添了不少景色。淮河的10条重要支流都在中游汇入。

淮河最大的支流是颍河，它源远流长，支流众多，主流河道狭窄，常常泛滥成灾。

海河，又称沽河，是中国华北地区主要的大河之一。海河水系，位于京津冀地区形成海河流域，包括潮白河、永定河、大清河、子牙河、南运河五大支流，这五大支流由天津市区三岔河口汇入海河，经海河流入渤海。其中，潮白河一部分引入北京、一部分在天津注入海河、一部分引入潮白新河而入渤海，性质复杂。

松花江有两个源头：一个是发源于大兴安岭伊勒呼里山的嫩江；另一个是发源于长白山天池的第二松花江，简称二松。嫩江和第二松花江在三岔河汇合后称松花江，然后向东注入黑龙江。松花江全长939千米，流域面积18.64万平方千米；嫩江全长1370千米，流域面积29.7万平方千米；第二松花江全长958千米，流域面积7.34万平方千米。

辽河，全长1345千米，是中国七大河流之一，在汉代以前称句骊河，汉代称大辽河，五代以后始称辽河，发源于河北省平泉县七老图山脉的光头山，流经河北、内蒙古、吉林、辽宁四省（自治区）之后注入渤海，流域面积21.9万平方千米。辽河一般以西辽河为正源，有两个源头，一个是老哈河，另一个是西拉木伦河，两源于翁牛特旗与奈曼旗交界处汇合为辽河干流。

3. 华夏文明的摇篮

随着近代考古发掘，长江流域、黄河流域都发现了不少新石器时代、旧石器时代、青铜器时代、铜石并用时代的文化遗存，并在黄河流域和长江流域的许多地区发现了各类文化遗址。这些发现，不仅让科学家兴奋不已，也让世界为之惊叹。

通过研究我们发现，长江流域和黄河流域是我国非常重要的两大著名的文明地带，它孕育了生活在广大土地上的炎黄子孙、华夏儿女。长江、黄河，比幼发拉底河和底格里斯河都要长得多、大得多，两岸幅员也更加辽阔。从远古时代，或者说可能从人类进化伊始，依存生物的生存本能，远古人类就一直逐水而居，河流就成为人类族群生活生存最可靠、最稳定的水资源。所以世界上的很多文明都诞生于古老的河流间，人们亲切地称这些河流为"母亲河"。

对我们的华夏文明而言，黄河一直都是我们的母亲河，这是毫无疑问的。我们一度认为，长江流域的人类文明是无法和黄河流域的文明相提并论的，尤其是追溯到远古时代的时候更是如此。但随着近现代考古发掘工作的进行，人们越来越意识到，长江流域的文明发展也许比我们想象的更加源远流长。

长江流域

从历史记载来看，长江流域是中国人类居住时间最长的地区之一。在安徽省江北发现了直立人化石，数处包含人类遗迹的遗址，尤其是在太湖周围，也已被发现。虽然中国政治史多以华北和黄河流域为中心，但长江地区却以其农业潜力而对历代王朝始终具有重大经济意义。大运河就是修来用以从长江流域将粮食运往北方的大都市的河流，运河最南段早在公元前4世纪即已得到开挖和利用，许多河段是在公元7世纪兴建的。

长江上游除成都平原外，东至三峡地区，西北至甘孜、阿坝境内，西南至安宁河、雅砻江流域，均有遗址发现，初步统计有数十处，其中最著名的数巫山大溪文化遗址，经1959年和1975年两次发掘，共发掘墓葬214座，出土器物有石斧、石镜、石凿、网坠、鱼钩、箭链、纺轮等生产工具；釜、罐、曲腹杯、碗等生活用具，还有耳坠、玦等装饰品，它们代表了新石器时代从中期到晚期3个不同的发展阶段。

长江中游的新石器时代遗址几乎遍布江汉地区，尤以江汉平原分布为密，仅湖北已发现的新石器时代遗址就有450多处，经发掘和试掘的有60多处，多集中分布在汉江中下游和长江中游交汇的江汉平原上。这里曾出土了早、中、晚期文化特征都具备的屈家岭文化，它以薄如蛋壳的小型彩陶器、彩陶纺轮、交圈足豆等为主要文化特征，还出土有大量的稻谷及动物遗骸，说明了畜牧业的发展，饲养的动物种类增多，并已有了渔业。

长江下游的新石器时代文化序列可以河姆渡文化、马家浜文化和良渚文化为代表。位于杭州湾附近浙江余姚的河姆渡文化遗址发现于1973年，曾先后两次发掘，出土的约7000件珍贵文物中，有成堆稻谷、稻壳遗存，是目前世界上发现的年代最早的人工栽培稻，证明7000~6000年前就已掌握了种稻技术；出土了大量"骨耜"，证明已脱离"火耕"，开始用骨耜翻地；还出土了大片木构建筑，建筑结构中已经出现了榫卯结构，有迄今已知最早的干栏式木构建筑。

黄河流域

黄河文明在"多元一体"的中华文明中起着十分重要的作用,黄河文明主要是指以黄河流域为基础发展起来的历史悠久的人类文明,涵盖人类历史的各个时期,包括人类社会组织形式、生产力发展、精神文明发展等各个方面的内容。

黄河发源于青藏高原的约古宗列盆地,干流贯穿九个省、自治区,流经青海、四川、甘肃、宁夏、内蒙古、陕西、山西、河南、山东,最后在山东垦利县注入渤海,外形看起来就像一个大大的"几"字,是世界上含沙量最多的河流。黄河素有"铜头、铁尾、豆腐腰"之称。黄河全长5464千米,流域面积约达75万平方千米,上千条支流与溪川犹如无数条毛细血管,源源不断地为祖国大地输送活力与生机。

黄河文明体系,包含上游的三秦文化、中游的中州文化、下游以齐鲁文化为主体等的庞大文化体系。黄河文明从远古时代的仰韶文化、二里头文化、龙山文化、大汶口文化开始,到夏商周先秦文明的进化历程,都可以通过考古工作或史书古籍找到例证。顺着黄河文明的发展历史,就能清晰地看到华夏儿女的来源和变迁历史。

相互交融的两河文明

在人类社会发展的早期,很难说黄河文明和长江文明是不是一体化发展的,只能说:在最初的时候,它们应该是人类相对独立的两个支系,或者存在一点联系,或者一点联系都没有。比如黄河流域的仰韶文化、龙山文化,与长江流域的新石器文化还有明显的区别,明显属于两类各自成长的原始文化，互不统属。但根据目前的考古发现，表明长江流域和黄河流域或许最迟至商周时期，甚至在二里头文化时期就已经产生了交集。从长江流域出土的青铜器皿来看，商周时期黄河流域和长江流域随着青铜文明发展到顶峰，因为对铜矿的争夺，它们之间的交流可能远比我们想象的更加频繁、深入。在长江流域，不断有铜器时代的重要遗址发现，以惊人的笔调勾勒出长江流域的铜器文明，比如江西新干大洋洲遗址、四川广汉三星堆遗址，让我们在判断长江流域文明及其与黄河流域文明的关系时慎之又慎起来。

总之，黄河流域文明和长江流域文明，是两支极具代表性和影响力的主体文化，它们有不同的文化内涵、形式、作用和历史进程。在长达数千年的中华文化发展进程中，它们由最初的关系甚少甚至毫无关系，慢慢接触发展，再到相互冲撞、相互对抗又相互渗透、相互影响、相互补充，最后发展成相互融合、相互平衡、并驾齐驱的文明系统，形成了"你中有我，我中有你"的文化统一体，进而造就了今天的我们。

黄河流域文明和长江流域文明：它们发展历史悠久、类型复杂，但有迹可循；它们相互区别，又相互渗透；它们相互促进，又相互竞争。相信在未来，它们还会进一步交融发展，孕育出更富有内涵的华夏文明。

知识链接

三江并流

三江并流指位于云南省西北部的丽江地区、迪庆藏族自治州、怒江傈僳族自治州的三条大江（怒江、澜沧江、西藏自治区金沙江）并行而流，然后分别注入东海、南海和印度洋。这三条大江的源头都在唐古拉山。金沙江的源头为唐古拉山西段的各拉丹东雪山，澜沧江的源头为唐古拉雪山北坡的贡则木杂雪山，怒江的源头为唐古拉山的吉热格帕峰。三江并流区域被誉为"世界生物基因库"，植物学界将"三江并流"地区称为"天然高山花园"。同时，该地区还是16个民族的聚居地，是世界上罕见的多民族、多语言、多种宗教信仰和风俗习惯并存的地区。

第二章

长江文化

第一节　史前的长江文化

1. 人类的起源

人类的远古祖先是原上猿和埃及猿,现代人是从腊玛古猿、南方古猿、直立人、智人一步步进化而来的。

根据研究,亚洲高原可能是人类的摇篮,而中国长江流域上游的云贵高原就在人类起源地的范围内,应当属人类的起源地之一。在这里发现了1400万年前的开远腊玛古猿、800万年前的禄丰腊玛古猿、250万年前的"东方人"、170万年前的云南元谋人……中国境内的早期人类是从长江上游的云贵高原逐渐向长江下游和黄河流域扩散、迁徙的,古代的先祖都是逐水而居的。这是人类进化史的第一个阶段。

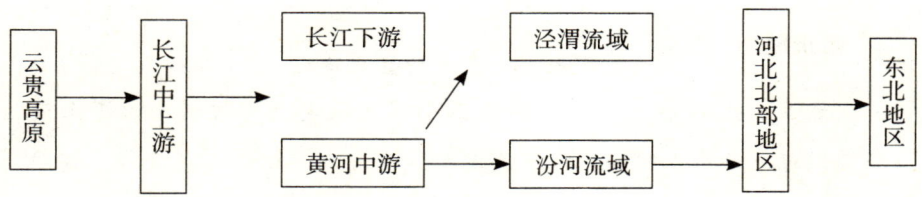

另外，南京汤山发现了距今约10万年的直立人，这是继北京猿人、蓝田猿人、元谋猿人等之后，对古人类的又一重大发现——这是人类进化史上的第二个阶段。直立人时代的生产工具简陋，狩猎虽然是取得生活资料的重要形式，但狩猎技术简陋，采集仍是食物的主要来源。旧石器时代中期相当于早期智人（古人）阶段，在文化上仍处于蒙昧时代中期。这一时期，生产工具主要是石制品，有多面体石核、刮削器、尖状器等，用火遗存表明早期智人不仅能用火，而且可能已经拥有保存火种或生火的能力。

早期智人之后，人类进化史进入晚期智人（新人）时期，这是人类进化史上的第三个阶段，是蒙昧时代的高级阶段，也是最后的一个阶段。这个阶段属于旧石器时代晚期，对这一时期人骨化石进行分析研究之后，发现这一时期的古人体征与现代人相似。长江流域发现的这一时期的遗址总数在10处以上，发现的石器主要有石核、砍砸器、石叶、刮削器、尖状器、雕刻器等，并且这一时期的人工造火技术有了进一步发展。

除了早期人类的遗骨之外，根据发现的文化遗址，还推断长江流域出现过河姆渡文化、马家浜文化、崧泽文化、良渚文化、北阴阳营文化、薛家岗文化，以及长江中游的彭头山文化、大溪文化、屈家岭文化、石家河文化等史前文化。

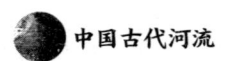

元谋人——最早的直立猿人

元谋人化石是1965年5月在云南省元谋县上那蚌村西北小山岗的褐色黏土层中发现的。出土有同属一个成人个体的两枚牙齿。据中国地质科学院地质力学研究所用古地磁方法测定为距今170±10万年，但也有人认为距今有50万—60万年。对元谋人的年代，看来尚需作进一步的研究。在元谋人化石中出土的石器共4件，均为刮削器。此外，在地层中还发现有大量炭屑，贾兰坡先生认为是人工用火的遗迹。这样就把人类用火的历史，从北京人向前推进了100多万年。元谋人是迄今所知我国境内最古老的直立猿人，这表明早在100万年以前长江流域就有人类居住了。

2. 史前文化的成就

史前时期，长江流域的人类居所经历了穴居野处、干栏式建筑、地面建筑几个阶段。上古时代初期，人们穴居野处，但可供穴居的洞穴随着人口的增加变得有限起来。长江流域多湖泊、沼泽，为了适应这种地理环境，他们创造了干栏式建筑。但在平原较高地区生活的古人类，则选择把房屋建造在地面上，在长江中游地区发现的房屋基址中，有圆形的、方形或长方形的，长江下游地区还发现了半地穴式、浅地穴式建筑基址，有的基址中还发现有窖穴。

另外，史前长江流域的住房建筑为了适应多雨、潮湿的自然环境，采用能够防潮、便于加固的各项措施，将江南盛产的竹质材料用于建筑上。

除了建筑方面的发展外，远古人类对地下水也进行了利用和开采。根据文献记载，中国凿井技术始于黄帝。从考古学提供的资料分析，以余姚市河姆渡遗址第二文化层发现的水井为最早，距今约有6000年的历史了。

到良渚文化时期，水井的开凿技术进一步提高。

史前时期，长江流域以种植水稻为主的农业文化，与黄河流域同期以种植粟为主的农业文化，属于两种不同类型的经济生活。农业的产生对人类社会生活的影响是巨大的，它改变了人类取食于自然的生活习惯和生活结构，使人类开始有稳定的生活物资来源，对改变人类由游荡不定的生活方式转为定居生活有重大的作用。因为农业对人类社会的重大意义，所以有人将农业的产生称为"农业革命"。

与农业生产有密切关系的是家畜饲养，也逐步得到了深入和发展。

随着古人类居住环境的稳定、农业生产的发展、物资的逐步积累，手工业也日益发展起来。长江流域的手工业生产涵盖了陶器、漆器、玉器、纺织、象牙等领域。距今7000年左右的河姆渡遗址内，发现有最早的璜、玦、管、珠。从一些玉器上遗留的切割痕迹推测，远古人类可能利用马鬃绳作为切割玉材的工具。

陶器的使用与农业产生都与定居生活的出现紧密相连，只是在当时的生产条件下，不论是在制作工艺上，还是在造型上都比较粗糙、笨拙。

纺织手工业的发展，原料有野生葛，良渚文化遗址还发现有残绢片、丝带、丝线等遗物。在河姆渡时期的文化遗址中，还发现了编织紧密的竹篾编织物、雕刻过的象牙、木质漆碗、镶嵌过的器物，以及榫卯结构的使用等，都让我们对远古人类的创造力有了深刻的认识。可见，定居之后，人类生产事业的发展是迅速、广泛而深入的。

手工业、农业的发展，解决了远古人类生活资料的后顾之忧。在此基础上延伸发展起来的精神生活也爆炸式发展，内容包括：以图腾崇拜、自然崇拜、祖先崇拜为代表的精神信仰，以祭祀为代表发展起来的音乐和舞蹈，以符号为基础发展起来的语言文字，以丧葬习俗为代表的各项礼仪活动，等等。远古人类社会的社会结构和精神生活，已经完成了初步的框架结构，甚至可能有了较为深入的发展。

史前社会发展到距今约4700年的屈家岭文化时期，在文化遗址的底层中，挖掘发现了距今4600年以前的城址。说明在这一时期，社会结构进一步强化，人类的聚居形式已经发展出具有规模的城市。与城址的出现有同样意义的是文字的产生，因为它们都是社会发展到一定阶段的产物。仰韶文化半坡遗址中的彩陶上发现的刻画记号，就是中国文字的起源，或者是中国原始文字的孑遗。

文字的出现，使人类拥有了跨入文明时代的力量，它对人类史的意义属于"农业革命"之后的第二次革命。

在这一时期，生活在长江流域的史前人类，发展出舟楫这一类的交通工具，河姆渡遗址中就有独木船的存在。这种独木船不管是进行海上捕鱼还是在长期航行中都是极为便利的工具，甚至以此可以想象远古人类在海上交通领域或许已经进行了开拓和发展。

总之，史前人类社会的发展，是整个人类社会发展的基础，它在各个领域都为后世奠定了发展基础。研究这一时期人类具体的发展情况，对认识、分析和评估人类发展具有重要的意义。

3. 史前文明的标识

文明是人类智慧在人类社会群体中的集中展现，它是人类知识技能、思维情感深入发展的产物，是人类社会文化发展到较高水平时才会出现的情况。文明的出现，往往伴随着阶级分化的产生，所以它是社会群体结构在演进过程中一个具有突破性的变化。

从考古资料来看，中华文明大约出现在距今5000年以前。具体地说，在距今四五千年以前，可能中国各地就已经先后进入了文明时代——这是一个文明大爆发的时代。长江流域的良渚文化就是在这一时期迈入文明的门槛的。那么，人类进入文明社会的标志是什么呢？它们是：犁耕农业的出现、大型礼制建筑的出现、出现城乡分化、文字的产生、原始艺术形式的出现。这些，都是人类文明社会体系中应该出现的内容。

社会生产力的发展，剩余物资的出现，促进了文明社会的形成。农业的出现让人类得以定居下来。

农业生产进入犁耕阶段之后，手工业生产出现飞跃势头，使人类社会呈现出繁荣景象。所以犁耕农业的出现，被视为人类进入文明阶段的标志之一。

作为居住用的建筑，从地穴式、半地穴式到干栏式建筑都是远古人类为了满足生存所需一步步发展出来的。大型礼制建筑的出现，是为了满足精神需求和统治需求，说明除生产者必需的生活资料外，大部分社会财富被集中到少数人的手中，是财富积累、财富分配不均、阶级分化之后的产物。因为营建大型礼制建筑，不仅需要一个强烈的规划意图作为刺激因素，还要有丰富的地理知识、建造技术，以及富足的物质基础，而那些知识和技术是需要很长的时间才能积累和发展出来的。所以，大型礼制建筑被视为文明的重要标志之一。

城址作为一个地域内或一个早期国家的政治、经济和文化的集中地，它的出现，说明城乡已经分化，这是文明产生的又一个重要标志。另外，城市的产生，不一定都得有做防御设施的城墙。

文字的产生，使人类的知识和技能有了传承的载体，能用口口相传之外的形式将人类积累的经验传递给同一时代以至下一个时代的人。文字，是人类智慧发展的产物，对人类知识力量的发挥和传播具有革命性意义，所以它成为人类进入文明时代最重要的标志。它为人类记载历史创造了条件，为后世追溯人类发展历程的研究提供了依据。

如果说以上属于物质文明的发展，那么精神文明几乎伴随物质文明而生。艺术是精神文明的产物，原始艺术是人类由蒙昧、野蛮状态走向文明社会的重要标志之一，它包含音乐、舞蹈、绘画、雕刻等。通过远古社会的文化遗存分析，发现精神文明的产生时间和丰富程度远比我们想象的更早、更丰富。

4. 史前长江的发展变迁和规律

史前时期长江文化的发展规律，主要表现在开创性、连续性、开放性和不平衡性四个方面。

从迄今为止的考古资料来看，史前时期的长江文化创造了众多的中国之最，比如：目前我国发现的最早的稻作实物、最古老的人工栽培稻、最早的葛藤纤维物、最早的丝织品、最早的漆器、最古老的巫术用器等。它们都说明长江文化是一种富有创造性、开拓性的文化。

从目前对考古遗存的研究发现，史前时期的长江文化在很长一段时间里持续、稳定地发展着，具有继承性和延续性。根据对不同时段随葬坑的研究，可以发现远古时期人类社会的兴衰、文明发展继承和革变的情况。比如，以往在考古学界有人把崧泽文化作为马家浜文化晚期的一个文化类型，但事实说明马家浜文化—崧泽文化—良渚文化有一脉相承的继承关系，江汉地区的史前文化发展也可以说是前后一脉相承的。

史前时期，人类社会群体在交往的过程中，也在相互影响。这种相互影响，有利于从对方那里获取优秀的生产生活技能，提升社会生产能力，比如，良渚文化就受到了大汶口文化、龙山文化的影响，在良渚文化的墓葬中发现有属于大汶口文化的彩陶背壶、蓝纹鼎等遗物。还有很多证据都表明，长江流域内各史前文化之间的交往，出现得非常早，而且以逐渐频繁的趋势进行发展。

各地区史前时期的人们相互接触交流，不仅在思想上开阔了眼界，在经济、文化上也于交流中取长补短，促进了社会的飞跃发展。

长江流域各地区史前文化在生产方面的发展是不平衡的，这种不平衡首先反映在生产力上，比如技术、人才、知识水平等。但不同社会群体之间的这种不平衡，就像后世一样，并不是长期不变的。随着时间的变化，群体之间生产力的不平衡会呈现你追我赶、此起彼伏的状态。在这种不平衡中，不平衡的群体之间的矛盾和冲突会伴随而来，但也同时也会产生一种推动力，促使人类社会用变革的形式进行跨越式发展，对人类社会发展起到了促进的作用。当然，这种不平衡发展带来的社会矛盾造成的对人类文明的破坏和毁灭也是不可轻视和忽略的。通过对这些问题的研究，也许能为未来解决社会不平衡发展造成的矛盾提供理论资料。

5. 史前长江文化的地位和影响

近些年来，随着各地田野考古工作的发展，大量埋在地下的物质文化资料被发掘出来。根据这些信息，我们可以知道史前长江文明的地位和影响力——是世界稻作农业文明的中心，是世界蚕丝的起源地，苎麻织品的产生是人们改造自然的一大突破，干栏式建筑、有段石锛是人类文明史上的传世杰作，生漆的利用是史前文明的一大成就，玉器是中华文明形成的重要基础。

以长江流域为代表的稻作农业和以黄河流域为代表的粟作农业，是中国史前时期南、北两大农业系统。长江流域的水稻栽培，最早距今大约有9000年，但这并不是中国史前时期栽培稻的开始，水稻栽培起源问题还需要向前探索。有的人认为，河姆渡文化是水稻栽培文化向日本、朝鲜、东南亚、东南太平洋地区传播的起点。

中国是举世公认的蚕丝起源地。至于起源，有的人认为起源于黄河流域，黄河流域种桑、养蚕、缫丝的历史至少在夏代或夏代以前就已产生了。但不论从蚕丝的出现年代上，还是在野蚕驯化为家蚕的过程中，长江下游都是中国蚕丝的起源地。

苎麻是一种多年生草本植物，生长在高温潮湿的东方，江南气候温暖、雨量充沛，适于苎麻生长。苎麻纤维细而轻，韧性强，不会皱缩，又有光泽，是一种优良的纺织原料。在良渚文化遗址中，还发现过苎麻纤维，性能虽不及蚕丝精致、优雅，但也曾盛极一时。唐宋以后，中国苎麻织品远销海外，被称为"中国草"。

干栏式建筑是长江流域非常有地方特色的民居，河姆渡遗址中发现的距今约7000年的干栏式建筑，已有一套在当时相当完整而进步的榫卯结构和企口拼接技术，这是需要经过漫长的发展阶段，在实践过程中不断总结、提高才能取得的成果。

有段石锛是一种生产工具，中国史前时期的有段石锛，曾影响了南洋、太平洋诸岛屿的人们。

漆器是中国的一种传统手工业，已有六七千年的历史了。它的使用从长江流域流传到日本等许多亚洲国家，成为一门独特的手工业。中国漆器经波斯人、阿拉伯人之手传到欧洲后，也非常受当地人们的欢迎。漆树原产于中国，史前人类对漆树的利用，与水稻的种植驯化一样，是史前的一大文明成就。漆的利用，需要对漆树进行采割、收取漆液，认识到漆树液汁是一种重要的工艺材料，是史前时期人们认识自然、利用自然的一大突破，这个突破是以长江下游河姆渡遗址中发现距今有6500年左右的历史的木质漆碗为依据的。

玉器文化，是中华民族特有的、古老的文化。在中国传统文化中，玉被人格化、道德化，用在它身上的都是赞美之词，在距今约5000年前玉器就在人类社会中占据着重要的地位。此外，还有象牙器等相关的艺术品和手工技术都对海内外物质文化的发展有着较大的影响,为当时的经济、文化交流产生过重要的影响。

综上所述,史前时期长江文化走过了一段光辉灿烂、朝气蓬勃的发展历程,为中华文明的产生和发展做出了卓越的贡献。

第二节 夏商周时期的长江文化

1. 夏代的长江文化

大禹时期,有禹征"三苗"的说法。"三苗",也称"有苗"或"苗民",三苗的"三"跟"九黎"的"九"一样,说明这是一个庞杂的族系,族类纷繁、部落众多。三苗活动在长江中游地区,其文明程度不逊色于中原。三苗文化与夏文化,也有很多区别。

夏代长江文化与三苗文化的区别表现在:道德观念和行为准则不同;装束不同,中原部落的"冠笄"以戴冠插笄为俗,三苗的"髽首"以枲麻束发而结;原始信仰不同,三苗相传为九黎之后,盛行巫术,与中原"民神不杂"不同;图腾不同,三苗崇尚的图腾是蛇,夏人崇尚的图腾是龙。

三苗与夏人之间,曾多次发生冲突,最大的冲突有两次。一次是在尧、舜之际,此时三苗的主要势力仍在长江中游,此次舜征三苗而死,以致葬于苍梧之野。另一次是禹征三苗,结果三苗被夏人击败,近乎销声匿迹。相传,生活在今湘西、黔东的苗族就是当初战败后的三苗跨过大江、跨过大湖,南迁定居之后的后裔。

禹作为夏王朝的初创者，与二里头文化关系密切。长江中游地区诸多新石器文化类型发展至相当于二里头文化时期突然中断了，一支来自黄河中游的文化也在此时直插江汉腹地，与禹征三苗的记载刚好吻合。

可见，以禹征三苗为契机，以长江中游和黄河中游为主体的两大文明起源带被紧密地联系在了一起，在促进南、北文化交流的同时，也相互产生了融合发展。

越族并非单一的民族，而是若干有某些共同文化特征的民族的统称，越人分布在长江中下游，其族源众说纷纭。其中，"越为禹后"的说法出现得最早，影响力也最大。二里头文化因素大量涌现在马桥文化中正值中原夏、商之际，表明古越族在其早期发展过程中，确实曾经受到中原文化的影响。有人指出，夏桀时，殷族西进，驱散了夏族，占领了中原。夏族的部分遗部仍留居中原，与殷族混合，另一部分经苏皖南迁江浙，成为后来的吴、越。《尚书·仲虺之诰》中说"成汤放桀于南巢"，南巢应当位于今安徽巢湖附近，而江淮地区一批富含二里头文化因素的古文化遗址同期的器物有可能是夏族遗民南迁留下的文化遗存。不过，夏文化对长江流域同时期、不同地域的文化都有或强或弱的影响，不能简单类比想象推理，但中原文明向长江流域播散是不可否认的事实。

除了"越为禹后"的传说之外，长江沿线还留存着多处传说有关夏禹和其他夏王、夏人的史迹，也就是所谓的"禹迹"。"禹迹"广泛分布在四川、湖北、安徽、江西、浙江等省，内容包括大禹生于石纽，禹娶于涂山，禹会诸侯于会稽山，禹葬于会稽山等，这些说法无法考证，但说明夏文化可能确实向南进行了扩散，并产生了相当的影响力。

2. 商代的长江文化

长江流域与商文化的关系

长江文化在商代加快了进入青铜时代的步伐，出现了很多各具特色的文化区，比如：以早期蜀文化为代表的成都平原文化区，以盘龙城遗址为代表的两湖文化区，以吴城文化为代表的鄱阳湖文化区，以湖熟文化为代表的宁镇文化区，以马桥文化为代表的太湖平原文化区，以及江淮文化区。

商因于夏，立国于中原，殷商之人踏着夏人的足迹经营南国。在商朝初期，殷人便以其先进的青铜冶铸技术为先导，同生活在长江流域的诸多原始先民进行文化交流。在长江流域中，盘龙城遗址及其墓葬出土的器物，文化内涵与中原高度一致。根据研究，这座城址与殷人关系深厚，应该就是由殷人营造的，它应该是殷人设置在长江中游的一个据点。当时的长江中游，尚未出现足以与殷人抗衡的政权实体。殷人建立盘龙城的目的，除开疆拓土外，主要是为了控制长江中下游的红铜产区。

商代的青铜文化得以迅速发展的原因，就在于殷人既掌握了高超的青铜铸造技术，又控制着铜锡的原料产地。商殷人称南国土著为荆，发生在商代后期的"武丁伐荆"就与长江中游产出红铜有关。在武丁之前，商朝曾几度中衰，铜矿可能就被诸侯觊觎，甚至一度失去控制。

武丁以其强大的军事力量成为战胜方，在盘龙城建立了军事据点，盘龙城便近水楼台先得月，受到了商文化的深刻影响。

分布于江西赣江、鄱阳湖流域的吴城文化遗址，从出土的众多器物可知，商文化在商代早期偏晚，就与当地土著文化发生了接触，当地文化受到了商文化的强烈影响。湖南出土的众多商代青铜器也说明殷人曾经光临此地。

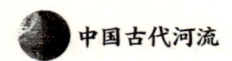

长江下游的安徽江淮地区的商文化遗存分布普遍，与中原商文化面貌大体一致，遗存中虽不乏当地文化因素，但总体以商文化因素为主，说明殷商已经有效地控制了这个地方。

长江上游进入青铜时代的时间参差不齐，四川大约于商代晚期开始进入青铜时代，滇、黔还要更晚些。四川广汉三星堆遗址的发掘表明，川西平原在商代的青铜文化发达，一般认为其属于古蜀文化。蜀是一个古老的民族，作为政权实体与殷商有着密切的关系。

由此可见，殷商时代，殷人在长江流域活动频繁，在对当地文化产生深刻影响的同时，还促使其迅速发展。

商代长江流域的文化成就

长江流域出土了不少商代的青铜器，四川广汉三星堆商代器物坑、江西新干商墓、湖北盘龙城商代遗址以及湖南地区出土的器物不仅量多、品质优良，而且文化内涵丰富。

中国早期冶铜业的中心在黄河流域，但长江流域是铜矿的密集地区。江西瑞昌的古铜矿开采年代上限是商代中期，且已有一套完备的采矿技术，表明当地的原始居民早就对铜有所认识了。

殷人南下长江流域掠夺铜矿，同时带来了中原先进的青铜冶炼技术，推动了长江中游青铜文化的发展。长江流域出入的青铜器，装饰手法别具一格，极具地方特色，说明中原商文化传入之后，带来的先进文化虽然改变了当地原始先民的文化，但却被迅速地方化、民族化了。这种浓厚的地方特色，主要体现在装饰手法上，各类器具明显的地方特色都与中原商文化下的青铜器有所区别。

长江流域迄今所见的商代青铜器，以四川广汉三星堆出土的器物最为奇特，有造型特异的青铜神树、造型夸张的青铜头像和面具等。

■第二章 长江文化

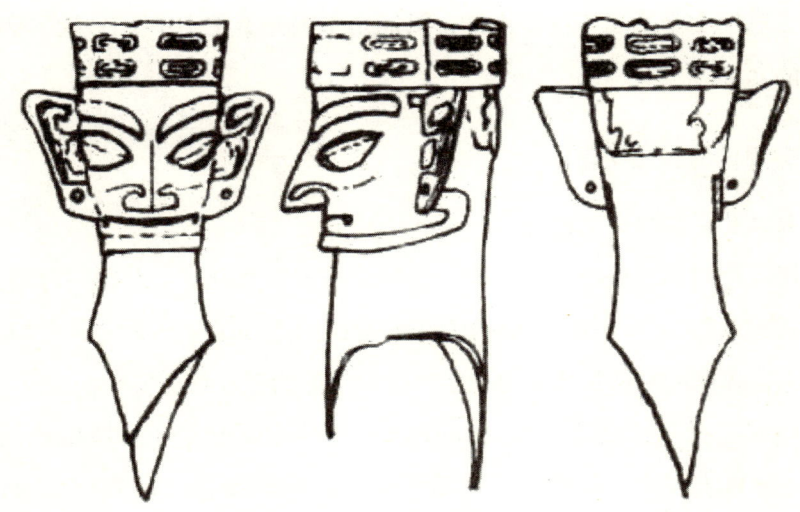

三星堆青铜面具

商代是我国制玉工艺的重要发展时期,但根据长江流域出土的大批玉器来看,长江流域的玉器文化并不逊色于黄河流域。

古蜀人对玉石器的制作,从采料到打制、磨制、切割、镂刻等,已经积累了丰富的经验。

长江流域发现的大型主体建筑与小型干栏式建筑相互连接,错落有致又浑然一体,组成了规模庞大的建筑群体。十二桥商代木结构建筑,就地取材,使用圆木、方木、木板和圆竹、竹篾、茅草等,采用打桩法、竹篾绑扎法、榫卯连接法等独特的营造方式,其结构甚至比中原地区同一时期的大型建筑的纵向梁架更为先进。

长江流域发展到新石器时代晚期已出现成熟的文字,令人注目的就是巴蜀文字。巴蜀文字可分为表意的方块文字和象形的符号文字。其中方块的表意文字可上溯到商代晚期,三星堆遗址出土的陶器上刻画的符号,有人认为是抽象化、线条化了的蜀地方块表意文字。而象形文字,指铸刻在青铜兵器、礼器、乐器、生活用器及其他器物表面各种非纹饰、非图案的符号。巴蜀文字不属于汉字系统，可能是中国先秦文字中除汉字外唯一可认定的文字。

3. 周代的长江文化

长江文化与周文化的关系

周人称包括王畿在内的中原，连同"东国""南国""北国"等殷人所曾到达的地方为"中国"。周朝的文化方针拘谨、保守，缺乏殷人的开放气魄，以致西周时期长江文化处于沉闷、呆滞的低谷状态。

周成王在东征之后建侯卫，在汉东和汉北便分封了一些姬姓诸侯，号称"汉阳诸姬"。但周人不满足于淮汉之间的统治，以致昭王南征荆楚。昭王南征的对象，并非实指江汉地区的某个政权实体，而是指江汉地区。但昭王南巡，兵败身死。之后，周人就再没能南渡汉水了。

昭王南征失败，不得已之下，以联姻的形式收服长子狗一族，此族也以箕子为榜样，投入了周人的怀抱。周王朝对江汉地区，就是通过这种间接统治的方式，获取这里生产的红铜的。

而当周朝最强大的敌人——淮夷消磨着周朝主力的时候，楚国在江汉地区坐大。楚人所至湖北鄂州市境，是扬越的经济中心，古铜矿就位于鄂地。熊渠可能就是受到铜的诱惑，才冒险来到这里的。楚人一到那里，铜矿就不再独属于周人了。楚国在当时虽不足以与周王朝抗衡，但在得到大量红铜之后如虎添翼，日益衰落的周朝对江汉地区的统治力量也就变得有心无力了。

周朝建立伊始，即面临着夭折的危险。根据史料记载，周初"成王东伐淮夷"，东征平叛的对象就是淮夷。淮夷是东夷中的一支，东夷是东方诸夷的泛称。

以徐为首的淮夷本来居于淮北，因为战争失利，只能活动于江淮之间，这里接近先秦的一个产铜中心皖南地区，因此迅速恢复了生产力，成为周人南进的障碍。因此，江淮地区在西周晚期成为战争热点之所在。

周王南征的最终目的其实是红铜，但征伐失败后的周王恼羞成怒，进行了"扑伐噩侯驭方，勿遗寿幼"的军事报复。随着宣王中兴，周朝更加紧了对江淮地区淮夷的进攻与控制，使淮夷重新归附于周。

另外，周时的太伯、仲雍奔荆蛮，至于原因，有让贤一说，但更可靠的说法是避祸。太伯、仲雍避祸于荆蛮，带去了先进的文化，被当地土著立为王，形成了早期的吴国。周人的到来，导致中原文化的大量涌入，所以这一时期中原文化因素和荆蛮土著文化因素都非常明显。

周代长江流域的文化成就

近代，在长江流域的安徽、江苏、浙江等省陆续出土了很多西周时期的青铜器，这些青铜器有的直接来自中原，更多的是融中原文化、长江文化两种文化因素于一体的青铜器。长江流域的许多器物虽有刻意模仿中原同类器的倾向，但在形制、纹饰上都带有地方特色，与中原的青铜器相比，粗看相似，细看实则并不相同，长江流域器物的细部被当地工匠糅合进当地的文化风格，创造出风格独特的青铜文化。

这一时期，中原出土的青铜器绝大部分为锡青铜，但长江流域出土的青铜器有的是铅青铜或铁青铜，造型轻巧，铸造技术一般较差，不如中原器精美。西周的中原青铜礼器大多铸有铭文，但长江流域出土的同期青铜器几乎不见铭文，这可能与当时的长江流域先民的语言、文字与中原不通有关。

长江下游地区由于周人南进，青铜文化取得了较大的进步，尤其是对那些处于萌芽阶段的青铜文化而言，进步更为显著。但西周时代湖南

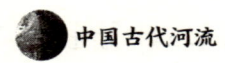

的青铜冶铸业与该地区商代的青铜冶铸水平相比，明显后退了很多。另外，相较三星堆两个器物坑出土的大批青铜雕像，蜀地在这一阶段的青铜冶铸业也有明显的退步。这两个不同阶段的青铜文化的发展状况，表明外来文化对当地青铜文化发展的影响是决定当地青铜技术水平的重要因素。

第三节　秦汉时期的长江文化

1. 长江流域秦汉时期的经济发展

秦汉时期，长江流域的经济、文化都得到了显著的发展。长江流域在经济方面，同我国北方广大地区一样，很早以前就被开发了，只不过经济开发的程度各地区有所不同而已。到秦汉时期，长江流域的经济开发程度，与之前的数千年相比，有显著的差别和巨大的飞跃。在秦汉时期，长江流域的经济开发进入了一个全新的阶段。

大一统的格局形成以前，长江流域人口相对稀少，经济发展也极不平衡，除少数地区外，大部分地区相对黄河流域的经济发展都显得比较落后。但公元前221年，秦始皇统一全国之后，长江流域所属的大部分地区被纳入秦王朝的版图，南到"北向户"、北到鄂尔多斯草原、东至大海、西至甘肃西部，成为当时世界上幅员最为辽阔的统一的封建国家。

大一统的政治局面，使气候温润、自然资源丰富的长江流域迎来了新的机遇，为长江流域的经济发展创造了极为有利的前提。因为统一完成之后，秦朝推行了一系列与政治、经济、文化相关的制度，加强了南方长江流域广大地区与北方黄河流域的经济交流，促进了生产力的发展，促使经济显著提升。

另外，秦汉时期爆发过三次全国性的农民起义和农民战争，这三次大起义也席卷了长江流域，使长江流域的农民也同黄河流域的农民会合成为一股势不可当的力量，冲击着封建王朝社会的上层建筑和经济基础，成为社会经济发展的动力。

汉代的两次农民起义，使北方经济遭到严重破坏，但长江流域从秦到两汉都相对稳定，受到战乱影响的地区较小，尤其是东汉以后，长江流域的稳定与黄河流域的混乱现象形成了明显的对比。动乱的北方，大量移民南迁，长江流域的人口快速增加，大批劳动力在流向长江流域的同时，也带来了先进的生产技术，有力地推动了长江流域的经济发展。

同时，秦汉统治者曾有计划地向长江流域实行移民政策。秦代曾将"天下有罪谪吏民"迁至今天的浙江绍兴等地。刘邦曾令百姓"就食蜀汉"，汉代的统治者也不断向蜀地移民。这些有计划的移民行动，对当地生产力的提升和经济的发展都有推动作用。

除了政治政策、人口技术带来的助力之外，长江流域的经济发展也离不开农业生产的发展和进步。农业作为农耕文化的发展基础，对农业社会经济的稳定和促进作用是起决定性意义的。从秦统一中国经西汉而东汉的几百年中，以长江流域为主的南方农业生产始终处于向前发展的态势，这与黄河流域因为政治动乱等原因的停滞和落后形成了鲜明的对比。

总之，长江流域的经济发展在秦汉时期迎接到历史的发展机遇，呈现出良好的发展态势。

2. 长江流域秦汉时期的物质文明

长江流域在秦汉时期的物质文化发展,相比同一时期相对成熟的黄河流域的物质文化,整体而言稍显逊色,但因为已经在前代基础上已经获得了一定的、深入的发展,所以在某些领域赶上甚至超过了黄河流域。

在农业上,至迟在东汉时期,长江流域就已经走上了精耕细作的道路。长江流域在秦汉时期的粮食作物主要有水稻、粟、高粱、小麦、黍、稷、芜菁、芝麻等,其中水稻是最主要的农作物,粟也是重要的农作物之一。虽然不普遍,但北方的旱地作物麦、黍、稷等已在长江流域进行种植,而桑、麻、芝麻等已经在长江流域普遍种植。

在秦汉时期,长江流域已经饲养了马、牛、羊、鸡、犬、豕等六畜,其中养牛业备受重视,养猪业普遍发达,鸡、鸭、鹅等家禽的饲养更是发达。同时,长江流域在秦汉时期的果蔬种植,以及其他园圃业经济作物,也获得快速发展,普遍人工栽种葵、芥、姜、藕、笋、芋、莲、甜瓜、香瓜、葫芦、菠菜等蔬菜,以及荔枝、橘、枣、桃、柿、梅、杏、枇杷、李、梨、杨梅等水果。在这一时期,蔬果业是重要的农业生产部门,种植普遍,收益也很大。

南方长江流域林业资源丰富,木材业发达,所以秦汉时期长江流域的木材业在全国占有相当的地位,木漆树等特种经济林也有大量出产。

南方水资源丰富、便利,秦实现大一统后,各地商业往来更为通常,长江流域的渔业自然就发展起来了,并且渔业生产工具和渔法呈现多样化。成都天回山东汉崖墓、成都市区东郊等都出土过陶水塘,里面发现有鱼、莲等遗迹,说明当时的劳动人民已普遍利用陂塘养鱼了。

■ 第二章 长江文化

成都出土的汉代陶水塘模型平、剖面图

根据考古发现，汉代长江流域在水稻的品种选育、栽培技术等方面也已经达到了较高的水平，加上铁农具的普遍使用、牛耕技术的推广与普及、水利灌溉事业的大力发展，使秦汉时期的农业发展达到了前所未有的水平，长江流域逐渐物阜民丰起来，为魏晋南北朝时期南方农业生产的飞速发展奠定了基础，并对之后长江流域农业的生产发展历程产生了深远的影响。

除了农业，秦汉时期的长江流域在手工业上，比如漆器制作、造船、航海技术、瓷器烧制等方面均超越了黄河流域的发展水平，在纺织、丝绸、酿酒、冶金等方面的技术也接近或超过了黄河流域的发展水平。

这一时期，长江流域传统的釉陶继续发展，青瓷的出现具有划时代的意义。青瓷是从原始瓷器发展而来的，它出现于东汉时期，是我国古代劳动人民重要的创造和发明，是长江流域对中国以至世界文明的又一重大贡献。

这一时期，长江流域的纺丝织业最为发达，代表了当时的先进水平。当时的麻织品在长江流域多有出产，是一种非常著名的、精致的麻布。从马王堆出土的文物来看，这一时期的丝织技术就是放到现代也是超乎想象的，它的结构、花纹复杂而细密。而且，纺织工具方面已趋于完备，并多有创新，斜织机、提花机在当时的长江流域已经出现，表现出纺织技术领域的惊人成就。

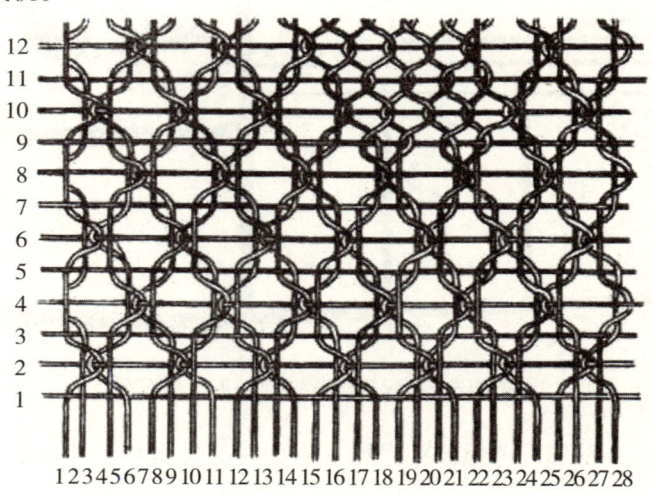

菱纹罗组织结构示意图

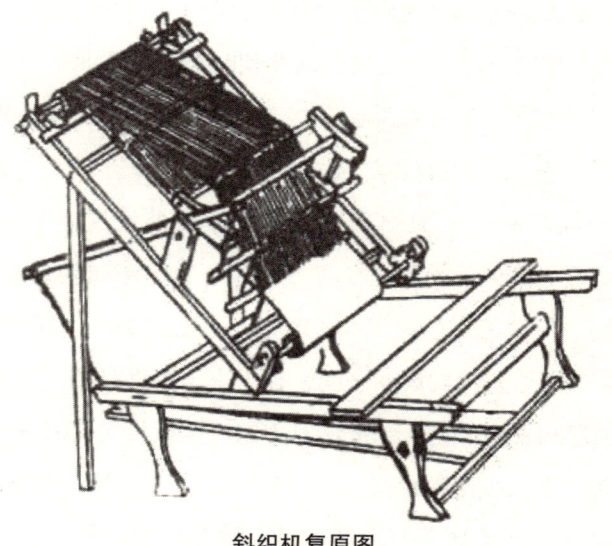

斜织机复原图

秦汉时期，长江流域的制盐业相当发达，规模也很大，以巴蜀地区井盐的生产为代表。除了制盐业外，冶金业在南方长江流域也有了一定程度的发展，西汉时还在临邛、南安、武阳设有铁官。

此外，江苏泗洪、盐渎等地还发现了冶铁遗址，冶铁作坊的产品有工具斧、锤、钳、锥、夯头，以及各种农业工具、武器、日常用具等。这一时期的冶铁技术也已达到较高水平，普遍采用鼓风冶铸及铁的脱碳成钢等技术。

秦汉时期，长江流域的青铜铸造业仍是重要的手工业部门，主要铸造钱币和铜镜。

在这一时期，漆器生产空前繁荣，蜀中漆器在全国首屈一指。长沙是长江中游最重要的漆器产地，长江下游的扬州、会稽等地也出产漆器。漆器制品色彩艳丽、造型精致而优美，一件漆器经过造胎、上漆、加金属钳、彩绘、打磨、检验等七道严密而科学的工序之后才能生产出来，反映了当时漆器生产技术的进步和发展。从出土文物的情况来看，当时漆器的使用已相当广泛。

秦汉时期，长江流域的酿酒业同样发达，名酒产地遍布整个长江流域，酿酒技术和生产规模都有了进一步发展。

造船业在秦汉时期走向第一个历史高峰，此时造船业的重心在长江流域，当时的四川、湖北、湖南、安徽、江西、江苏、浙江等地都设有专门的造船工场，其中四川是长江上游最大的造船中心，江陵、武昌、长沙是最重要的造船基地。

造纸业是秦汉时期长江流域最重要的成就。中国古代的造纸业起源于西汉，东汉初的文献中常常提到纸。不过，西汉及东汉初，纸的使用还没有那么普及，书写材料仍以竹、木简和丝帛为主，到和帝时蔡伦改进了纸的制作方法之后才得以大量生产，才能有效地代替原来的书写材料。造纸

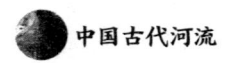

术的发明和发展，对世界文明的发展起到了重要的推动作用。

随着农业、手工业的发展，秦汉时期长江流域的商业和交通运输业也得到了显著的发展。长江流域，秦汉时期的陆上交通运输主要是巴蜀栈道和西南丝绸之路，内河交通及贸易上的成就当推灵渠的开凿和长江航运事业的进一步发展，海上交通与贸易往来的突出成就是海上丝绸之路的开辟和发展。

随着长江流域经济的迅速发展、建筑技术的逐渐成熟，人们的居住条件也进一步地改善，成为反映时代文明的重要标志，如王室宫苑、贵族府第及地主庄园、少数民族居宅的建造方面，都富有南方特色和科学的设计建造技术。

同时，秦汉时期长江流域推广并发展出影响后世千年的茶文化，饮茶风气大盛。豆腐的发明也是长江文化对世界文明的一大贡献，汉淮南王刘安发明豆腐之后，这种营养价值极高的食品流传到民间，从五代之后就成为人们日常非常爱吃的美食了。

秦汉之际，长江流域的物质文明发展到了空前的高度，许多旧有的物质文明得到高度发展，许多新的物质文明影响后世千秋万代。对这一时代物质文明的深入研究，可以帮助我们更好地理解秦汉时期长江流域的发展在整个人类文明进程中的地位和历史意义。

知识链接

蔡伦改良造纸技术

蔡伦（？—公元121），字敬仲，桂阳人，曾任尚方令，负责监制御用器物。在造纸方面，蔡伦在前人的基础上进行大量的试验和革新，除采用破布、旧渔网等废旧麻类材料外，还采用了树皮作为造纸的材料，开拓了一个崭新的原料领域，使造纸原料多样化。蔡伦对造纸技术进行优化，工艺技术比以前完备和精细。除淘洗、碎切、浸泡原料之外，可能已经用石灰进行碱液烹煮，提高了植物纤维纸的质量和生产效率，便于书写，为纸的推广和普及开辟了广阔的道路。

长江流域秦汉时期的文化发展

经济开发是文化发展的基础，政治是文化发展的重要保障，秦汉时期的政治、经济都得到发展的同时，文化自然也紧随其后得到相应的发展。不过，长江流域在整个秦汉时期的文化发展并不都是均衡的，受到政治形势的影响可以分为三个明显不同的阶段：第一个阶段是秦代到汉初这一时期，第二个阶段是汉武帝鼎盛时期，第三个阶段是西汉末年到东汉时期。

秦代到汉初这一时期，指从公元前221年秦始皇统一中国开始到公元前140年汉武帝即位的这段时间，这是秦汉时代长江文化发展的第一个阶段。由于国家统一，长江流域文化与黄河流域文化全面交融，长江流域开始形成具有特色的秦汉文化，具体表现为：制度文化迅速统一，物质文化、民俗文化、社会礼仪与北方各文化充分交流，南方长江流域的社会价值观与北方黄河流域的社会价值观仍有明显的差异和相互的排斥性。

汉武帝鼎盛时期，指公元前140年汉武帝刘彻在位的整个时期，这一时期为中华民族文化的发展奠定了坚实的基础。这一时期，中央政府实行"罢黜百家"的思想文化政策，这个策略对长江文化也产生了深远的影响。

与前一个时期不同，长江流域在这一时期，除了物质文化、政治制度与全国表现出协调统一的发展模式之外，在学术思想和社会价值观上也显示出对各流派的融汇趋势，长江流域的杂家之作《淮南子》就非常具有代表性。这一时期长江流域上、中、下游的文化,相互之间既有相同的一面,也存在差异,这种差异既有社会经济发展程度不同的原因,也有自然条件及文化传统不同的原因,但都展现出长江流域丰富多彩的文化内容。

自汉武帝后至东汉末,长江流域的文化发展沿着武帝时期的趋势继续向前发展,只是在速度和规模上有所不同而已。

秦汉时期长江文化的特点

秦汉时期,是专制的封建社会刚刚建立完成的时期,统治集团为了加强统治,在各个方面都进行秩序建立,比如:在政治上,建皇帝之号,建立以丞相为首的中央政府体统,建立以郡县制为基础的地方政府,建立官吏选拔制度等;在经济上,实行重农抑商的策略,山泽、盐铁之利的国家垄断及土地的私有和国有并存,统一财政和税赋等;在文化上,统一文字和文书格式,统一"罢黜百家,独尊儒术"的思想等。

汉代的官僚体制,对长江流域各郡的影响是有限的,因为作为制度文化长江流域有其特殊的发展脉络,楚国时期在这里就已经有县制了,而皇帝和官僚制是通过长江流域的人士逐渐进入原有体系的,这与完全重建的新的郡县制体系是有差别的。

就民俗和礼仪制度而言,长江流域与统一后的秦汉时代的各地大致相同。但各地区、各民族还是保持自身独特的个性,呈现出丰富多彩的形式。婚丧是人类社会生活普遍受到重视的大事,汉武帝提倡儒术,因此长江流域秦汉时期大部分地区都实行一夫一妻制,上层社会依"六礼"仪式办事,结婚年龄、妻妾制度等也与中原地区无异。应该正确理解的一点是,虽然长江流域的个别地区在秦汉时期还存在比较混乱的婚姻关系,甚至流行一夫多妻或一妻多夫制,但这并不是普遍现象,也不能成为长江文化史的研究重点。

秦汉时期，长江流域的丧葬习俗具有极其多样性，大部分地区与黄河流域基本相同，少数地区的葬式和葬礼有明显的差异性。比如：长江上游四川西部的"板岩葬"，长江流域下游福建武夷山市地区的"船棺葬"，等等。

在习俗、节俗及迷信活动等方面，不少都带有制度文化性质，是秦汉社会文明的重要组成部分。秦汉时期，长江流域与黄河流域因为地理位置不同，记时、记月的历法不同，有些节日也不尽相同。到今日，长江流域可考证的重要的民间节日有除夕、元旦、上巳、端午、七夕、重阳等。

1975年，长江流域湖北云梦睡虎地秦墓中出土过大批竹简，从这批竹简提供的资料来看：五行思想不仅流行于秦地，也流行于长江流域的楚地；十二生肖观念也在长江流域流行，但其中有些传统说法与北方稍有不同。

秦汉时期，尤其是汉代，谶纬之学等巫术广泛流行，宫中也未能幸免，甚至因此引发政治斗争，但长江流域的巫术及其相关的活动更加源远流长，战国时代长江流域楚地流行的《九歌》就是为巫术活动创作的。因此，秦汉时期，巫术在长江流域占有重要的地位。

总之，秦汉时期，南方的长江文化和北方的黄河文化既有相同并协同发展的部分，也有相异、独立发展的部分，但在大的文化背景下，相同者多、相异者少。

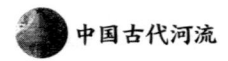 中国古代河流

第四节 隋唐时期的长江文化

1. 隋唐时期长江流域的经济发展

公元589年,隋文帝命晋王杨广率51万大军进军江南,从长江上游的永安、中游的江陵、下游的广陵等地,将偏安江南一隅的陈朝政府进行军事合围。经过两个月的战斗,建康(今南京)被隋军攻陷,陈朝政府灭亡。至此,数百年的分裂割据局面宣告结束,继秦汉之后全国重新走向统一的发展道路。隋文帝为安抚江南百姓,诏令江表"给复十年,自余诸州并免当年租赋"来缓和长江流域人民和隋王朝的矛盾。

隋朝完成对长江流域的统治之后,首先要做的就是解决陈朝统治不力造成的经济困境,通过种种努力解决入不敷出的难题。为了进一步加强对长江流域的控制,隋朝政府采取了一系列振兴其经济发展的措施:由于长江流域的地方官对当地的风俗民情缺乏深层的了解,隋文帝下令各地方官相互协作、共同探讨来处理一些比较棘手的问题;针对长江流域普遍出现物重钱轻的情况,公元590年(隋开皇十年),诏令晋王杨广立十炉铸造钱币、诏蜀王杨秀"听于益州立五炉铸钱",以适应长江流域恢复经济发展的需要,并采取扶持措施,为这一地区未来的繁荣奠定了坚实的基础。

完成统一后,隋朝企图从思想文化上加强对江南的控制,但适得其反,江南士族阶层联合反叛。长江流域各地的反叛让隋文帝意识到,依靠

武力征服容易，但要把不同文化习俗下的百姓重新纳入统一的文化范畴之内是十分艰巨的，他能够采用的，就是用传统文化稳妥地抚慰治理，循序渐进地移风易俗。于是，隋朝政府在长江流域广设学校，以儒家君臣伦理思想为基础广施教化，效果显著。

另外，在武力征服的前提下，隋朝长江流域的地方官根据辖区内的实际状况移风易俗、因地制宜地实行管理，不仅帮助当地恢复了农业生产，而且稳定了社会局势。到开皇、仁寿年间，扬州、江陵、成都等长江流域的主要城市基本都恢复到六朝时期的发展水平，边远地区的民风也有所改善。

除此之外，隋朝还有一个对长江流域经济发展极为重要的举措——开凿大运河。为了进一步控制长江下游地区，隋炀帝即位之初就诏令建东都于洛阳。公元610年（隋大业六年），果然开凿了京口至余杭，全长400余千米、宽10多丈，龙舟畅通无阻的大运河。大运河的开凿，沟通了海河、黄河、淮河、长江、钱塘江五大水系，不仅有利于维护国家统治，也促进了南北经济、文化的交流与发展，对长江流域地区的进一步繁荣发展具有划时代意义。

但在隋朝末年，隋炀帝沉迷享乐，对百姓只有无尽的盘剥和服劳役，全国各地爆发了规模巨大的农民起义，长江流域各地因此受到不同程度的破坏，虽然不及北方严重，但人口仍趋于减少。

唐初，长江流域下游地区的人口数量才有所增加。长江上游的剑南道，未受隋末战乱的影响，唐高祖命关中饥民就食剑南诸郡，许多人乐而忘返，定居在该地，使得该地的人口也呈上升趋势。长江下游地区的经济自六朝以来就得到相当程度的开发，到唐初更步入了发展繁荣的轨道。唐代长江下游的官员利用当地优越的自然条件，兴修水利，发展农业生产，扩展了这一地区的发展空间。

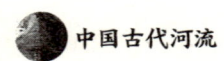中国古代河流

到公元743年（唐天宝二年），唐玄宗登上望春楼，对全国各地上献的土特产进行了极富历史性的检阅，长江流域各个州县的土特产独领风骚，说明唐朝这一地区经济的空前繁荣和发展情况。其实此时，长江流域的经济已经发展到足以和北方相抗衡的程度。

公元755年（唐天宝十四年），唐河东、范阳、卢龙三镇节度使安禄山以"清君侧"为名发动叛乱。经过八年，安史之乱才结束。虽然安史之乱被平定，但黄河流域的经济遭到破坏、人口锐减，哀鸿遍野。中唐以后，唐王朝的粮食几乎全赖漕运，长江流域的粮食源源不断从大运河运抵两京。此时，长江流域已成为中国经济发展的重心所在。

长江中游的鄱阳湖、赣水流域，在唐中后期发展迅速。唐末的长江中下游地区共修筑水利工程57项，灌溉田亩数达3万余顷，太湖地区水稻产量有很大的提高。长江流域在唐代还推广使用了一些先进的农业生产工具，有力地推动了当地农业生产的发展。

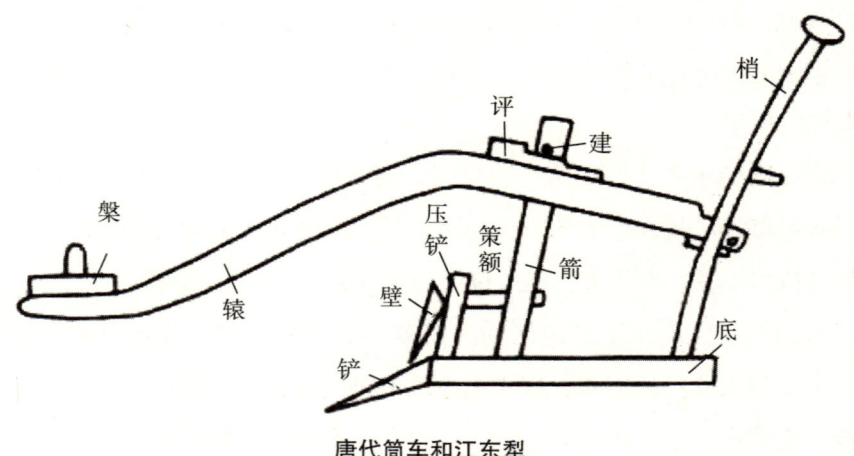
唐代筒车和江东犁

长江上游剑南道的丝织业发展迅速，史载这里"人多工巧"，所出蜀锦闻名全国，其他绫、罗、绵等丝织物也都充为贡品。唐代长江流域繁盛

时期商业活动频繁,除白天贸易外,晚上还有夜市。除扬州、成都、苏州外,还有润州、越州、杭州等商业城市。当时的城市商业贸易空前繁荣的同时,海外贸易也相当发达。

商业活动的开展,使长江流域各地的农副产品在转运交易中互相补充,不仅丰富了各个地区百姓的生活,也促进了长江流域在各个方面的繁荣和发展。

2. 隋唐时期长江流域文化的交融与发展

隋代南北的政治统一、大运河的开通,完全打破魏晋以来中国半封闭的南北文化状态,使长江文化与黄河文化在这一时期进一步交融和发展,并充分反映在政治、思想、音乐、绘画、书法等方面。

晋代之后,南北佛学风格殊异。但在隋代之后南北宗教思想的趋向融合,南北道教的融汇融合并举地发展,甚至从隋代延续至唐代,为唐代道教的兴盛准备了条件。在绘画艺术方面,自南北朝以来南北画风迥异的情况因为政治统一而得到调和。在书法上,魏晋南北朝时期北方崇尚方严、朴素遒劲的字体风格,南方讲究清丽流畅、风流潇洒的字体风格,到隋代的时候出现了文化整合的现象,逐渐汇成一局。

在文学方面,隋代文学结束了魏晋南北朝时期南北文学风格迥异的现象,出现南北合流的新气象。初唐时,文人在这一基础上更明确地提出南北文学"各去所短,合其所长"的主张,使唐代文学汇合南北浩瀚汪洋,形成蔚为壮观的繁盛局面。

在音乐上,隋代同样出现南北合流的趋势。隋平陈之后,诏令改作江南乐曲,以便迎宾或祭祀的时候演奏用,同时设立专门机构主管江南乐曲的改作、演排工作。另外,隋朝继承的南朝梁陈的清乐及其歌辞,对唐代中后期俗讲文化的发展产生了深远的影响。由此可见,大量乐工

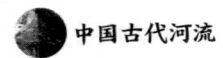
中国古代河流

的北上，经过参定的南朝梁陈音乐文化，不仅适应了统一国家制礼作乐的需要，也显示了长江流域经过数百年流传、锤炼的"华夏正音"极强的生命力。

因为北周诸帝、隋文帝对长江流域知名学者的招引，长江流域的文学体裁享誉朝野上下，引起了一些北方士人的强烈不满。隋承北周基业，在长久的往来交战中，长江流域很多有名的文人因为各种原因北上逗留，骈文就是随着这些名士北上传入北方的。这些被征重用的南方士人，以及备受重视的长江文化，说明长江流域文化上的发展确实已经硕果累累，而隋朝南北文化的交流和发展，为唐代中国文化的繁荣提供了萌发的可能。

到唐代，中国文化发展到空前繁荣的地步。佛教到唐代基本完成中国化进程，佛教寺院遍布各地，寺院经济得到发展，佛教宗派大量出现，达摩创立的禅宗在长江流域广为传布，他的两个弟子神秀、慧能带着各自对禅宗理念的理解南北分派，且慧能的南派获得最终胜利，慧能成为禅宗六祖。慧能主张"顿悟说"，认为"禅"的本意是"静虚"，这和中国儒家所倡导的格物、致知、诚意、正心的观念有相通之处，所以为多数士大夫所接受。与此同时，佛教的其他宗派，如密宗、律宗也在长江流域有一定的发展。

佛教繁盛发展，道教在唐初也获得了半官方性质的认可和地位——唐高祖李渊"以李氏出自老君"，定道教为国教。除天台山、茅山、衡山外，道教还活跃在长江流域的青城山、庐山、四明山，并有一定的影响。

魏晋南北朝时期，经学分"南学""北学"，唐之后，唐太宗诏令国子祭酒孔颖达等人撰定《五经正义》，并于公元653年（唐高宗永徽四年）全国颁行。唐王朝采取一系列行政手段统一学术思想，完善科举制度并使其发展成熟，改变了魏晋南北朝经学南北异途、互相攻击的状况。

安史之乱后，唐王朝逐渐走向衰落，一些治经的学者开始独辟蹊径，并开始反思、推翻以往的治经理论，发表自己独到的见解，开一代学风，最具代表性的就是《春秋》之学的大盛。长江流域的经学家顺应时事，以精辟的学说和撰著将经学升华到一个新的高度。

在史学方面，长江流域的史学家多子承父业，供职史馆，具有家学渊源。比如：刘知几曾三任史官，撰有我国历史上第一部史评体著作《史通》20卷。刘知几去世后，他的儿子刘呪、刘株先后为史官，撰著颇丰。中唐以后，稗史笔记、小说一类的作品成为文人抒发情怀、激扬时事的创作体裁，它们虽然不能与正史相提并论，但作为文学作品，或对当时重大事件、社会风习的研究有重大意义，在一定程度上弥补了正史的不足。

在文学方面，唐代作为我国诗歌鼎盛发展的时期，催生出数不清的传唱千古的诗篇以及无数风流倜傥、才华横溢的诗人，清人编有《全唐诗》900卷，收唐诗48900余首，作者2200余人。从唐代佳作名篇的南北分布中可以看到，南方文学的发展已表现出一股迅猛的势头，成为之后重心南移的一个前兆。

在唐代以《枕中记》为代表的传奇，作为一种文学体裁，使长江流域的传奇作家壮大了唐代传奇作品的阵容，很多作品成为之后宋代的话本素材，明代戏剧家汤显祖还根据唐代蒋防的《霍小玉传》改编出名著《紫箫记》《紫钗记》等传奇作品。

同时，长江流域的艺术发展也随着文化、经济的发展，写下了辉煌的篇章，书法、绘画、乐舞都得到了很好的发展。除此之外，唐代的长江流域在陶瓷、造船、造纸、印刷术、医药、酿酒方面都有了深入的发展，并从方方面面提升和改善当世人的生产生活，对后世产生了巨大的影响。

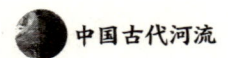

3. 唐代后期长江文化的勃兴及安史之乱带来的影响

唐代后期，长江文化站在历史的风浪口蓬勃发展，各方面的人才层出不穷，华夏文化的中心由北方转向南方继续蓬勃发展。安史之乱后，长江流域科举及第人数明显上升，长江下游的苏州、杭州、扬州等地表现尤为突出。流贬到长江流域的文官对这一地区文化的勃兴起到了催化剂的作用，许多著名的地方最高长官频繁地举行诗会，延揽名士，形成了长江流域好文乐道的社会风气。文人雅士每到一地，也都喜欢题诗吟咏。唐朝建立后，大批南方文士随着科举得到唐廷任用，对当时的中国文化或黄河文化产生了很大的社会影响。这些长江流域的文士成长起来之后，不仅在当地声名显赫，在京城朝野也产生了相当大的影响。总之，由于各种客观因素，加上唐代后期对长江流域的倚重，使长江流域局面稳定、经济持续增长，各类人才大量涌现，促进了长江流域的文化繁荣。

公元805年（唐贞元二十一年）正月，德宗去世，太子诵即位，是为顺宗。原东宫属官联合当时的知名人士，发动了夺取宦官把持的权力、减轻长江流域地区百姓负担的"改革"运动。虽然这次改革因为南、北人士脆弱的联盟关系而破裂，却充分体现出南方地主阶级企图通过各种渠道步入朝廷重要机关、改革弊政、获得更大权力和利益的形式。在这个过程中，南方士大夫极强的商业意识也非常明显地表现了出来——他们的一些施政措施就是针对长江流域商品经济发达地区，并为那里的地主阶级的利益服务的。

之后，越来越多的南方文人加入北方朝廷，并施加影响力，在扩大了唐王朝统治基础的同时，也是促进了长江流域商品经济的进一步繁荣。同时，这一时期北方政治文化中的优势地位已逐渐丧失。

在唐代政治文化中，南北方的政治力量已趋于平衡状态，并对峙与抗衡的趋势。但在文化发展中，黄河流域逐步衰弱，长江流域逐步强大。唐代长江流域的文化区，大致可以划分为：以太湖流域诸州为中心的两浙文化区，以扬州文化最为发达的淮南文化区，以洪州、袁州为中心的江西文化区，以四川为中心的四川文化区，以襄州、荆州为中心的江汉文化区，以潭州为中心的湖南文化区，以及宣歙文化区、福建文化区、云南文化区、广西文化区、岭南文化区。各个文化区虽然地域范围、风格、发展程度各有不同，但都呈现出繁荣趋势和勃兴景象。

第五节　宋元明清的长江文化

1. 宋元长江文化的繁荣与发展

宋元时期南方的经济水平要高于北方，两浙地区是全国经济最发达的地区，四川号称"天府之国"，福建国内外海上贸易繁盛，淮南成为南方经济发达的地区之一，荆湖地区的经济也有一定程度的提高。加上宋元时期长江流域大规模兴修水利工程，漕运数量的扩大，农业、采矿业、造船业、冶铸业、纺织业、陶瓷业、造纸业、酿酒业等迅速发展，海内外贸易繁荣，使中国经济重心已经南移。

长江流域经济的高度发展，为文化发展奠定了基础，对政治、法律、哲学、宗教、文学、艺术等文化发展也提出了更高的要求。但是，由于文教事业的昌盛、印刷业的繁荣、书籍的大量刻印，对文化的发展起

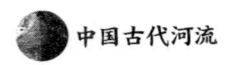中国古代河流

到了非常大的促进作用———一些珍本秘籍的刻印解决了士人得书困难的问题,且长江流域的藏书也远远多于黄河流域,有效地推动了文化事业的发展。长江流域教育事业发达,私人讲学风气的流行,有力地推动了这一时期长江文化的发展和繁荣。加上安定的社会环境,为长江文化的繁荣提供了重要的保证,使整个民族或地区的文化水平都得到了极大的提高。

公元1126年(宋靖康元年),金军攻入北宋都城汴京,次年宣告北宋王朝灭亡,赵构即位于南京,改元建炎,是为宋高宗,南宋王朝开始了它的旅程。随着宋代政治中心的南迁,备受战争折磨的北方人民大量南下,南迁的人口有150万~200万人,主要迁入长江流域的两浙路、江南东路、江南西路、福建路、四川四路、荆湖地区、淮南地区、岭南地区,杭州作为南宋都城所在地,所以南迁的移民大量寓居于此。

宋代政治中心和北方移民南迁,对长江文化的发展产生了深远的影响,使这一时期的长江文化侵染了浓厚的黄河文化色彩,确立了此后长江文化在中华文化发展史上的主导地位。赵宋政治中心和北方移民的南迁,对长江文化的语言、风尚习俗、宗教、文学艺术、学术等都产生了十分深远的影响,促使长江文化得到全面拓展——文化得到普及和深化,文化区域进一步扩大。从文献记载看,宋元时期南方地区的人民,不论男女老少、士农工商僧道的素质文化水平都普遍较高,文化知识已不再被文人士大夫垄断,而是普及且深入到社会的各个阶层。

到元代之后,长期受汉文化主导的长江文化受到了蒙古族文化的强烈冲击,长江文化和黄河文化相继受到北方草原游牧文化的彻底排斥。蒙古族长期过着游牧生活,这种民族习性及其经济形态使草原游牧文化远低于长江文化和黄河文化,并被汉族文化鄙视。随着元灭南宋,全国一统,元代蒙古贵族政权推行民族歧视政策,实行四等人制——第一等蒙古人为

"国族",第二等为色目人,第三等为汉人,第四等为南人。蒙古人如果因为争执殴打汉人,汉人不得还手,只能向官府申诉,违者一律治罪。元朝还禁止汉人、南人畜鹰犬为猎,禁止或限制汉人、南人祈神赛社、习学枪棒武术以至演唱戏文、评话等。在文化上,刚开始的元朝统治者废弃科举、重吏轻儒,这对迅猛发展中的长江文化的打击是毁灭性的。直到公元1313年(元皇庆二年)末,元朝统治者忽必烈才重开科举制度,但规模不及唐宋,只是作为笼络汉族知识分子的政治装饰品,因此汉族知识分子的仕途之路一直阻滞不畅。

由于长江文化与草原游牧文化差异太大,短期内无法完全融合统一,使这两种文化在元代始终处于对抗状态。面对元统治者的无情摧残,长江文化不得不寻找摆脱困境的途径,面对政治上的黑暗和不正常的科举制度,长江流域出现一股文士隐逸之风。许多文人:或者放浪形骸,沉迷酒色;或者寄情山水,关注物我一体的情感交流,隔离、麻木自我感受;或者在宗教教义中,感受人世无常,追求虚无的人生认识,自警以劝世;或者在传统文化的认同里寻找自身价值,表现出顽强的生存意识。这种避世、隐逸之风,是汉民族文化面对游牧文化冲击时的一种抗争,不啻于一场思想解放运动,促使长期固封在封建统治思想中的士子们回归到自我的觉醒上。

社会大多数成员或社会群体精神风貌的总和就是一个社会的社会风尚,它是意识形态的产物,是政治、经济、思想、伦理、审美等观念综合而成的产物,是一个社会精神文明的具体表现。宋元时期,长江流域的社会风尚发生了深刻的变化,具体体现复杂多样,主要为:勤学好文,富于进取;好贾趋利,伦理失据;虚荣奢侈,贪图享乐;信佛奉道,重巫信鬼。

宋元文化,在中国文化发展史上占有十分重要的作用,两宋时期的物

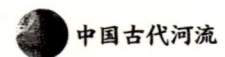

质文明和精神文明所达到的高度，在中国整个封建社会历史时期之内都是空前绝后的。长江文化作为宋元时期的文化主流，无论是科学技术、文化艺术，还是文化的普及和深入，都有了长足的进步，呈现出奔腾、恢宏的气派。

富有特征的长江文化，在宋元时期的中外文化交流上，凭借雄厚的物质基础和殷实的精神财富将自己的优秀文化源源不断地输送到邻近的朝鲜、日本、越南、印度及中亚、西亚等国家和地区，利用自己强大的文化实力，将长江文化辐射到遥远的非洲大陆和欧洲，在中外文化交流史上谱写了光辉灿烂的新篇章。

2. 明代长江文化的繁荣与发展

公元1368年（元至正二十八年）正月初四，朱元璋在应天（今南京）登基，建立明王朝。之后，明朝于公元1421年（永乐十九年）迁都北京，直到李自成农民起义军攻占北京，共历10朝、276年（1368—1644年）。

明代初年，经历多年战争之后民生艰难、经济凋敝，朱元璋推行休养生息的政策：奖励农耕，实施屯田；兴修水利，畅通南北；重视劳力，鼓励生育；清查土地、户口，发展生产。因此，明初到宣德年间，社会安定，经过几代皇帝的励精图治，社会经济得到极大的恢复和发展。到嘉靖一朝，来自倭寇的骚扰不断，因为实行海禁，使海外贸易大受影响，对东南沿海的经济破坏较大。

经过治理，宋代全程1500千米的运河基本通航，畅通的商品流通渠道和交通运输业的发展，对经济的繁荣发展做出了巨大的贡献。长江流域水土资源丰富、气候条件良好、水陆交通便利，加上明中叶番薯、玉米等高产粮食作物的引进和推广，缓解了日益增长的人口对土地和粮食的压力。

自元代棉花传入中国后,便在江南一带大量种植,太湖流域,特别是松江一带,水稻和棉花的比例基本上是对等的。另外,长江下游以太湖流域为主的蚕桑业,分工更加细密,生产技术更加提高,出现了专门的桑蚕种植业。太湖流域桑蚕的收益大大高于稻谷种植的收益,成为国民经济收入的主体。烟草、茶、药材、果树、油料等经济作物的种植,以及渔业、矿业、井盐业的生产经营,也为宋代社会的繁荣和发展做出了巨大的贡献。

一些地主还把土地收回,改租佃为自营,大量雇佣劳动力,大片种植经济作物,把土地作为经营资本、把农产品作为商品进行经营。除农业外,经营地主还兼营刻书,甚至加入商业买卖的行业当中。

市镇是在一定的地域范围内,完全脱离或部分脱离农业,以从事工商业活动为主,非农业人口相对集中的社会经济实体。明代兴起的市镇,是在吸收乡村过剩人口的过程中发展起来的,是城市化进程中的新现象。随着生产技术的提高、生产规模的扩大,长江流域出现了城市化进程。

明代的市镇,按职能分为四大类,分别是:手工业专业市镇,商业服务型市镇,交通枢纽型的市镇,文化、旅游的市镇。城市与市镇,以大中城市为圆心,向四周辐射,形成一个茂密的网络体系,比如苏州、杭州附近就围绕着数十个大小市镇。这些辐射、散布的大小市镇,为苏杭等大中城市的市民提供生活必需品。

市镇的勃兴和发展,是推动商品经济向更高水平发展的动因。随着明中叶以来长江流域农业商品经济的生产和发展,改变了农业的经济结构和经营方式,出现了资本主义萌芽的态势。

交通是市镇的经济命脉,长江流域水道便利,所以这些市镇的命名也

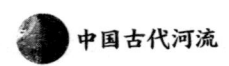

大都与水字有关,带有泾、洲、浦、塘、溪、湖、港等字。城市与市镇、市镇与市镇、市镇与乡村之间都有便利的交通运输工具,如湖州的新市镇"水陆环绕,舟车通便"。

市镇经济的发展,对明代科学技术、宗教、文化的发展都产生了重大的影响。并且,随着明中叶商品经济的发展,人们的社会生活和思想观念都随之发生了相应的变化。经商可以致富,相比十年寒窗苦求功名,做生意成为改善生活的捷径,社会经济的繁荣发展也在一定程度上改变了人们对商人的看法,社会的价值观也发生了变化,一些已有功名的士大夫甚至也不甘落后,投身商业。

不仅士人如此,许多农民也纷纷弃农就贾,背井离乡,从事长途贩运或去外地经商,出现了许多巨商大贾。

就这样,社会经济的发展和社会风气的变化,使一些有远见的知识分子开始从理论上探讨商业在国民经济中的地位与作用,出现了恤商利民的思想。因此,明中叶以后,重商思潮顺理成章地发展到工商皆本的思潮,说明明中叶人们已经从社会经济的发展过程中意识到工商业的重要性。

明中叶还出现了会馆、公所,这是商品经济发展到较高程度的产物,它出现于万历间的长江流域,入清后大有发展。这些会馆、公所,讲究互助互济,能够增进乡谊、加强团结,还统一度量衡和商定价格,能够协调市场竞争中的矛盾,还会筹办慈善、教育、救济等事宜,在一定程度上推动了商品经济的发展。

随着工商业的发展、社会经济的繁荣,明中叶的社会风气渐趋奢侈,游乐风气大盛、衣食逾制、房屋居室奢华,享乐主义盛行,拜金主义的抬头,人际关系往往为利益所趋,挑战着封建社会的伦理纲常。针对这一现象还出现了返奢为朴的思想主张。这两种思想针锋相对,促使社会文化适应新的社会结构，向健康、成熟的方向发展。

由于商品经济的发展，明代文化从明中叶以来趋向开放，长江流域的哲学、文学思想受到冲击，思想文化平民化、市民化、自由化，形式上趋向多样化。

明代的哲学是在宋元理学的基础上发展起来的，程朱理学在这一时期占统治地位。

明代小说兴起，出现了《三国演义》《水浒传》《西游记》等许多揭露黑暗、讽刺贪官污吏的小说，杂剧在明代已趋向衰落，传奇则得到了迅速发展，并成为明代戏曲的主流。在近300年的诗歌发展史中，明代诗人和作品的数量均已超过前代。

明代还是中国绘画发展史上的重要时期，发展出许多具有代表性的画派，其中戴进创始的浙派是最有影响的画派，以沈周、文徵明为代表的吴门一派，在明中叶以后盛极一时。

明代长江流域的书法艺术灿然可观，有著名的书法家李东阳、徐霖、祝允明、文徵明等人。明代音乐的成就，突出表现在朱载堉的平均律理论上。

科学技术成就，是明代长江流域最突出、最显著的成就。明代的科学技术繁荣发展，船舶制造、航海技术、冶金技术、纺织技术、陶瓷技术、造纸技术、印刷技术、水利工程技术、园林建筑技术、商业数学与珠算、医药学等都比前代有了更大的发展。其中，航海技术傲视群雄，将中国封建社会的海洋事业发展到了顶峰。《本草纲目》《农政全书》《天工开物》《徐霞客游记》等科学著作名垂千古。

由于自身文化力度的增强，明代长江文化与海外文化的交流空前繁荣。日本人怀着热烈的崇敬之情纷纷来到中国求学取经，灿烂的长江文化源源不断地输入日本，佛教文化、儒学、传奇小说、书法绘画、医学、武术以及工艺品都在这一时期对日本文化产生了极其深远的影响。

明代长江文化与朝鲜文化的交流，虽然远远不及长江文化与日本文化的关系密切，但对朝鲜文化也产生了相当的影响。

明代，长江文化与东南亚地区的文化交流进入高潮，与西亚文化的交流虽远不如唐宋元时期，但仍在进行。除此之外，长江文化在这一时期与非洲、欧洲、拉丁美洲文化的交流进一步加强，丝织品、瓷器等产品的涌入对海外市场起了剧烈的震荡。

随着时间推移，各国、各地域的交流逐渐增加，各国交流进一步发展，为后世全球范围内政治、经济、文化的碰撞打下了基础。

3. 清代长江文化的繁荣与发展

关外满洲贵族统治集团率军入主中原，定都北京，建立清王朝，但仍旧面临着严峻的形式。为了摆脱困局，清王朝除了加强军事统治外，还制订了一系列有关政治、经济、文化的战略决策，其中的文化政策是总体战略计划的重要组成部分。

清代初期的文化政策，主要包含三个方面的内容，分别是：以严酷的手段镇压反清的文人、著述，大兴文字狱，诛其身，灭其族，株连朋类，焚禁相关书籍；利用科举制度网罗人才，组织大批学者编辑各种庞大的辞书、类书，如《康熙字典》《古今图书集成》《四库全书》等；康熙、乾隆多次南巡江南，沿途祭孔崇儒，宣扬理学为正宗，对江南特别是江浙等地的官员、商人、文人进行多方拉拢、安抚，使他们更加效忠于朝廷。

这些政策的实施，对清代长江文化的发展带来了或消极或积极的影响。比如文字狱，不仅激化了满汉之间的民族矛盾，还与统治阶级内部的皇权斗争、政治权力之争纠缠在一起，在乾隆时期对思想文化领域的监控达到了登峰造极的地步。

随着封建专制制度的强化和文字狱的兴起，随之而来的便是对民主意识的扼杀、对人文个性的摧残，使社会各阶层奴化思想严重、奴性滋生，甚至对各地经济、科技的发展都带来了消极的影响，在这些方面的发展反不如明代昌盛。

长江下游的江浙地区自然条件良好、土地肥沃、人口密集，东南之地的财赋不仅"甲于天下"，犹如富室粮仓，而且自古就是封建王朝财赋的重要来源，因此，清代康熙、乾隆两帝，从巩固清王朝统治的需要出发，以"南巡"江南为契机，达到观风问俗、重农恤商、笼络士宦、维系民心、稳定社会的多重目的。

康熙、乾隆在南巡期间，为了笼络汉族士商、缓解社会矛盾，展现怀柔政策，在这一过程中：祭孔视学，礼待学者；广开仕途，亲选人才；赏赐高年，优顾旧臣；现废吏员，优渥盐商。为了维系民心，还修筑海塘、减免税赋、抑粮价、赦免人犯，消除文字狱案在处罚过程中带来的隐患及后遗症，并产生了一定实效。

康乾两位皇帝带着政治目的十二次南巡，从客观上为长江文化的复兴、百业的繁盛提供了难得的契机，这种复兴和繁盛从多方面展现了出来。在这一时期，涌现出一批有真才实干的人才，经济上百业兴盛、城镇复兴，文化上书院林立、典藏愈丰，长江流域的戏曲艺术，如越剧、婺剧、绍剧、瓯剧，台州的乱弹，宁海的平调，宁波的滩簧，苏州的评弹等，都发展得繁荣、兴盛，并对外广泛传播。

公元1683年（康熙二十二年），清王朝结束海禁，公元1685年（康熙二十四年）正式宣布开海贸易，在广东、福建、浙江、江南四省设立海关，负责对外贸易事务。自此，西方欧洲各国便定期和沿海各省进行广泛的经济贸易往来。同时,从明代就开始大量涌入的西学,此时通过更多的渠道和方式进一步传入中国。其中包括诸多科学技术、宗教文化、哲学思想理论,甚至社会制度,给死板沉闷的清代长江文化注入了鲜活的气息。

西学东渐,带来了许多革变和机会,同时也孕育了巨大的危机。面对大量涌入的西方科学技术和文化,中国的文人学者在认识和行动上,出现了三种截然不同的态度:有的积极吸收,富有进取精神;有的存疑观望,谨慎小心;有的坚决抵制,固执保守。但不管怎么说,西文化带来的冲击,对中国古老的传统文化都发出了挑战,提出了更高的要求,就连传统学术也面临洗牌的危机。

这一时期,西学因为其先进性和实用性,让西方欧洲国家获得了跨越式发展,在清朝中后期进入了热武器时代。当西方先进的思想、学术和军事武器力量,正面对上中国固化的、积累了许多弊病的学术文化和思想,以及冷兵器的军事体系时,清末被碾轧得毫无还手之力。这是我国几千年历史发展过程中,面对的最惨烈、最巨大的危机。

清末,不管是文人还是统治阶级,在意识到东西方的差距和冲突之后,都用各自的方式,站在各自的立场采取了一系列措施,企图与之进行利用或对抗。但不管是天文历法、数学、物理、气象学、机械学还是医药学,都得到了发展,但都没能表现出西学的适应程度,或者说没有彻底让中国能够与西方对抗。当然,这里面的原因除了科学技术的差距外,还有封建王朝末期政治制度、思想观念的落后不适应社会发展,加上统治阶级的腐败拖的后腿。

中国在接受西方文化带来的冲击的同时,也引来了世界豪强的觊觎。处于封建王朝末期的清王朝,在当时世界豪强的眼中不异于一块巨大、美味的免费蛋糕，引得他们纷纷前来掠夺。面对这样的境况，清末有许多文人志士纷纷涌现出来，但都难抵历史的发展潮流，清王朝最终消散在西方列强手中，差点儿让整个华夏文明与它一起消亡。

不过，不管是长江流域还是黄河流域，它的生命力都在于始终贯穿其中的华夏文明，在得到治愈和修复之后，仍旧会发出灿烂的光芒，照亮每一个华夏儿女。

第三章

长江文明的兴起

第一节 长江流域文化

1. 吴越文化的产生和发展

长江下游以太湖为缓冲地带的江东水域，北有吴国，南有越国。吴和越在古代虽然是两个国家，但原始先民却是一族。吴国的疆域以太湖平原北部和宁镇丘陵为主体，扩展到皖南的大部分丘陵、苏北的一部分平原以及淮南的某些地方；越国的疆域以宁绍平原和太湖平原南部的杭嘉湖平原为主体，扩展到浙西、皖南的山地。

吴国的公室是已从吴俗的姬姓周人，越国的公室是已从越俗的夏人后裔。吴国的振兴始于吴王寿梦，寿梦元年为公元前585年。寿梦即位之初，吴国无车、无马，少铜器、无铭文，寿梦以后吴国的政治中心却在太湖平原。

吴越位于生态环境优越、原始文化发达的江东，但因为地理位置的原因，受到楚人的限制，不易产生文化融合，它进入文明社会的步调比江北要迟。直到春秋中期，楚人自顾不暇，吴越才有机会进一步发展起来。吴越擅长种稻养鱼、纺织，还擅长构筑干栏、制作舟楫、铸造器械。印纹硬陶、原始青瓷是其土著文化的要素。

春秋末期，越灭吴。战国中期，楚灭越。虽然吴国和越国被灭亡了，但与吴越相关的文化仍旧得到了流传和发展。越国故地的城址都很小，但传说吴大城雄伟壮丽，配属着阖闾、夫差父子兴筑的园林。根据迄今为止发现的吴国、越国的铜礼器和铜乐器，我们就可知道吴越文化的成就曾有多么辉煌。

吴越人信鬼喜卜、好勇轻死，男女可同川而浴。他们长期在闭塞的生活状态中，角逐而忙碌，文治滞后于武功，精神发展大大滞后于物质发展，只能借助外来的人才进行文化统治，加强文化事业的发展。春秋晚期的吴墓、战国早期和中期的越墓出土的文物中都有楚文化的烙印，就是受到楚文化和中原文化影响的原因。

2. 巴蜀文化的产生和发展

巴蜀文化属于华夏文化的一个分支，包含以重庆为代表的巴文化，和以四川盆地成都为代表的蜀文化。而岷山是古蜀文化的发源地之一，发源于岷山的岷江自古被称为"江源"，是蜀文化最先发达起来的地方。这里的山川神奇秀美，有人间仙境九寨、黄龙和大草原，有巍峨的四姑娘山，有著名的卧龙大熊猫自然保护区和养殖基地，还有古蜀文化的大量遗迹。

从目前的考古信息来看，先秦时期的蜀文化比巴文化更为先进。但因为巴、蜀两地相距较近,在文化上有许多相似的地方,比如都有船棺葬俗、扁茎无格柳叶剑,铜器的纹饰中都会有虎纹出现,铜兵器和铜印上还会刻一种疑似地方文字的符号。巴蜀艺术风格独特,现代独具特色的川剧就是其典型代表。在古代而言,出土的青铜面具方头大耳、纵目眼深,极具特色。

巴蜀文化在古代不仅受到楚文化的影响,还受到中原文化的影响,在秦以后加速与中原文化交流发展,并获得了新的发展。

因为天然屏障——秦岭的阻碍,导致了巴蜀文化同秦陇文化的隔绝,但巴蜀先民以惊人的勇气,发展出栈道技术,打破了地缘封锁。蜀王派遣五丁力士开道迎接秦惠文王所送金牛和五个美女的神话故事,就是古巴蜀人开山通道进行文化交流的生动体现。

古蜀先民为了突破封闭,逢山必须开道,遇水必须造桥,在发明了栈道的同时,又发明了笮桥,类似至今还能见到的藏区的溜索和编网的藤桥,向世界展示了巴蜀先民的智慧。

三星堆出土的海贝、象牙,大溪文化的海螺和象牙,茂汶和重庆涂山出土的琉璃珠,都不是本地所产,说明远在4000年前四川盆地就存在通向沿海的通道,甚至通到了今天的缅甸、印度地区。可想而知,古巴蜀的繁荣、巴蜀先民的智慧和文明达到了何种地步。

汉武帝时,张骞在大夏发现邛竹杖和蜀布的故事,说明巴蜀到印度(古身毒国)再到西亚早就存在一条通道。这条通道,被现代史学家沿用"丝绸之路"的称呼称为"南方丝绸之路"。南方丝绸之路主要有两条线路:

一条为西道,即"旄牛道",它从成都出发,经临邛(邛州)、青衣(名山)、严道(荥经)、旄牛(汉源)、阑县(越西)、邛都(西昌)、叶榆(大理)、永昌(保山),一直到密支那或八莫,然后进入缅甸和东南亚。

这条路最远可达"滇越"乘象国，能够到达印度和孟加拉地区。

另一条是东道，又称"五尺道"。从成都出发，到僰道（宜宾）、南广（高县）、朱提（昭通）、味县（曲靖）、谷昌（昆明），以后一途入越南，途经大理与牦牛道重合。根据目前的文献资料，秦灭蜀后南迁的蜀王子安阳王就是率领兵将3万人沿着这条线路进入越南北部的红河地区建立的瓯骆国，越南历史上又称为"蜀朝"。

巴蜀文化具有极强的辐射能力，除与中原、楚、秦文化相互渗透外，还对滇黔夜郎文化和昆明夷、南诏文化产生影响，金属器、墓葬形式等方面对东南亚都产生了深刻久远的影响。

3. 楚地的民族文化

楚国物质文化极盛的阶段约在战国早中期，楚国精神文化极盛的阶段约在战国中晚期。战国时期，楚国不论是在冶金、织帛、髹漆，还是铸币、筑城等方面的技艺都达到了无与伦比的高峰。

与春秋时期相比，战国时期楚国的采炼技术有了明显的进步，与铜绿山大致为同等水平，但采炼硫化铜矿石的技术却是铜绿山不曾发现的。根据已见的炉渣总量推测，铜绿山古铜矿和皖南古铜矿在先秦时期炼出的红铜，都不下10万吨。

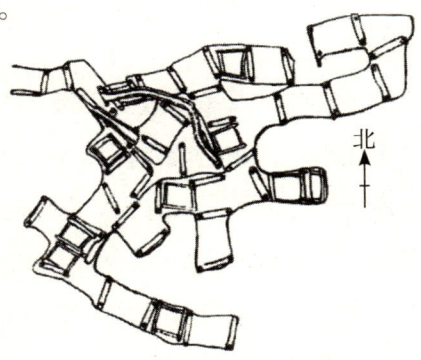

铜绿山古矿井平面示意图

战国时期，楚国铜铁并用，铁器已经和铜器一样普及了，在楚国故地还发现有战国早期或更早些的韧性铸铁，说明中国韧性铸铁的发明比西方早1700年左右。

战国中期的楚国青铜器，器物类型繁多、风格多变，有形式奇多的铜镜、纹饰特繁的尊，以及堪称杰作的套链提梁壶、曲流横梁匜、透雕豆、人驼灯台等。这一时期的青铜器神圣淡化，世俗气息变浓——纹饰、礼器趋简，杂器趋繁；铸刻趋少，嵌错趋多。说明青铜器很可能已经由祭器转为广泛使用的民用器了。

战国中期的一座小墓中竟然还出土过丝织、丝绣的衣物共35件，品种繁多、工艺精湛、保存完好，令人叹为观止。这些丝织品按织造方法和组织结构，分为绢、绨、纱、罗、绮、锦、绦、组八类，一件枕套所用绢的经纬密度为每平方厘米164×66根，超过了长沙市马王堆西汉早期墓所出绢的经纬密度。

湖北江陵出土的龙凤绣衾花纹图

目前来看，迄今面世的先秦漆器中，最多最好的是楚国的产品。楚国还盛产黄金，其金币的数量位列全国之首。楚国的金币多为钣形，且有钤印，楚国在当时是唯一有官府制作和发行的金币的国家，其他各国只以生金块权充金币。由此可见，楚国当时之富庶、发展之蓬勃。

位于江陵县北境的故楚郢都，大致为方形，东西略长、南北略短，东北隅、西北隅、西南隅斜切，各有两个钝角，便于防守，东南隅虽是直角，但南垣东门凸出。城垣周长15506米，城内面积约16平方千米，已知城门7座——5座陆门、2座水门，估计还有1座水门因水流冲刷和公路叠压，未能查实原址。水门独见于郢都，应该是楚人首创的。

除了物质文化方面巨大的成就之外，楚国辉煌的学术成就——天文学在当时也发展鼎盛，屈原《九歌·东君》中就提到"天狼"和"弧"等星名，说明当时的形象学可能已成系统，并至少被贵族阶层学习。

楚人多文采，楚辞多采民间诗歌，辞藻瑰丽，热情洋溢，犹如春之浪涛。可见，楚文化的发展底蕴是多么的厚实、浪漫、深入人心。除此之外，楚国的漆器、玉器等文化艺术的发展，同样让人惊叹。

如今，即便我们已经无法体验楚国当时的人文风貌，但仍可以从它丰富的文化、艺术感受到它的精神面貌，想象出是怎样的它才能出屈原这样风采如兰的高洁之士的。

第二节　长江文化流域的文化遗址

1. 河姆渡遗址

1973年夏，浙江省余姚市河姆渡镇浪墅桥村，发现了一处史前文化遗址——河姆渡遗址，这是20世纪我国最重要的考古发现之一。河姆渡遗址年代久远、文化内涵丰富、文物保存完好，引起世界广泛的关注。

河姆渡文化，属于长江下游地区新石器时代早期文化，因1973年首先在浙江省余姚市的河姆渡遗址发现而得名，主要分布范围在杭州湾南岸的宁绍平原东部地区，并越海东达舟山群岛。河姆渡文化的年代为公元前5000—前3300年，大约和中原地区新石器时代早期的裴李岗文化与磁山

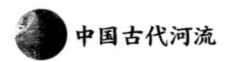

文化相当。

河姆渡所在的区域，南面有四明山、北面有姚江平原、中部有慈南山地，东面有南北走向的乌石山、羊角尖山、云山等低山丘陵，构成了硕大的工字型地貌，就像今天围海造田工程的丁坝和顺坝一样，具有很强的清淤成陆功能。而河姆渡，就是一个位于它的北岸的古老渡口，它东距宁波市区25千米、西离余姚市区24千米。

河姆渡遗址的第四文化层距今7000年至6500年，对早期人类生活的研究具有重要的参考价值。通过1973年和1977年冬两次科学发掘，出土内容近7000件，包括：骨器、陶器、玉器、木器等各类质料组成的生产工具、生活用品、装饰工艺品；人工栽培的稻遗物；早期干栏式建筑的构件；捕猎野生动物和家养动物的骨骸，采集的植物果实；少量的墓葬文物。其全面地反映了我国原始社会母系氏族时期的繁荣景象，为研究当时农业、建筑、制陶、纺织、艺术等东方文明以及古地理、古气候、古水文的演变，提供了极其珍贵的实证物料。

河姆渡遗址第一、第二文化层出土的文物与马家浜遗址的器物相似，第二、第三、第四文化层出土的文物显示，这一时期的远古人类已经拥有较为发达的耜耕农业，能够利用榫卯技术建造干栏式建筑，在国内同时代的遗址的生产、生活水平中处于领先地位。

河姆渡文化的社会经济是以稻作农业为主，兼营畜牧、采集和渔猎，这里发掘出目前世界上最古老的人工栽培稻，这对于探讨中国水稻栽培的起源具有重要的意义。

河姆渡文化的原始手工业发达，陶器出现了三足器、袋足器等较复杂的器形，烧成温度已达到极高的温度，以夹炭黑陶最富特点。河姆渡文化的原始艺术丰富多彩。出土的雕塑品制作精致，形象生动，为新石器时代早期文化遗址所罕见。

■ 第三章 长江文明的兴起

除了发现最早的干栏式建筑之外，河姆渡遗址第二文化层还发现了距今约有 6000 年历史的、最早的水井。它分内外两个部分，外围是一圈近圆形的栅栏桩，里面是一个方形竖井，井底距当时地表约 1.35 米，面积约 4 平方米。这口水井的营造方式是，在原有的水坑中部先打入四排桩木，组成一个方形的柱木墙，然后将排桩内的泥土挖去，再在排桩内套一个方木框防止排桩向内倾倒。最外围的栅栏是呈辐射状的小圆木，以苇席残片等出土情况来看，水井上应该还盖有简单的井亭。可见水井的挖掘和使用在当时的成熟程度已经相当可观了。

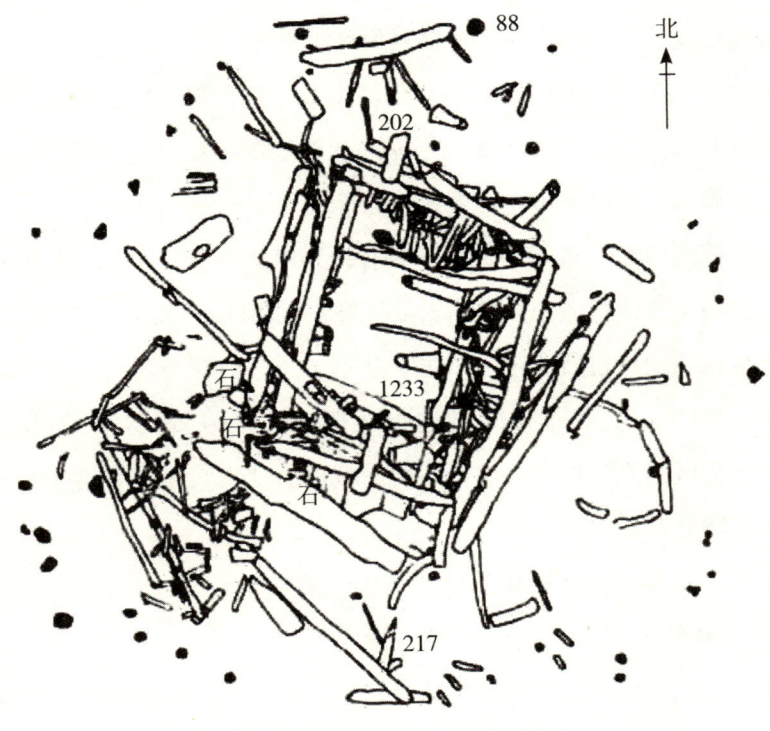

河姆渡遗址第二层木构水井图遗址

与种植业相关的，除了稻种之外，大量耕作用的翻土工具——骨耜的发现，说明这一时期的农业生产已进入锄耕阶段，脱离了原始刀耕火种的

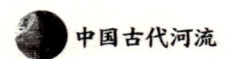

阶段，这是农业生产发展史上一个重要的转折点。另外，距今7000年左右的河姆渡遗址内竟然还发现了最早的璜、玦、管、珠等物件。相信通过对出土文物的研究，可以将原始社会时期与后世串联出一条发展路线来，进一步还原早期人类在各个方面的发展历程。

2. 良渚文化

1936年，浙江省余杭市良渚镇附近发现了一处文化遗存。之后，在环太湖地区普遍发现具有同类文化内涵的遗址，1959年夏鼐正式将此地发现的此类文化遗址所属的文化类型命名为良渚文化。

良渚文化是中国有关新石器时代的重要考古发现。良渚镇位于杭州市西北郊，是天目山余脉与杭嘉湖平原的交会地带，东、南、北均为平原地带，土地肥沃，水泽罗布，是著名的鱼米之乡。

早在晚清时期，良渚一带便不断有古玉出土。民国之后，在利益的驱使下，良渚玉器惨遭盗掘，良渚玉器风靡古玩市肆。1936年初，西湖博物馆对杭县古荡遗址进行了考古试掘，获得了一些石器与陶器，并于第二年出版了《杭州古荡新石器时代遗址之试掘报告》。从此之后，随着科学家对良渚文化区的无数次考古发掘，举世瞩目的良渚文化渐渐展现出了它的面貌，震惊世人。

学术界认为，良渚文化的断代上限大约在距今5200年前，下限大约在距今4300年，前后延续了一千年左右。

良渚文化遗址普遍存在稻谷的遗存，良渚文化的钱山漾遗址发现的稻谷成堆分布。2011—2012年良渚古城莫角山遗址东坡的发掘中，在废弃的堆积中发现了一个填满大量碳化稻米的灰坑，推测可能是两次火灾导致的，灰坑范围为600~700平方米、厚约40厘米，也就是说这两次火灾造成的稻谷损失达1万~1.5万公斤。这说明水稻种植已经非常普遍，且达到了一定的规模水平，种植技术也应该非常成熟和先进。

在良渚文化的遗址中发现有属于一般平民的墓地；在良渚文化灰坑中出土的一件黑衣陶，竹节形阔把杯的底部发现形同甲骨文的文字符号；在良渚文化遗址中发掘出的黑衣陶与马桥黑衣陶有所区别——除器形不同外，良渚黑衣陶薄而黑、器表显现铅样光泽，而马桥文化的黑衣陶则胎厚，器表呈灰黑色，说明良渚与马桥属于两个不同时期且不完全承续的文化类型。

在良渚文化区中，以中心聚落的统治集团为代表的政治中心已经出现，政教合一的王权已经出现，聚落对一般聚落已经产生了统辖关系。并且，中心聚落都已具有了早期城市的性质。良渚古城中心聚落以外还没有建造防御性的城垣建筑，还不能被称为城址，但在良渚文化区中，已经分化出"都""邑""聚"的金字塔式等级结构，已初步具备早期城市的性质。

令人吃惊的是，良渚古城北面已经有水利系统结构，典型例证就是塘山水坝群。

塘山水坝群位于良渚文化遗址群北部，全长约5千米，整个水坝群可分成三段。低坝系统形成南线大屏障，与北部山谷间的岗公岭水坝群呼应，再与塘山水坝群一起构成了良渚古城外围完整的水利系统。

从防洪角度看，通过水利系统的高、低两级水坝，就可以解除洪水的直接威胁。从良渚古城水利系统的功能看，除了防洪外，良渚古城水利系统可能还兼具运输、用水、灌溉等诸多方面的功能，这与良渚遗址群的社会、经济发展，以及古城的出现可能有着非常直接的关系。

良渚古城外围水利系统是中国现存最早的大型水利工程，比大禹治

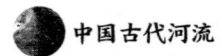 中国古代河流

水的传说还早1000年,开创了史前水利史研究的新领域。它还是世界上最早的拦洪水坝系统,与埃及和两河流域以蓄水灌溉为主要目的治水系统形成鲜明对照,体现了湿地稻作农业和旱地麦作农业的水管理策略的不同。

良渚古城是中国境内最早进入国家形态的一处遗址,水利系统与它的发展有不可分割的联系,这一发现对中国文明起源的研究具有重要意义。

3. 三星堆遗址

三星堆遗址,位于北纬30°59′01″~31°00′55″、东经104°10′34″~104°13′10″的区域,分布范围达12平方千米,城址面积约4平方千米,是距今4800年到2600年、延续时间最长、等级最高的、以蜀文化为中心的古城、古国、古文化遗址。自1986年7月至9月起,考古工作者相继在遗址内发掘了两个大型商代祭祀坑,出土了上千件玉石、青铜、金器等宗庙用器。这些精美的文物一经面世,立马轰动世界,它以无比辉煌的形式向世人展现了三星堆文明鼎盛时期的辉煌成果,是华夏灿烂文明的有力见证。

三星堆基本代表了古蜀文化的文化面貌和发展水平,极具地域文化特色的青铜器是古蜀青铜文化灿烂的篇章,不仅纹饰与中原青铜器有明显的区别,而且范围广大、种类繁多,包含神树、大立人像、人头像、纵目人像、面具、立鸟、龙形器、跪坐人像、太阳轮等,有些器物器形独属于古蜀文化,有些器物器形在中原青铜文化的基础上融入了地方文化特色。

第三章 长江文明的兴起

三星堆出土的文物

　　古蜀先民在成都平原上的生存与发展是无比成功的，自秦灭巴蜀后，这片土地成了大秦粮仓，对秦帝业的成功起到了重要作用。之后蜀地也支持着刘邦展开了旷日持久的楚汉相争，而到西汉时期成都人口达到了 7.6 万户，仅次于彼时京都长安 8 万户的人口。随着一件件极具代表性的青铜器的出土，我们能感受到这片原野的厚实与包容，它洗尽铅华、滤去滔滔名利的喧嚣烦躁之后，一直宁静、沉稳地守护天府之国悠久的文明，直到千百年后人们偶然发现，将它重现人间。

　　除了青铜器外，在三星堆遗址中，还发现了大量的象牙，两个祭祀坑发现的体型较大的象牙就有 80 根。《山海经》中有"巴蛇食象，三岁而出其骨，君子服之，无心腹之疾""岷山，江水出焉……其兽多犀、象"的记录。这不仅说明了《山海经》作为一本地理图志理解的重要参考价值，还说明在这一时期大象和成群动物很可能就生活在这茂密的森林之中，可见三星堆遗址和金沙遗址的象牙记录了地球气候物种的变迁历史。

　　《周礼》中就记载了用象牙杀水神的巫术，三星堆遗址中出土的象牙叠压在祭祀坑的上部，有的插入铜人头像的倒三角颈内。这些象牙未经加

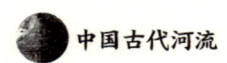 中国古代河流

工，又有焚烧的痕迹，有可能是当时执行巫术后埋入祭祀坑内的。

三星堆的存在是一个伟大的奇迹，它用大量的实物证明了古蜀国的存在。对考古资料进行分析之后，我们发现，古蜀国作为高于氏族部落、稳定、独立的政治实体，它不仅是中国古代中原周边颇具代表意义的古国之一，还例证了长江流域文明发展的程度，再次证明了中华文明起源的多元性。

在浩如烟海、蔚为壮观的文物群体中，三星堆文物是人类宝贵的文化遗产，是极具历史文化价值的艺术品。古蜀光怪陆离的青铜器、流光溢彩的金杖金器、满饰图案的玉石器，多是前所未见的稀世珍宝，让我们古蜀文明的繁盛有了可以想象的空间。

三星堆的存在，对探索人类早期的政治组织及社会形态的演化，对研究早期国家进程、宗教意识的发展均具有重要的价值，它在人类文明发展史上占有独一无二的重要地位。

4. 金沙遗址

2001年2月8日下午，在成都西北郊外的金沙村，房地产公司的工人在施工开挖下水管道的时候，有人在挖出的泥土中发现大量白色骨状物，还有一些石人、圆形石器和铜器等。有人猜测可能是挖到古墓了，于是群众拨打了报警电话。

考古人员得知消息后赶到现场，看到地下一片狼藉，玉璧、玉璋、石人、石璧和大量青铜器散落一地，同时还发现了大量被挖碎的象牙。考古队员立刻意识到这不是普通的古墓，而是一个重要的发现，因为在成都二十几年来的考古发现中，只有广汉三星堆的两个器物坑中出土过象牙、玉璧、玉璋等器物，那些器物都是古代文化中极为珍贵的文物。考古队员便迅速对现场进行隔离，开始清理挖掘机挖开的散土。就这样，对这片区

■ 第三章 长江文明的兴起

域大规模的勘探发掘拉开了序幕。

初期，仅从机械挖开的散土中就翻捡、拼接出可辨识的金器、铜器、玉器、石器、陶器、象牙、骨器等1400多件器物。但紧接着，在这片区域中又发现了大片的石器堆积区、大片野猪獠牙及鹿角的堆积区、大片卜甲的堆积区。针对这一现象，考古队员们在金沙村周围进行了更大规模的调查与发掘，出土了6000余件金器、铜器、玉器、石器、漆木器，还有数以万计的陶器和成吨的象牙，以及数千件的野猪獠牙、鹿角等，这些器物基本都出土于大型祭祀活动区内，富有神秘的宗教色彩。

根据出土的这些文物，可以知道这是当时社会显贵祭祀天地神灵、祈福驱邪礼仪中的用品，同时反映了当时国力之强盛、物质之发达、工艺技术之进步。

在金沙遗址中出土了大量的金器，达200余件，是中国先秦时期出土金器数量和种类最多的遗址。这里出土的金器以金箔、金片为主，还有"太阳神鸟"金饰、金面具、金冠带、金鱼纹带，以及金质蛙形器、鱼形器、盒形器、喇叭形器、三角形器、几字形器、条形器、圆形饰等。通过对其中的14件金器样品进行成分分析，发现金沙遗址中的金器主要由金、银、铜三种元素组成，含金量在83.3%~94.2%不等，其中太阳神鸟金饰含金量最高，达到94.2%。根据金器元素含量组成的分析，可以知道，这些金器是用采集而来的自然金加热锻造出来的。

太阳神鸟金饰，重20克，外径12.5厘米，内径5.29厘米，厚度0.02厘米，为圆形，器身极薄。太阳神鸟金饰由四只相同的逆时针飞行的鸟组成，四只鸟首足前后相接，朝同一方向飞行。图案以镂空的方式展现，分内、外两层，线条简练流畅，充满强烈的动感，提供了极强的象征意义和极大的想象空间，体现了远古人类对象征生命力量的太阳神鸟的强烈崇拜，是古蜀国黄金工艺辉煌成就的代表。

太阳神鸟金饰

除了金器、青铜器，金沙遗址中还有大量的玉器出现，这些玉器色泽温润、质地坚硬、器形丰富，有琮、璧、璋、圭、戈、矛、钺、戚、斧、锛、凿、凹刃玉凿、镂空饰件、球形器、瓶形器等，内容丰富，制作精细。玉器的材料除了透闪石的软玉外，还有少量的阳起石、透辉石、斜长石、闪长石、滑石、大理石、绿泥石、叶腊石、绿松石、玛瑙和含水磷酸盐、碳酸盐的多金属矿物，可见金沙时期的玉料来源广泛。

金沙遗址内还发现了1200余件石器，有璧、璋、钺、斧、锛、凿、矛、饼形器、环形器、跪坐人像、虎、蛇、龟等多种器形。另外，还有发现于灰坑和墓葬中的一些斧、锛、凿、钺、矛等，有的石钺造型特殊。这些石器的形制较小、磨制精细，可能已经不是实用的工具，而是属于礼器了。

金沙遗址还出土了漆木器十余件，这些木器雕刻细腻，保存完好，属同期出土漆木器中数量、保存程度、制作工艺之最。

初步认定，金沙遗址的分布面积在5平方千米以上，分布范围内地势平坦，遗址内地势起伏较小，西北高、东南低，相对高差不到5米。目前，在遗址范围内已发现重要遗存主要有大型建筑基址区（宫殿）、大型祭祀活动区、一般生活居址区、墓地。根据文化遗存和出土文物分析，大致可以判断金沙遗址的文化堆积年代在公元前1200—前650年，也就是商代晚期至春秋早期，其中以商代晚期至西周时期的遗存最为丰富。说明金沙可能是继三星堆文明之后古蜀国的又一个政治、经济、文化中心，还很有可能是这一时期古蜀王国的都邑所在。

金沙遗址的发掘，再次增长了我们对古蜀文化的认知，扩展了对它的畅想空间，对我国独树一帜的古蜀文化研究具有重要的意义。

第四章

黄河文化的发展和变迁

第一节　史前时期的黄河文化

1. 旧石器时代的黄河文化

旧石器时代的文化可以分为早、中、晚三个时期，人类的进化史可以分为直立人、早期智人、晚期智人三个阶段。旧石器时代的三个时期和人类进化的三个阶段，是有一定的对应关系的，即直立人阶段属于旧石器时代早期，早期智人阶段属于旧石器时代中期，晚期智人阶段属于旧石器时代晚期。所以，研究旧石器时代的文化，需要结合人骨化石来进行。

旧石器时代早期

在进化的初级阶段中，因为劳动分工不同，人类体型的发展是不均衡

■第四章 黄河文化的发展和变迁

的，对比男女体型的差异，可以知道，这一时期，采集的任务主要由女性担任。

采集，是旧石器时代早期主要的食物来源，对象有朴树的籽，榛、胡桃、松、榆、栎等的果实，豆科植物、禾本植物的茎和叶，可能还有块根类、块茎类食物。狩猎，是这一时期补充食物的一种手段，并且肉食供应并不是经常性的。狩猎的对象主要是食草类或杂食类动物，可能还会有贝壳类软体动物和虾。

旧石器时代早期的生产工具十分简陋，都是打制而成的石质工具，有尖状器、刮削器、石锥、砍砸器、雕刻器和球形器等，除砍砸器等大型工具外，多是小型器。制作石器的石材，以石英为主，还有沙石、燧石、水晶等。有的石器制作精致而规整，说明北京猿人晚期有较高的石器制作工艺。

北京周口店猿人洞遗址，是中国发现的旧石器时代早期的遗址，距今有23万年到46万年。这时候，周口店附近地区略比现在温暖一些，与现在淮河流域的气候相似，加上当时地广人稀，应该极少出现食物来源不足的情况。周口店猿人在此生活了二十几万年，因此这个遗址被联合国科教文组织列入《世界遗产目录》。

北京地区发现的直立人，头部保留了较多的原始特征，因此被称为猿人，叫北京猿人。北京猿人遗址还有10厘米至6米厚的灰烬堆积，是长期

北京猿人复原像

蓝田猿人复原像

用火的遗存,说明北京猿人不仅能用火,还可能具有保存火种的能力。火不仅可以御寒、照明、防止野兽侵扰,还可以用来烧烤食物,熟食有益于增强体质,所以火的使用对猿人有着重要的意义。

旧石器时代早期的文化遗址,还有距今约180万年的山西芮城西侯度文化遗存,距今近百万年的陕西蓝田猿人,以及山西芮城县匼河、河北阳原县东谷坨等。

旧石器时代中期

经历旧石器时代早期的直立人,人类的进化进入了早期智人阶段,即旧石器时代中期。

陕西大荔县甜水沟发现的大荔人,距今有18万年至23万年,属早期智人。大荔人的脑容量大约为1120毫升,身体形态为直立人到早期智人的过渡形态——有的与北京猿人相似,有的比北京猿人进步。大荔人使用的石器,多由石片加工而成,有砍砸器、刮削器、尖状器等。

山西丁村附近发现的20多处旧石器时代遗存,大多数属于旧石器时代中期。这里发现的小孩顶骨化石,说明人类在体质特征上的进步。石器的打制方法与旧石器时代早期的匼河石器相似:石器和石片,制作较规整且定型,打制技术也有所进步,有三棱形大尖状器、鹤嘴形尖状器、小尖状器、砍砸器、刮削器等,其中三棱形大尖状器特征鲜明;石器一般较为粗大,修整技术和器物的形态在一定程度上说明石器的使用功能开始分化。有学者认为丁村文化很有可能源于丘河文化。

同样是旧石器时代中期，山西阳高县许家窑的遗址中，人骨化石的平均寿命为30岁左右，有的人骨化石枕骨左侧的大脑窝明显大于右侧，可能是该个体生前更多地使用右手的缘故。这里的石器有尖状器、刮削器、圆头刮削器、雕刻器、石球、小型砍砸器等。

总结来看，早期智人石器的类型和制作技术，沿袭了直立人时期，但两者之间还是有一定的区别的——早期智人相对直立人有了一定的进步，但受到早期人类的文化和生产力的限制，这种进步是极其缓慢的。

旧石器时代晚期

早期智人之后，人类的进化进入旧石器时代晚期，也就是晚期智人时期。

北京周口店龙骨山山顶的洞穴中，发现过古人类完整的头骨化石和一些骨化石残片，但在太平洋战争时期落到几个美国人手中后下落不明。现在我们看到的，只是这些化石的复制品，这是世界旧石器时代文化宝库的巨大损失。

疑似山顶洞遗址墓葬区的人骨化石周围撒有赤铁矿石粉末，可能与当时人的某种信仰有关，原始人可能会认为红色象征血液，富有生命力，能辟邪，并代表着生命的再生和延续，是有神灵性的颜色。同时，骨骼化石旁有疑似随葬品的穿孔石珠和穿孔兽牙饰品，还有众多精致的骨器、石制品和装饰品，说明山顶洞人已经学会通过美化自己来丰富精神生活了。

山顶洞遗址中还有堆积了许多动物骨架化石的地方，推测原本可能是捕猎的陷阱或藏匿动物的场所。

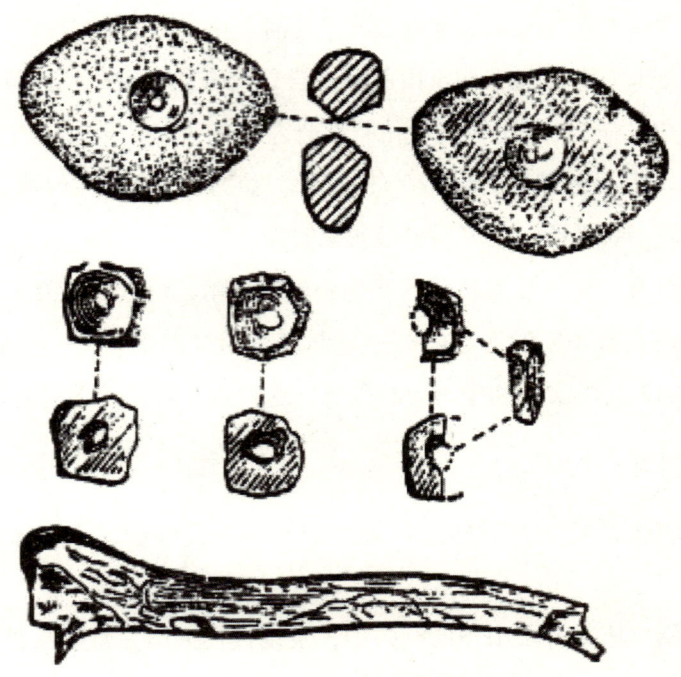
山顶洞人的装饰品和鹿角棒

　　山西朔县峙峪、内蒙古萨拉乌苏等遗址发现的石器，继承了旧石器时代中期的传统工艺，但制作工艺得到了进一步的提高。有的遗址中还发现了新的工艺、新的器类。距今有16400年到36000年历史的山西沁水县下川遗址，是一处以细石器为代表的旧石器时代晚期遗存，有大型的研磨盘、石馔等晚期石器，内涵丰富，说明下川文化并非细石器的起始阶段，而是其成熟阶段。

　　陕西黄龙县徐家坟山发现的男性头盖骨化石，既有现代人的特征，又有较原始性的特点，属于晚期智人的一种过渡性形态。根据头骨的形态来看，这一时期遗存的古人化石与现代中国人相当接近。可见，它们与现代中国人之间存在连续性，有着亲缘上的继承关系，似乎是中国人的远古祖先。

所以，远古人类及其创造的文化，对中华民族的起源、形成和发展做出了贡献，应该给予充分的重视和肯定。

2. 新石器时代的黄河文化

旧石器时代发展之后，人类迎来了新石器时代。大多数学者认为，新石器时代应该始于 1 万年以前、止于距今 5000 年前后，经历近万年的历程，黄河流域的新石器时代毫无疑问也被划入这个时间框架之中。黄河流域旧石器时代的主要标志有三个——农业的产生、陶器的发明、磨制石器的使用。

农业的产生

农业的产生是指稻、粟等禾本植物的人工种植，是人类改造自然、征服自然的一个重要转折点，与采集、狩猎有本质区别，它从根本上转变了人们的生产方式和生活方式，是人类进入新石器时代的最重要的标志之一。

陶器的发明

农业的产生极大地改变了人们的生活方式，使人们可以定居下来。定居下来的人们也就有了进一步改善生活条件的需求，而陶器能够将食物煮熟，帮助消化，提高肉食的效用，促进身体健康、增强体质，于是发明了陶器。陶瓷的发明，也扩展了人类认识事物的眼界，能够激发新石器时期人们的探索欲。

磨制石器的使用

旧石器时代的石制工具器形粗糙，使生产受到了一定的影响。但到新石器时代，磨制石器逐渐普及，有了刃部等局部磨光、开刃的石器。

除了上面三个主要标志之外，新石器时期还有诸如畜养家畜、定居生活、建立村落等其他标志。

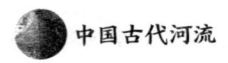

新石器时代的早期、中期和晚期

脱离刀耕火种之后，古人类社会进入了耜耕阶段，并有很长的家畜饲养历史，在磨制石器日益发达起来的同时，陶器的制作也有了较高的发展水平。这些都与新石器时代的初始阶段有非常漫长的时间间隔，要说明这个阶段社会发展的内涵，就要对其进行分期。学者对新石器时代早、中、晚三期的划分法，也日益受到考古学界的接受。

早期

黄河流域新石器时代早期的考古资料十分贫乏，只能根据现有的考古发现进行推测。比如南庄头遗址发现的情况：时间为距今9700年至10500年；尚未发现栽培农作物的直接证据，但发现了加工谷物的石磨盘和磨棒；已经饲养家畜，饲养有狗和农业社会饲养的家畜猪这两种动物；发现有陶器残片；属于农业社会，处于刀耕火种阶段，生产水平低，所以采集和狩猎仍是补充生活物资的重要来源。

因为南庄头遗存的禾本科植物的孢粉数量较多，再根据对此处古环境、古气候、古土壤的分析，有学者认为，万年前的南庄头已初具孕育我国最早农作物的基本条件——这为发现和驯化原始粮食作物的祖源提供了比较直接的前提。

此外，在北京门头沟的东胡林村还发现了一个距今1万年左右的合葬墓。在合葬墓中，发现有残破的蚌壳制品、骨制食品和打制的石片。其中，一个少女遗骨的颈部有由50几个细小、光亮的螺壳组成的项链，腕部有由7截牛肋骨磨制并用绳穿连的骨镯。

中期

新石器时代中期是从农业生产进入耜耕阶段开始，到发达的耜耕农业之前的一段时期，距今约7000年。因为刀耕火种的农业形式和耜耕农业之间还有缺环，它的年代上限目前还没有办法准确判定，但它的年代下限大致在仰韶文化出现之前。

黄河流域新石器时代中期的遗址有裴李岗文化遗址、磁山文化遗址、老官台文化遗址和后李文化遗址等。根据这些文化遗存，我们发现，新石器时代中期：有以圆形为主的半地穴式建筑；石器作为生产工具，有斧、铲、刀、镰、磨盘、磨棒等，发展得更为成熟，功能也更细致；陶器的制作工艺、材料选择也发展开来，器形上有平底罐、双耳罐、圆底钵、三足钵、双耳壶，以及缸、碗、盆等，陶器的发展让人类的装饰艺术有了更大的发展空间，陶器上装饰有各种纹饰，甚至出现了彩绘；家禽畜养有猪、狗、黄牛和鸡，种类更丰富，形式更成熟、稳定。

由此我们可以看到，人类定居之后，社会文化、社会生产力等方面发生了翻天覆地的变化，变得更丰富、更深入、更具继承性。可以说，定居生活，对人类社会进程有着划时代的意义，它就像潘多拉的魔盒一样，一经打开，就促使人类进程爆炸式发展前进。

晚期

新石器时代晚期，持续了2000年左右的时间，绝对年代在距今约7000年前至约5000年前。在新石器时代晚期，农业生产进入了发达的耜耕农业阶段，社会在漫长的时间里得到了长足的发展。稳定的生产力、富余的物质资料，使人口有持续增长的条件，有些区域的人口密度甚至与现代的村落相似。人口的大量增加，壮大了聚落的力量，促进了聚落的进一步发展。

已经发现的新石器时代晚期的文化，有北京地区的上宅文化、黄河中游地区有仰韶文化，以及黄河下游的海岱地区有北辛文化、大汶口文化等。

根据对这些文化遗存的研究，发现在新石器时代晚期：相对于狩猎、渔猎和采集，农业生产的比重呈逐渐上升的趋势；有的遗址中发现有殿堂

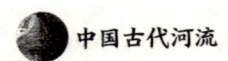

式建筑；石制器具仍旧在日常中被普遍使用；陶器作为生活器具的主流，器形及其功用进一步丰富；玉器作为一种象征社会地位的物品和祭祀品出现；有的遗址中发现有小型的黄铜管和黄铜片，还有铜制的斧、凿、镜、匕、刀、锥、钻等器具。

通过对这一时期的发展的研究，我们已经可以揣摩它未来的发展路径了。比如：铜类器具的使用，很可能就是后来长远的青铜时代发展的苗头；建筑类型、器物使用的分级化，昭示着未来社会阶层分化的进一步加深，国家和政治统治概念的逐步形成；等等。

总之，随着人类社会发展进程的加深，生产力的进一步加强，人类社会的文化发展会愈加复杂多样。

3. 铜石并用时代的黄河文化

在黄河文化中，新石器时代发展到后期，出现了一个特殊的时代——铜石并用时代。铜石并用时代，是距今5000—4000年的时代。在黄河文化中，新石器时期最早出现的铜器，是姜寨仰韶文化遗址中的黄铜器，距今有6600～6700年。

北京钢铁学院的学者反复试验，证实凡有铜锌矿又有烧制陶器的高温设施的地方，就可以通过高温，把铜锌矿矿石提炼成一种含杂质较多的黄铜。也就是说，这一时期的铜文化，很可能是在烧制陶器的偶然发现中发展起来的。可能因为某种偶然因素，姜寨仰韶人发现并利用了这种方式，我们才能在这一地区发现铜器。但在同时代或稍后一些的遗址中，均未发现类似的铜器。直到距今约5000年，在这一时期较多的遗存中才发现了很多铜器的残片和冶铜的铜渣、坩埚的残片，这些铜器有铜片、铜刀等的残片，以及铜制的斧、凿、镜、匕、刀、锥、钻、指环等。

在黄河文化中，铜石并用时代的文化有雪山第二期文化、河南龙山文化、山东龙山文化、客省庄第二期文化、马家窑文化、半山文化、马厂文化、齐家文化。在相关的文化遗存中，有大量的发现：人们的经济生活仍旧以农业为主；居住的房屋仍旧是半地穴式房屋，很多房屋连座，有些遗存中的房屋成行排列，每排有30多座房屋；一些遗存中发现了大量制作精良的玉器；这一时期，斧、钺、凿、刀、镞、矛等石制器具仍然得到普遍的使用；陶器作为生活用具，除了褐陶外，还有黑陶、灰陶，纹饰也更加丰富，除了绳纹外，还有弦纹、篮纹、方格纹等；装饰用彩绘图案在这一时期更加丰富，出现人像、人面、人形纹以及几何图案等，在几何形图案中，有一种圆圈内加"十"字形的纹饰，学者认为这种纹饰象征着太阳，并赋予了表示生命力和繁殖力的含义，可能是一种与巫术有关的纹饰。

这个时期，可以说是史前时期黄河文化极为可观的一个时期了，越发成熟和稳定的社会结构，在促进生产力发展的同时，人的精神文化也前所未有地发展起来。

第二节　夏商周时期的黄河文化

1. 夏代的黄河文化

远古时期的黄河文化发展到后期，即新石器时代晚期，黄河流域建立起中国历史上第一个奴隶制王朝——夏朝。

夏朝是由启建立的，在启之前，部落领袖实行的是禅让制，启的父亲

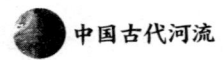 中国古代河流

禹——传说中的治水英雄大禹，因为治水有功，得到了舜的传位。在舜之前还有尧，可见，在夏朝建立之前，原始社会已经发展过渡到部落这种含有阶级概念的社会结构，它基本上就是一个国家的雏形了。在夏朝建立之后，家天下的家国王朝形式形成。

夏王朝的统治区域，大概是现在的山西南部、河南西部，跨越黄河两岸，这里土地肥沃、气候温和，是一个非常适合发展农业生产的地方。

夏启之后，夏朝由太康继位。据史籍记载，太康爱好游猎、不理民事，不是一个负责任的国王，于是发生了后羿代夏的事件。按照各书记载，太康丢了政权之后，羿并没有马上夺权篡位，而是立太康之弟仲康为国王。仲康死后，后羿在仲康之子相走之后才自立为王，出现后羿代夏的局面。

这次事件是夏代历史上最大的政治事件，一度中断了夏王朝的统治。后羿在即位之后，也没有好好管理政事，同样痴迷游猎，史书上说他"恃其射也，不修民事而淫于原兽"，政事都交给寒浞处理。寒浞是后羿的相，但他是个玩弄权术、怀有二心的人，他觊觎后羿的王位，想取而代之。果然，寒浞最后用非常残暴的方式夺取了政权，但是他的政权不久就被颠覆了，夏王朝的遗民联合其他部落消灭了寒浞，并辅佐夏相之子少康恢复了夏朝的统治，史称"少康中兴"。

在少康的统治下，夏朝出现了稳定的发展局面，尤其是与夷人的关系有了明显的改善，《后汉书·东夷传》就有记载："自少康以后，世服王化，遂宾于王门，献其乐舞。"说明夏朝此时的统治确实比较稳定。

少康恢复夏朝的统治之后，经过了较长时期的发展，直到后期走向衰落。《史记·夏本纪》说："帝孔甲立，好方鬼神，事淫乱。夏后氏德衰，诸侯畔之。"在这里，孔甲是一个好弄鬼神、不理政事、生活淫乱的国王。

《史记·夏本纪》有记载，说孔甲死后，帝皋立，帝皋死后，其子发

立，发死后，其子履癸立。履癸就是夏桀，也是夏朝的最后一个国王。从这些信息可以看出，夏朝的衰落是从孔甲在位时期开始的。

夏桀在历史上，是作为昏君被载入史册的，他对百姓的剥削和压迫太过，引发民众的不满。《史记·殷本纪》记录："时日曷丧？予及汝皆亡。"人民都在问夏桀何时毁灭，愿能与他同归于尽。说明人民大众和统治者的矛盾关系，已经非常尖锐，达到了水火不容的地步，夏王朝的末日也差不多到了。在这样的局势下，东方的商族在商汤的领导下，带领各部族兴兵伐夏，推翻了夏朝，建立了新的王朝——商朝。

夏代黄河流域的文化交流与融合

关于夏代的商业活动，现在留下来的资料并不多，但可以从一些零星的记载中了解一下当时的情况。

《竹书纪年》中记载过这样一个故事：王亥来到有易这个地方，被有易的君王绵臣杀了，王亥的儿子上甲微向河伯借兵，杀了绵臣报仇。这也是著名的"一人杀一国"的故事。据说，王亥是最早进行商业活动的人，是商人之祖。而"有易"这个地方，据前人考证位于现在的河北易水流域。

另外，根据文献记载，商人的祖先常常迁居，自契至汤共迁居过八次，有古代学者考证说分别迁到了砥石、商、商丘，然后是殷，又复迁商丘，之后是邺、蕃、亳等地。具体是否如此，现已无法具体考证了，估计大致在现在的河南北部和河北南部地区。

也就是说，这一时期，商人的活动范围，向北已经达到今天的易水流域了，活动地点离夏王朝的统治区已经很近了，非常有利于双方之间的文化交流。而商王朝建立以前的商人文化，被称为先商文化。

夏统治集团，在被商统治集团彻底替代之前，是有相互往来的。后来

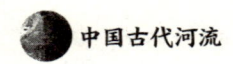

夏桀昏庸，统治不得人心，很多人就背夏投商。之后，商汤聚众伐夏，获得胜利之后取而代之。说明夏商之间的往来不仅有商业活动，还有政治活动，这些活动都可以促进双方的文化交流。

根据考古出来的文化遗存，可以看出先商文化和二里头文化是近邻，而且双方交往密切。最明显的就是夏文化分布区内流行的某些陶器的器形及其花纹，在商文化分布区也有发现。例如，箍状堆纹罐、长颈花边口沿罐、伞状钮器盖等原本属于夏文化的典型器物，在先商文化分布区内的遗址中也有发现。同样，夏文化分布区也有受先商文化影响的现象。这显然是双方之间的相互影响造成的，说明夏、商之间存在着密切的文化交流。

说到夏时代的江汉流域文化，就要先了解古代三苗的一些情况。三苗处于中国历史中的传说时代，在夏以前的尧、舜、禹时期活动最盛。据说，三苗的居地位于两湖之间，活动区域以湖北、湖南为中心，东到江西省的大部分地区，北则越过鄂、豫交界，西、北、东三面都与华夏集团和东夷集团相邻，范围跨越湘、鄂、赣三省，地域广阔。

据说，尧、舜、禹曾与三苗进行过激烈的战争，现存的古籍中也记有尧、舜、禹征服苗、蛮的事迹。比如《墨子·非攻下》："昔者三苗大乱，天命殛之，日妖宵出，雨血三朝，龙生于庙，犬哭乎市，夏冰，地拆及泉，五谷变化，民乃大振。高阳乃命玄宫，禹亲把天之瑞令，以征有苗。四电诱祗。有神人面鸟身，若瑾以侍。搤矢有苗之祥，苗师大乱，后乃遂几。"在这里，历史与神话被杂糅在一起，虽然有不少讹误，读起来有些费力，但基本内容还是清楚的，说的是三苗大乱，上天要对其进行惩罚。高阳命禹征伐三苗，三苗大败，之后势衰。这场战争是一场事关三苗存亡的战争，史籍对这次战争之后的三苗的记载就不多了。所以，对以三苗文化为代表的江汉流域文化与夏文化的关系的研究，就要依靠考古发掘出来的资料了。

好在，在湖北境内发现了不少二里头文化时期的古代遗存，从一些出土的陶器的器形来看，江汉流域文化受到了中原二里头文化的影响，表明夏文化与江汉流域确实存在文化上的联系。

2. 商代的黄河文化

商代的建立与发展

前面我们说过，到孔甲时，夏王朝的统治开始衰落，在夏王朝日薄西山的时候，商部族崛起。崛起之初的商族势力逐渐向东、向南发展，而后夏桀忙于应付东夷各族的反叛，发起东征。但商部族的强大还是引起了夏桀的忌惮和打压，商、夏之间的仇怨增多、矛盾加剧。所以商部族在首领成汤的带领下，趁夏桀还没有完全腾出手来对付自己的时候，开始剪灭夏朝的行动。首先剪灭的就是夏周围的小诸侯，这一举动解除了灭夏的后顾之忧。

商部族的首领商汤，在殷墟甲骨文中的名号是"成""大乙""唐"等，是卜辞中受祭祀最隆重的商王之一。他宽以治民，轻赋薄敛，注重人才。最重要的是，成汤十分注重争取各诸侯国的支持，他利用夏王朝与东方各族关系破裂的时候，联合诸侯进行会盟，诸侯纷纷转投成汤，极大地增强了灭夏的力量。

万事俱备之后，商部族开始伐夏，商部族的大军抵达伊洛地区的时候，夏桀已经无法以军事力量进行抵抗了，所以选择不战而逃。逃至鸣条（今山西省夏县，在夏墟西北）后的夏桀勉强纠集残余与商汤决战，兵败鸣条之野后又奔南巢（又名历山、亭山、鬲山），最后殒命于此。

就这样，桀败亡，夏王朝灭亡，商汤建国。

伊尹放太甲是商朝建国初期发生的一件大事，在《尚书》《左传》《国语》等古代典籍中都有记录。

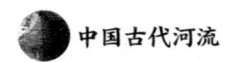

伊尹是历史上有名的贤臣,是历代官吏忠心为国的楷模。伊尹出身于桑林(桑林为上古时期举行祭祀的圣地),应该是有莘氏的部族首领。有莘氏曾附属于夏,成汤为了灭夏,极力笼络有莘氏。有莘氏归附商部族之后,伊尹利用自己属国首领的身份,与夏桀宠爱的有施女末喜合谋祸害夏王朝,为商族灭夏立下了汗马功劳。因此,伊尹深受成汤器重,成汤建国后,还辅佐成汤治国。所以,成汤死后,伊尹的地位就像武王死后周公的地位一样。

太甲,成汤之孙,太丁之子。据说,成汤寿过百余,在位时间很长,他的儿子太丁却比他先去世,所以汤死后便传位于嫡孙太甲,托孤于伊尹。太甲即位后,颠覆成汤典制,残暴、昏愦,将建国不久的商王朝置于危险之中。于是,辅政老臣伊尹便将太甲放逐于桐宫,让他闭门思过。

伊尹对太甲的教育从未间断过,太甲在桐宫思过反善,伊尹重新教授他为政之道,鼓励他勤奋为王。三年后,太甲有所悔悟,伊尹才将他重新迎接出来,继续为王。最终,太甲成了与成汤、太戊、武丁一样的有名的王,死后称"太宗"。

根据文献记载,商代迁徙频繁,有"前八后五"之说——建国之前有八次,建国之后有五次。最后一次是盘庚迁殷。

商代曾屡次迁都,原因有水患说、政治斗争说、去奢行俭说、游农说等,但历史上并没有确切的说法。或许,殷人迁都的原因并不是单一的某一个原因,也不是每一次的原因都相同。对于盘庚迁殷的原因,首先应该是为了摆脱旧势力的纠缠,缓和社会矛盾,其次是应对自然灾害。因为在盘庚继位前,商王朝王室的王位争夺十分剧烈,嫡长子继承制受到严重破坏,继承者之间的矛盾和斗争加剧。而旧都的生态环境问题也是迁都的一个重要因素,河水泛滥,良田淹没,土质碱化,动摇了以农

■第四章　黄河文化的发展和变迁

业生产为基础的社会结构，进一步加剧了各种社会矛盾，于是不得不做出迁都的决策。

而盘庚迁都到殷墟，从环境看，这里东邻华北大平原、西依太行、北有漳溢、南有广阔的平原，有洹水流过，土壤肥沃，水分充足，非常适宜农业发展。且地势由西向东倾斜，大河向东流去，可以有效地避免水患。

根据考古发掘的信息推测，殷墟遗址约占30平方千米，宗庙、宫殿等建筑50余座，有锻造青铜、制陶、制骨的作坊，还发现了10座王陵和数以千计的一般中小型墓葬，出土了大量带有卜辞的甲骨、精美的铜器和玉器等商代后期的遗迹和遗物。说明殷墟是商代后期的政治文化中心，文化依旧连绵。

根据《史记·殷本纪》中的记载，盘庚迁殷后，励精图治，行汤之政，使百姓安宁、诸侯来朝，为之后的武丁中兴奠定了基础。

商代的科技文明

殷商时代是我国古代文明进一步发展和提高的一个重要阶段，它科学技术领域成就斐然，特别是在天文历法、数学、医学、气象学方面有杰出的贡献。

殷商时代，农业和畜牧业十分发达，它们是社会的支柱性产业。所以人们需要对天时进行总结、分析和预测，用它来指导农业生产，这就需要对天象进行观测，从而演变出天文历法方面的科学。

研究和观测天象，首先必然受到瞩目的就是太阳。殷商时期的人对太阳的活动规律做了全天候的研究和记录，所以比埃及、巴比伦早4～5个世纪观察到日食和月食这两种天文现象。同时，殷商时期的人对天空中的星辰也进行了研究和观测，卜辞出现了鸟星、彗星、新星等星名。这些详

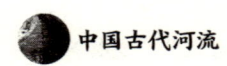
中国古代河流

尽而全面的天文观察,是我国古代天文学上古老的宝贵资料,在那个时代是极其先进的,就是现在看来也是令人肃然起敬的。

殷商时期的人们,在天文历法方面有巨大的研究成果,他们对年称年、岁、祀,并有了季节划分概念——有的说商代只分春秋两季,有的说商代已经有四季。不仅如此,还采用天干纪日法和干支纪日法进行纪日,卜辞中就有完整的干支表,还以10日为一旬(一般从甲日开始,癸日结束)的纪日方法纪时,并对每一天进行了详细的分段。就这样,在完善的纪年、纪月、纪日的基础上,制定出阴阳合历,即一年有12个太阴月,每月平均为29.5天,采用大、小月进行调整,大月30天,小月29天。但甲骨文中也有31天的大月,比如八月份就有4个癸日,较普通月份多出一个癸日,这个月就变成了31天,大小月通常相间排列,但有时也有大月相连的。在商代晚期,出现了年终置闰和年中置闰两种方法。有学者在详细研究卜辞后,认为岁首的时间应该是阴历的一月。

通过上面的内容,我们可以看出,商代的历法跟现代已经非常接近了,它在天文历法上的准确性和先进性可见一斑。

在指导农业生产上,气象学方面的知识发挥着至关重要的作用,所以商代与农业紧密相连的气象学也发展到了相当的高度。

殷商时期的人细致入微地观察着天气晴雨风的情况,比如:卜辞中的"启",代表晴天,而"戊戌卜,其阴。翌己卯启,不见云",意思是"戊戌日占卜,为阴天,第二天放晴,天空没有云彩"。记录得非常认真。

灌溉对农作物的生长是非常重要的,人们对是否下雨非常关心,对有云及可能有雨已有科学的认识。人们还将雨分为小雨、大雨、急雨、多雨等不同的类型,将风分为小风、大风、骤风、大骤风等,将云分为延云、大云、玄云,并对雾、彩虹等的出现所预示的天气境况也有较深刻的认识。

商人在通过对天气现象的观察和总结过程中,掌握并了解了其中的一些规律,从而应用到农业生产和日常生活中。通过观察或者问卜的方式来指导日常生产生活,是古人对科学的探索和应用,是科学萌芽和发展非常关键的一个环节。

有了甲骨文,人们可以通过研究其内容,来窥探那一时期社会各个方面的情况,包括医学方面的基本情况。从目前的研究结果看,商代的医学已经有自己的系统,中医的许多治疗手段在这一时期已经得到应用,中医学理论在这一时期也许也发展得比我们想象的更深入和成熟。

人们通过对一些疾病的观察,对其进行分类,并根据不同的病症采用相应的治疗方法。从医疗体系来说,那时候已经有专门负责管理医疗方面的事务的官员——小疾臣,还对诊断结果进行了记录。

人们对各种疾病分门别类,比如:对头部疾病、头顶的疾病、眼部疾病、耳部疾病、鼻腔疾病、口腔疾病,以及牙齿、脚趾、骨头、心疾,还对传染病等疾病进行分类,有学者认为这种分类有三四十种之多。可见,商代人们对疾病的认知程度和重视程度已经到了一个什么样的高度。

对于疾病的治疗,除了巫祝之类的迷信的治疗手段之外,他们还会利用针刺、艾灸、砭石、按摩等不同的方法对病人进行治疗。1973年,在河北台西商代遗址发现的石镰,就是一种砭石。《说文》也说:"砭,以石刺病也。"

要特别拿出来说的是商代人利用药物对疾病进行治疗的情况。在商代一个遗址的考古发掘中,发现过一批桃仁、李仁和枣仁(都是中药材)。有学者认为:食用桃仁可致腹泻,所以这批桃仁不可能作为食物食用,应该是作为药物食用。如果真的是这样,那这一时期的人对中草药的使用就无可争议了。

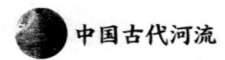

关于医学在殷商时代的发展历程以及发展的程度，尚需要更多的研究资料，但有一点是毋庸置疑的，那就是中医学理论系统在古代的发展是长久而深入的，是一门极其有研究价值的科学。

商代黄河流域的文化交流与融合

黄河文化发展到一定程度，向周边的地域扩展，影响并推动其他有关联地区的文化发展，最后产生一定程度的融合是必然的结果。黄河文化在殷商时期，以其本身的先进性，强烈地浸润和影响了周边的当地文化，使得黄河流域以外的很多地区都烙下了殷商文化的印迹，加深了商王朝周边地区文明的交流与融合，这种交流与融合主要体现在殷商文化与长江文化的交流、殷商文化与游牧文化的交流上。

江汉地区考古发现的大型宫殿基址、大量的铜器和陶器，以及房屋建造方式，都显示出与商文化的高度一致性。

湖南地区也受到了商文化的冲击，特别是在青铜器方面，湖南出土的青铜器多与殷墟出土的同一时期的器物非常相似，一些器形和纹饰基本上一致，但在某些方面又带有显著的地方特征，甚至出土了一些本应该属于商代晚期的青铜器。根据这些信息，甚至可以推测是商王朝的人将这些铜器或者这些铜器的制作工艺携带至此的，在铜器铸造过程中还吸收、融合了当地的文化。当然，也不排斥商人来到慈湖建立政权的可能性。

江西新干大洋洲出土了许多殷商时期的玉器和青铜器，器形多样、工艺精良、造型别致，可与殷墟妇好墓中的器物相媲美。重要的是，其形制和风格都可以在殷墟突出的文物中找到同类的，但地方特色也同样明显。

■ 第四章　黄河文化的发展和变迁

编钟

总的来说，鄱阳湖地区、赣中地区的古代文化虽然自成系列，但从商代早期开始，中原商文化就对其施加了强大的影响，这一点从青铜礼器上的一些印记就可以反映出来。长江文化所属的地区出土的与商文化相似的器物，表明并非当地居民一时的模仿，而是进行了一定程度的改造，才把中原商文化因素有机地融合起来的。这也说明黄河流域青铜文化发展之强盛，影响地域之广泛。

成都平原一带，是古蜀国的所在地。根据考古发掘信息，最迟在二里头文化时期，古蜀就已经和中原文化有所交流了。甲骨文中就有"征蜀"的内容，《尚书·牧誓》也记录了蜀参与周武王灭商的事件。

近来，根据考古工作者从四川境内发掘出来的蜀文化遗存来看，这些古文化遗存内涵丰富、数量庞大。在以成都、广汉为中心的区域发掘出来的殷商时期的蜀文化遗存，比较引人注目的就是广汉的三星堆遗址。三星堆遗址出土的商时期的文物，说明蜀文化在商代二里岗期和殷墟早期已经与商文化产生了交流，并在宗教意识、祭祀礼仪制度等方面受到中原商文化的强烈影响。

通过分析研究可知，商文化对蜀文化影响的传播路径大概有两条：一条是从长江中游的湖南、湖北，经过三峡，到达四川，因为从青铜文化看，三星堆出土的青铜器与湖南、湖北同一时期的青铜器最接近；另一条是像《华阳国志校补图注》说的那样由陕西汉中经城固的古通道入川。

文化的交流和影响从来都是双向的，当商文化因为自身强大的影响力向南方长江流域辐射时，长江流域的文化也会反向浸润和影响商文化的发展，尽管这种影响力没有商文化带来的影响力那么大，但还是留下了不少的印迹。在商文化遗存中，常常能够发现非中原地区的文化因素，其中就包括长江流域的各类文化因素，比如印纹陶。印纹陶又被称为几何印纹陶，是长江流域极具代表性的陶器，胎质坚硬，吸水性弱，在长江流域新石器时代的遗存中被发掘出来过。但在殷商时期的商文化遗址中也陆续发掘出一些此类陶片，工艺上并不像南方那样具有明显的阶段性，说明该印纹陶并非起源于本地，而是受到南方长江文化因素影响的产物。

甚至有学者指出，殷商人占卜用的龟甲多来自南方、西方的长江流域。铜矿也是如此，北方产铜甚少，商代作为青铜文化发展的最盛阶段，很有可能将长江流域及其以南的地区作为铜矿资源的来源地进行拓展和开发。

一个文化在强大和繁荣之后，其影响力必然会辐射向外，在这个过程中很有可能交融出更具生命力、种类繁多的文化产物来。

我国北方和西北草原一带，在甲骨文中常常被称作鬼方、土方、羌方等，因为邻近黄河，自然会与黄河流域先进的商文化产生接触，并发生影响。

经科学发掘证明,在燕山南北文化区内,夏家店下层的文化遗址中,发掘出有些陶器的图案和线条,很像中原地区商文化中地层中出土的铜器上的云纹。也就是说,虽然燕山南麓京津唐地区的青铜文化是在本地区龙山文化的基础上发展起来的,但也受到了商文化的强烈影响。

与此同时,游牧文化也对中原商文化产生了不同程度的影响。殷墟发现的一些青铜器就是以北方的青铜器为样本进行仿制的,还有马首刀、羊首刀、牛首刀也是模仿游牧文化中的青铜兽首刀制作的。

虽然游牧文化对商文化的影响不像商文化对它的影响那么大,但是殷商文化遗存中确实包含受游牧文化影响的青铜器。这说明,中原先进的商文化和北方游牧文化是在互相学习和互相影响中共同向前发展的。

所以,一种文化在发展过程中,很难或者说不可能是孤立的,它会对其他文化产生影响,也会侵染其他文化特色进行发展。

3. 周代的黄河文化

周代的建立与发展

根据《史记》记载,周人的祖先是后稷,后稷的母亲姜嫄是黄帝之后帝喾的元妃,从祖源上来说周人属于黄帝族。黄帝居住在姬水流域,因而以姬为姓。

后稷之时,周人正从母系氏族向父系氏族过渡,稷在这一时期作为农官的称呼持续了三四百年的时间。后稷不但是种植农作物的能手,也是收割和处理谷物的专家。擅长农业的周人在这一时期摆脱了游牧生活,定居下来,以现在的陕西武功县为中心,在以渭水、泾水流域为主的陕西关中一带活动。他们从事农业生产,种植小米、豆、麻等作物。

武王克商以前的周称先周。周文王的祖父公亶父是周王朝的奠基人,被周武王追谥为"周太王",开启了文王、武王盛世。作为先周时期的领袖,他带领族众迁于岐,之后先周姬姓氏族与姜姓氏族联姻,逐渐摆脱了以血缘关系任命官员,充实并健全了行政机构,加强了国家的权力运作,为武王灭商准备了条件,使周族逐渐强盛。

周原,周城的原野,是周室的发祥地。公亶父刚来到周原的时候,仅三千户,1.5万多人,但随着先周的稳定和发展,其势力范围越来越大,涵盖了渭河以北、岐山以南广阔的关中西部平原。

周原卜辞

西周王权专制的确立是一个艰苦的过程,它原本是一个弱小的民族,自称"小邦周",与"大邦殷"没办法相提并论。但周文王时期,定都周原之后,周人积极发展农业和畜牧业,势力不断增强。相对而言,强大但腐败、暴虐的商王朝民怨沸腾、危机四伏。商纣王对异军突起、深得民心的先周大为不满,但瘦死的骆驼比马大,与其殷商帝国相比,先周并不与其对抗。但周文王雄才大略,是一个杰出的政治家、军事家,他审时度势,表面恭敬臣服,实则积蓄力量,壮大自己,对内团结、对外既拉又打,很快就在各诸侯国中树立起威信。

西周王权专制的确立应当开始于武王克商。在一系列征战之后,周文王于迁都至丰的第二年去世，武王姬发继承了父亲的灭商大任。为了灭商，他首先迁都于镐，强国练兵。因为殷王朝内部矛盾激化程度还不够，周武王认为时机未到，所以在打仗途中罢兵返朝。

两年后，纣王昏暴，杀比干、囚箕子，忠臣良将投奔于周，殷王朝内乱四起，武王认为时机已到，于是列兵牧野，牧野之战拉开序幕。殷纣王发兵70万人与周武王对峙，兵力其实并无不妥，但因为不得人心，军将临阵倒戈，殷纣王大败，登鹿台自焚而终。

周人克商之后，并未立刻将殷商据为己有，而是实施以殷治殷的政策，让纣子武庚，禄父统治殷民，但还是对武庚进行了监控，以防止其作乱。

灭商两年后武王死，其幼子也就是后来的周成王即位。此时西周王朝刚刚建立，政权尚未巩固，周成王又年幼，武王的弟弟周公是一位有远见卓识的政治家、军事家，又是开国功臣，周公就开始摄政当国。

之后，武庚叛乱，但被平定了下来。周公为了加强统治，一方面保留殷商人民原有宗族组织及风俗习惯，另一方面遵照武王的遗愿建东都洛邑，从军事、政治、经济、文化诸多方面巩固周王朝的统治。

周代的文化成就

周公东征的胜利，从军事上征服了商及其残余势力，战果扩大到东方各国。除了武力上的胜利，还要在政治上获得胜利才算彻底的胜利。想要获得政治上的胜利，就得从管理体制和制度上着手，于是周公总结以往的经验，采取了一系列有效的措施。为巩固统治地位，周王朝对全国包括被征服地区实施分封制度，这种分封制与以血缘关系为主的宗法制紧密相连。

所谓宗法制，简单地说，就是以血缘关系为基础的嫡长子继承制。这

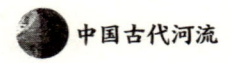

种血缘关系，本来是氏族社会的遗留物，但宗法制的血缘关系与母系氏族相对民主的血缘关系又有本质区别。宗法制的血缘关系，是含有阶级概念的血缘关系，比如立嫡以长不以贤。

自此，西周父权制得到完善，阶级等级关系在社会统治中起主导地位，这既是西周奴隶社会制度较商代成熟的标志，也是利用宗法制进一步巩固分封制的措施。

为巩固以分封制为基础的统治，西周利用"礼乐"制度来强化阶级的属性和概念，阶级不同，所享受的"礼乐"待遇也不同。但"礼乐"制度的本质是为统治阶级服务，被统治的奴隶和庶民是享受不到这些"礼乐"的，所以有"礼不下庶人，刑不上大夫"的说法。

所谓"礼"，就是强化阶级属性的各项制度的总称。比如：朝聘之礼是指贵族在祭祀的时候，等级不同享受的待遇就不同；丧葬的时间长短，也因等级的不同而不同，天子七日而殡、七月而葬，诸侯五日而殡、五月而葬，士大夫庶人三日而殡、三月而葬；等等。衣食住行，都被赋予等级观念进行限制，名目繁多，号称"经礼三百，典礼三千"。这些都是奴隶主阶级特权利益的反映，是奴隶社会发展到高级阶段的生产关系的体现。

所谓"乐"，就是音乐，但又不是单纯娱乐用的乐，而是当时社会的思想统治工具，与礼一样，乐也是"不下庶人"的，被赋予阶级概念，独属于统治阶级。

尽管"礼乐"是为统治阶级服务的，但在当时历史条件下，确实对社会秩序起到了巩固作用，促进了相关的手工业的发展，比如制玉工艺、制铜工艺、丝织工艺就因为这种促进作用得到了极大的发展。随着大批编钟的出土问世，为音乐文化的研究提供了丰富的实物证据，充分说明西周时期乐舞文化取得了相当高的成就。

■第四章 黄河文化的发展和变迁

可以说，西周时期的"礼乐"制度，为之后中国的封建礼乐文化的发展奠定了坚实的基础，为统治阶级提供了千年不变的模式。

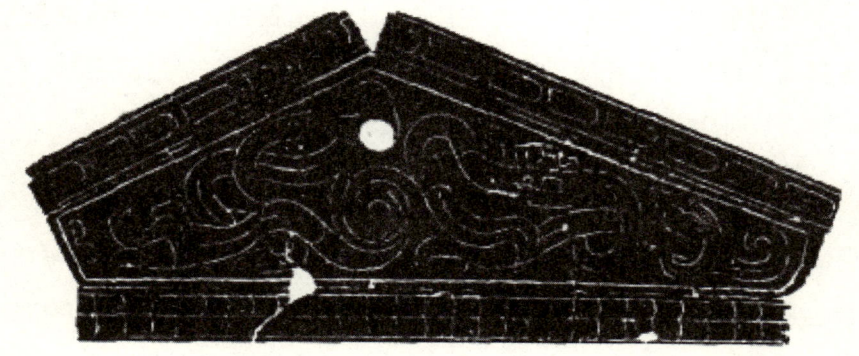

陕西周原召陈村出土的西周晚期石磬

殷商时期的人迷信上天，做什么都要占卜，向上天请命，但到西周，周人就把天神和祖先分离开来。周人总结夏、商、周三代人事更迭的经验教训，认为王朝更迭的根本原因在于天命转换到人事上，所以周公在《康诰》《酒诰》等训教中，多次强调要看到人的作用，不要太迷信天命。在这里，周人公开质疑天神论，看到了人的作用，算是在人类文明进程中的一种进步。

为了进一步巩固分封制、宗法制，周人开始探索如何以人事制约天命。周公教导子孙，要重视民意，说民意重于天命，提出了"孝"与"德"的伦理观，按照德和孝来要求统治者和被统治的人民，以稳定社会，使其不致像夏、殷那样灭亡。

周人提倡的"孝"，就是教育人民要孝顺其父母、祖先，不要做"不孝不友"的事。周人的"德"是常规教育中的一项重要内容，要求人们心思要端正，做事要懂得适宜，内容包括敬德、慎罚、敬天、孝祖、保民等。在处理政事的时候，也要根据"德"的要求，实行宽厚政策。可以说，周人之所以能够取代殷商立国，根本原因就是周文王"明德慎罚"的结果。

"德"和"孝"关系密切,没有孝,也就谈不上德。"德"和"孝",产生于分封宗法制,服务于分封宗法制。这种道德带有浓厚的政治色彩,却是提高人民地位的开端,为后来老子的"道"、孔子的"仁"奠定了发展基石,是周代思想文化的精粹。

周代黄河流域的文化交流与融合

西周时期,以华夏族为主体的西周王朝,与周边甚至秦、晋等地的少数民族既有矛盾又有统一,随着周王朝的盛衰变化,或者和平相处,或者战争对立。周王朝强盛时,各方来朝,显示出统治与被统治的关系;周王朝衰落时,常常因为争夺土地发生战争。不管是战争还是和平,各方势力与华夏族都在文化上相互交流、相互渗透,不少还与周族融合为了一体。

戎狄,周人称其为鬼方、昆夷、俨狁。周人和戎狄的交往历史悠久,关系复杂而密切。最初,亶父为避其侵扰,由邠迁至岐。殷商末年,殷商王朝依靠周人的武力经常与戎狄发生战争,直到周初戎狄才屈服于周,之后有了很长时间的和平,直到周穆王时才又起纷争。

从目前的考古信息看,在陕、甘、晋、冀四省交界的商周遗址和墓葬区,在商周势力未进入之前都是戎狄的活动区域,出土了带有"鬼"字的陶片、蛇头形青铜刀,以及不少带有草原文化的青铜器。青铜文化发展到商周的时候,不仅在内地发展到了顶峰,而且对戎狄的影响也很大,戎狄也学习内地的青铜制造技术,制造出了富有特色的青铜器。不少青铜铭文中的记载说明,戎狄还与周人一样制造马车,特别是战车。

在和平时期,周人和戎狄互为补充、互相影响,据记载,周族与鬼方曾多次联盟,周成王时鬼方甚至曾来参加盟会。在战争过程中,被俘的部分戎狄人被周人同化，即便戎狄胜利了，先进的周文化也随着俘虏侵入到了戎狄人的生活当中。所以不论是和平时期，还是战争时期，都逐渐扩大了西周文明的影响，为之后民族大融合奠定了基础。

从周厉王到周幽王70多年的时间里，周人与戎狄经常发生战争。周人衰落之后，和戎狄和亲，因此周幽王与申后联姻，但周幽王因为废申后之子更立褒姒之子为太子，惹怒了申侯，最后申侯联合犬戎攻克周都镐京，杀幽王于骊山下，西周王朝就此灭亡。

商朝末年，因为对殷商统治阶级压迫的不满，武王灭商时，那些被压迫的民族成了武王的联军，共同讨伐殷商，巴族就是其中之一。有学者认为，城固县出土的青铜脸具就是古籍中巴人在战争中佩戴的青铜面具。

在周王朝建国前期，蜀人和周人在相当长的时间内关系和谐。后来，蜀国的势力也逐渐发展壮大，成为西周王朝的诸侯国之后，向周室纳贡，活动区域以成都平原为中心扩大到湖北西部三峡地区，已达陕西汉中、安康地区。

巴蜀与西周不仅保持联盟关系，而且关系非常密切。古籍中有记载，说周成王大会诸侯于东都洛阳时，巴族还派人送去比翼鸟祝贺。因为这种联盟关系，加强了巴族与中原地区的交往，促进了巴族经济和文化的发展。

关于周文化对蜀文化的影响，从成都地区已出土的青铜器就可以看出来。以兵器为例，出土的戈和剑就有明显的西周文化色彩。巴蜀式的剑也有不少是仿照西周的，例如柳叶短剑，剑茎有穿，这种剑在甘肃灵台西周早期墓中和北京琉璃阁西周早期墓中就出土过，明显是受西周文化的影响所致。

据史书记载，吴是周初兴起之国。但学术界的另一种意见认为，在亶

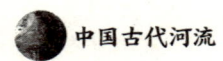

父时期出走的太伯、仲雍的据点在今陕西宝鸡吴山一带,他们来到这里,并在此建立了吴国。通过对甲骨文的分析,当时太伯出走吴地,其实是周人灭商的战略部署之一,是在为克蜀、伐巢做准备——这是周人具有长远的战略眼光的证明。

周太伯来到吴地后,与当地的居民共同开发江湖平原,建立了吴国,到武王克商时雄霸一方。

越族是我国的古老民族之一,在我国岭南、西南、东南均有分布,有"百越"之称,分布地区十分广泛,其祖先与吴地民族可能是同一民族。越族早在石器时代就有发达的物质文明:在河姆渡的新石器遗址中出土了7000年前的水稻,说明他们已经掌握了水稻种植技术;著名的良渚文化在江浙分布广泛,从已发掘的遗迹遗物来看,当时的农业和手工业都取得了巨大的成就,可见当时越族人的才智和丰富的想象力。这些都表明,当时的越人已经进入了较高的文明时代,并为越人的发展奠定了坚实的基础。

西周时期出土的文物中,反映吴越文化的青铜器也出土不少,有些青铜器集周文化与吴越本地文化于一身,比如鼎、簋、尊、鬲、双耳扁壶、盘等青铜器都在模仿西周文化的特点,但又模仿得不够精确,创造性地带上了本地的特征,如鼎多浅腹斜文足、簋多敛口且有肩浅腹双耳,而且所有器物的壁都更薄。

总之,先进的周文化对吴越文化影响颇深,仿制的大都是西周早期和中期的青铜器,可见吴越人对周文化是十分钦佩和赞叹的。

■ 第四章 黄河文化的发展和变迁

第三节 秦汉时期的黄河文化

1. 秦代的黄河文化

在秦代黄河文化中成就最高的,是秦帝国建立的一整套高度集权的政治制度,这套政治制度影响深远,具体由三部分构成,即皇帝制度、三公九卿制和郡县制。

秦王嬴政结束乱局实现统一后,觉得周以来的最高统治者"王"的称号已经不适用了,需要重新拟定名号,于是从"泰皇"的称号中取了"皇"字,再取上古"帝"的号位,就以"皇帝"做最高领导者的称号。皇帝制度规定,要以皇帝之命为制、皇帝之令为诏、皇帝之印称玺,皇帝自称"朕"。因为皇帝的称号是从嬴政开始的,所以他又被称为"始皇帝"。皇帝制度就这样产生了,在此制度下,皇帝拥有至高无上的权力,一切以皇帝为尊,一切唯皇帝是从。从中央到地方,主要官吏都由皇帝任免,按照皇帝的意志办事。军权

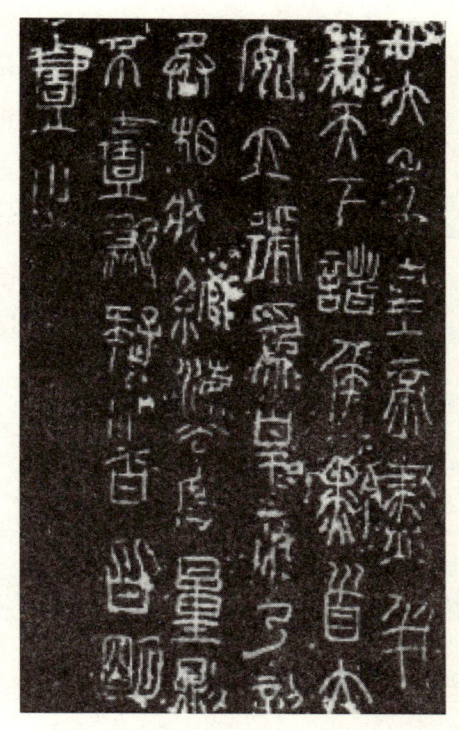

秦咸阳遗址出土的秦始皇诏版

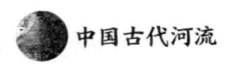
中国古代河流

也集中到皇帝手中，但凡调动50人以上的人马，就必须持有皇帝的虎符作为凭据，否则就是违法。

秦王朝的行政机构实行三公九卿制，这套官僚体制与皇帝制度相配。三公，是指丞相（负责政务）、太尉（负责军事）、御史大夫（负责监察），都是皇帝手下的最高长官。丞相为百官之长，秦代设左、右丞相，以右为尊。九卿，是中央各职能部门的主管官员，九只是一个概述，确切地说应该叫"诸卿"。三公九卿共同构成中央政权的实体，虽然有层级上的区别，但统属关系并不是十分明确，只是都听命于皇帝。值得注意的是，九卿中的不少部门并不是针对全社会设立的，而是专门为皇室服务的，说明当时的官吏制度有"宫官""府官"不分的特点。

在地方上，秦王朝实行的是郡县制。这是一种地方政区制度，与此匹配的是一套地方官吏制度，或者说是一种地方政治制度。在那个时期，这套制度的建立具有划时代的意义。秦朝最开始统一的时候，丞相王绾等大部分官员建议实行"封诸侯，建藩卫"的分封制。但以廷尉李斯为代表的少数派认为，郡县制才是长治久安之术。秦始皇支持少数派李斯的看法，于是"分天下以为三十六郡"，郡之下设县，各郡所辖县数不等。后来随着边境的开发与郡治的调整，总郡数曾多达46郡。这就是具有划时代意义的郡县制了。

科学技术成就

相传，指南车是黄帝发明的。东汉的张衡、三国的马钧、南北朝的祖冲之、唐代的金公立等都曾重造过指南车，但都没有具体的记载，也没有实物流传下来。

公元1027年，也就是宋仁宗天圣五年，工部郎中燕肃应用传动机械中的差速齿轮原理，成功地再造了指南车，这是燕肃在机械发展史上的重大贡献。根据《宋史》记载，燕肃制造的指南车是一种"独辕车"，车上立有一"木仙人"，不管车驶向何方，木仙人的手始终指向正南方。燕肃早在10世纪就加以应用的差速齿轮原理，西方各国直到19世纪上半叶才知道。

漏刻，是中国古代一种用来记时的仪器。它由多级播水（供水）壶和受水壶两部分组成，受水壶中置有浮箭，箭上刻有标记符号，随着播水壶中的水逐渐漏进受水壶中，受水壶中的浮箭会逐渐上浮，从而指示时辰。

公元1030年，也就是宋仁宗天圣八年，燕肃发明了更加精密的"莲花漏"——燕肃特意在受水壶上设计了一个固定的莲花瓣，将浮箭插入莲花瓣中，使浮箭不至于倾斜。"莲花漏"简化了多级漏壶，只用两个水柜，中间用两级"渴乌"（滴水管）连接，并采取一系列方法维持下"渴乌"的水压稳定，使计时更加精确。这是我国古代漏刻史上的一次重大变革，它所测的时间是比较精确的。

贾宪，生平不详，大致生活在宋仁宗时期。他是楚衍的学生，曾任左班殿直，著有《黄帝九章算法细草》9卷。楚衍，开封胙城（今河南延津）人，主要活动在宋真宗时期到宋仁宗初年。贾宪在《黄帝九章算法细草》中作有"开方做法本源"图，即"一个指数是正整数的二项式定理系数表"，被称作"贾宪三角"，比西欧相同的帕斯卡三角形早约600年。他所提出（最后由南宋秦九韶完成）的"增乘开方法"，与英国数学家霍纳的方法大致相同，但早了大约770年。

刘益，中山（今河北定州）人，生卒年不详，大约生活于北宋后期，所著的《议古根源》是一部结合几何问题讨论高次方程数值解法的专著。刘益明确认识到二次以上的高次方程可以有不止一个正根（当时只取正根），并认识到代换中的方程常数项符号的改变，把增开乘方法推广至一般高次方程的解法。

中国古代河流

> **知识链接**
>
> 巧匠——燕肃
>
> 燕肃（公元961—1040年），字穆之，青州益都（今山东益都县）人。他少年丧父，家境清贫，举进士后，补为凤翔府推官，历任河南府通判、广南西路提点刑狱，知越州、明州，官至礼部侍郎。燕肃虽长期奔波于州府、出入于朝堂，为政事所累，但他多才多艺，喜欢写诗，善画山水，他所写的诗，有数千首之多。他在机械制造和潮汐理论方面，有非常高的造诣，达到了当时世界的最高水平。

在秦代，黄河文化处于领先地位，在与海内外的文化碰撞过程中，不断汲取外来文化的统治，也将自己先进的文化带到了各个地方。

秦汉时期，我国北方的游牧文化主要是匈奴文化，匈奴人逐水草而居，是一个强大的游牧民族，它利用骑兵优势，经常侵入中原，对以农业为主的黄河文化区域进行袭扰和掠夺。秦统一六国后，为消除这一边患，采取了一系列措施，还于公元前215年（秦始皇三十二年）派大将率30万大军北伐匈奴。

为了抵抗匈奴的侵扰，实现对边防局势的绝对控制，秦始皇在前人的基础上，把长城的修筑事业提到前所未有的高度，修筑了一条西起临洮、东至碣石的万里长城，其工程极其浩大，令人叹为观止，可见古代劳动人民智慧和创造力之高。可以说，万里长城是秦代黄河文化与北方游牧文化相碰撞的产物。

除了与北方游牧文化的碰撞和交流外，秦文化还对岭南文化产生了深远的影响。

战国末期，秦灭楚后，乘胜"南征百越"，接着又征服了闽越地区，置闽中郡。中原黄河文化与岭南文化的全面碰撞，就此拉开了序幕。几经

第四章 黄河文化的发展和变迁

征伐，对百越的战争以秦置三郡胜利告终。

战争是大规模的社会暴力行为，对社会影响极其消极，但也会使不同的文化相互交融、相互影响。进入阶级社会之后，包括岭南在内的江南地区明显落后了，秦朝的对越战争打断了岭南土著文化的发展进程，发生了跨越式发展，一举进入郡县制时代，缩小了岭南同内地社会文明的差距。这是秦越战争对岭南社会发展的积极因素。

之后，方便之门大开，黄河文化进一步影响岭南文化。人工运河灵渠沟通湘、漓二水，将长江水系与珠江水系连通，最初是为转运粮饷修建的，但在后来服务于扩大岭南与内地的经济文化交流。

数十万秦军来到岭南，许多人再次安家，大将赵佗最后甚至在这里建国。中原地区的人也大量迁徙到此处，究竟迁徙来多少人，史书中没有明确的数据，但从朝廷应当地驻军的请求，第四次遣送15000名女子到越地的规模来看，总数应该不会少于6万人。数量众多的中原人进入岭南地区，改变了岭南地区的人口结构，极大地促进了越人与汉人的民族融合，为黄河文化对岭南文化的影响提供了基础。所以秦征南越后，岭南成为帝国的一个组成部分，黄河文化对岭南文化产生了全面的影响，最后一步步融合发展，并统一到同一文明进程中共同发展。这是民族融合影响文化发展的典型。

秦代，黄河文化对海外文化的影响也是很大的。秦代以前，黄河文化已经向海外传播了，不过影响范围较为有限。秦朝统一，秦始皇雄心勃勃、富于进取，扩大了黄河文化向外传播的范围，产生的影响也更为巨大。比如，秦始皇派人到海外求仙、寻找长生不老药，将中原文化带到了海外。

秦代黄河文化不仅影响到了东北亚，也影响到了东南亚。秦统一后，帝国的势力迅速扩展到岭南地区，为同南亚、东南亚的往来提供了便利条件。当时的海上交通十分发达，与南亚、东南亚的交流，进一步扩展了

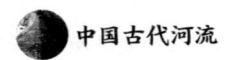

黄河文化在海外的辐射范围。这一点，仅从外国人称中国的"细那"或"China"（都是"秦"的音译）就可断定无疑了。

可见，秦代以秦文化为首的黄河文化对海内外的影响之深远、之广泛。

2. 汉代的黄河文化

空前统一、空前强大的秦王朝仅仅存在了15年，就在陈胜、吴广引发的一系列起义中灰飞烟灭。公元前207年（秦二世胡亥三年），刘邦大局攻入咸阳，次年为汉王。经过四年多的楚汉相争，刘邦于公元前202年取得胜利，登上了皇帝的宝座，建立了中国历史上第二个封建王朝——西汉王朝。

西汉王朝建立之后，就开始思考怎么治理国家的问题。秦王朝用法家思想治国，这种严酷高压的治国思想显然是有弊端的，而春秋战国以来的诸子百家的学说也都无法证明是否有效，西汉王朝不得不从诸多理论中探索出路。

秦末战争后，社会经济凋零，加上黄河文化圈发展到此时，任何一个政权的建立都要求符合"承天受命"的要求，迫使汉初统治者不得不推行"无为而治"，让各个思想学派及各行业都有自由发展的空间。所以，汉代以"人法地，地法天，天法道，道法自然"为代表的黄老之学非常盛行。

西汉寻求治国思想，是为了巩固统治地位，避免走秦代的老路，但在政治制度上延续的是秦制。这种制度，因为先进性、统一性、集权性等优势，成为秦代遗留给汉代最大的财富。这种制度，确定了皇帝的最高领导地位，但在各地域文化圈中普遍信仰自然神的时代，光有皇帝这个最高的实际统治者还不行，还需要一个具有人格力量的上帝神。中国古代的天文学和占星术是联系在一起的，人们将人事物象以占星术为媒介比象到天文学系统中去，来解释一些奇异的天文现象，同时也把一些天文现象看作上天对人间祸福的警示。在这个基础上，神的系统逐渐发展成型，通过天空中的群星，对应建立了一套神的系统，进行精神统治，巩固并辅佐汉王朝的政治统治。

此时，汉王朝的政治制度完善、精神领域完足，对人的统治已臻于完善，唯一一个问题就是思想领域了。在度过民生凋敝、思想混乱的前期之后，黄老之学已经无法再发挥它的作用了，这时就需要寻找一套新的、能促进社会和平稳定、繁荣发展的思想体系了。于是，儒学被推上了历史舞台。

公元前 134 年（元光元年），汉武帝下诏，召集各地儒学名家到京师长安效力，大儒董仲舒、公孙弘等走上历史舞台。董仲舒向汉武帝提出立太学、举贤良、兴教化等一系列具有深远影响的策略，这套策略总结起来就是我们熟知的"罢黜百家，独尊儒术"。改造后的儒家学说，弥补了黄老之学的不足，更适于大一统封建专制王朝的统治需求，因此董仲舒的对策立即得到汉武帝的采纳。从此，黄河文化独具特色的儒家学说被官方认可，成为正统的政治思想理论，开始了它的峥嵘岁月，作为中华大一统文化的主流延续了 2000 多年。

不过，任何统治策略都是有实效性的，即便西汉王朝的统治细密到这般程度，西汉末年的农民起义还是将汉室推向了几乎王灭的地步，出现了王莽篡夺汉家江山的事情。不过，可能是汉室余气尚存的缘故，汉朝宗室的刘秀与其兄长刘縯打出了"复高祖之世，定万世之秋"的旗号，起兵反莽，参与到争夺天下的激烈角逐当中。数年后，刘秀在烽火中登基称帝，定都洛阳，在削平群雄后重建汉家王朝，建立了与前一个阶段的西汉相对的东汉政权，将全国的政治、经济、文化中心从关中东移到中原大地，使黄河流域的文化发展走进一个新阶段。

西汉时期是黄河流域文化在封建社会史上的第一个文化高峰期,在各个领域都迸发出夺目的光辉,主要特点是开放、多元化、统一。西汉文化是中华文化史上一颗璀璨的明珠,它多地域、多来源地吸收和融合外来文化,借助秦遗留的统一体制、统一局面,让各种文化相互交融,发展出既统一包容又各具特色的文化,各类就像百花园中的花朵一样,竞相绽放。

为培养贵族子弟,春秋战国时期就兴办有各类学校,孔子开创了"私学",让平民也有机会通过学习实现阶级跨越,造就了"百家争鸣"的繁盛局面。这种局面在秦代被压制,一度中止。秦灭亡后,私学在民间重新活跃了起来,汉初各种学派都有人私相传授。

但私学的兴盛,还是无法满足统治集团对人才的需求,也没有办法让人才只为中央效力,而不被诸侯王拉拢。要解决人才问题,最好的办法莫过于由国家来设立学校,毕业的学生都由国家直接考核使用。就这样,学校不仅成了弘扬教化的重要基地,还是人才来源的重要辅助力量。西汉还设立了历史上最早的大型国家图书馆,由国家主持收集、整理、校勘了大量的古代文化典籍。这一举动意义非凡,以至于之后的王朝都喜欢在国家安定之后,收集、整理、保存过去的文献档案,以便从中吸取治世经验、了解民风民情。

儒家思想中的"孝"作为一种社会道德,在西周时期已经奠定了基础,加上宗法制社会的血缘关系能够有效地维系社会稳定、加强等级制社会的亲和力。所以,汉王朝将孝道作为封建"教化"非常重要的一项内容,将"孝"的伦理观念政治化,进一步巩固了这个封建王朝的统治秩序。

以孔子为代表的儒家所爱重的"礼"同样在夏、商、周三代时已经建立完善,在很长的时间里有效地维护着奴隶制的社会秩序,规范作用是非常强大的。所以企图在各方面牢牢稳固王朝统治地位的汉王朝不可能不将它捡起来。汉代的礼文化被概括为"六礼""七教""八政"——

"六礼"为冠、昏、丧、祭、乡、相见,"七教"为父子、兄弟、夫妇、君臣、长幼、朋友、宾客,"八政"为饮食、衣服、事为、异别、度、量、数、制,几乎深入到生活的方方面面,并在上千年的时间里成为中华文化的主流。

汉王朝的黄河流域出现了两大独特的历史文化景观:一是源起于古印度的佛教文化跨越千山万水扎根中原,中原传统文化备受挑战;二是在统治阶级的大力扶持下,一种专讲神鬼妖的谶纬之学登上大雅之堂,成为时代流行风尚,这是董仲舒神学儒学化之后的恶性发展。

佛教,是世界三大宗教之一,产生于公元前6世纪至公元前5世纪的古印度。关于它传入中国的具体时间一直众说纷纭,但普遍认为佛教文化是在东汉明帝时期正式传入中国的,并且最早接受佛教文化的地区就是当时的京都洛阳及中原地区。这一时期,虽然中国社会内部仍然危机四伏,但中亚地区的局势也动荡不安,一些来自天竺等中亚地区的人,拖家带口,沿着丝绸之路陆续移居中国境内,他们不仅带来了异国情调,也带来了自己的宗教信仰。一些虔诚的西域佛教僧侣随着这些移民而来,随遇而安,继续在中原宣传弘扬自己信奉的佛法。

佛教最初传入中原的经典是迦叶摩腾、竺法兰在白马寺翻译的《四十二章经》,它阐述了佛教的基本教义,主要内容是论述人生无常及解脱人生诸多烦恼的方法。

佛教之所以把东都洛阳作为活动中心和译经基地,主要是为了获取统治阶级的信奉和推崇,打通政治障碍,解决文字不通的困难,打通传播途径。所以佛教文化能够在中国开花、结果,离不开统治者的支持。东汉末年,桓帝把佛祖释迦牟尼的偶像请进皇宫,更多的佛教僧侣和佛教经典沿着丝绸之路源源不断地来到中原,并对黄河文化产生了强烈的冲击。

佛教文化潜移默化地影响了中国传统的思想文化、宗教政治和风俗

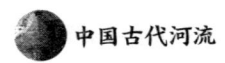 中国古代河流

习惯,也影响了人们传统的价值观和黄河流域的经济生活,比如以黄金涂佛像,以泥金写经卷,使黄金消耗量日渐增大,黄金储存量日渐减少。

与此同时,兴起于西汉末年的谶纬之学,假托天命或圣人之言向人们宣告吉凶祸福,充满着宗教迷信色彩。有的经学家大谈阴阳灾异之变,表达他们对西汉政权悲观、绝望的情绪,而野心家王莽之流则编造了大量的符命谶文,以达到篡权的目的。东汉中断了汉王朝的统治地位之后,李通以"刘氏复起,李氏为辅"的图谶打动光武帝刘秀武装起事,起兵反莽,重兴汉室。从这一点看,谶纬之学在汉代起到了乱世之剑的作用——它的价值单看它落在谁手中、如何使用罢了。从长远的历史时空来看,虽然谶纬之学随着东汉王朝的覆灭而走向衰亡,但通过它对后世神鬼妖魔迷信思想的影响来看,谶纬之学实在是封建社会遗留的一颗毒瘤。

汉代的科学技术在算学、天文历法、医学、造纸术等方面都取得了显著成就。

东汉时的张衡是我国古代著名的天文学家,对许多天文现象做了较正确的阐述。

他在西汉浑天仪的基础上,改良、设计出一种新的浑天仪。浑天仪是浑仪和浑象的总称,浑仪用来测量天体球面坐标,浑象用来演示天象。这对研究模拟和研究天体运行,是非常大的实质性的一步。

除此之外,张衡还发明了可以预警地震的地动仪。地动仪有八个方位,每个方位有一龙头,龙头上的口中含有龙珠,龙头的下方均蹲坐一只张嘴的蟾蜍,哪一个方向发生地震,该方向对应的龙口就会吐出龙珠,龙珠随机落入蟾蜍口中,这样就知道是哪个方向发生地震了。

浑天仪和地动仪的制造,不仅是科学技术上的一大成就,也是对东汉

第四章 黄河文化的发展和变迁

迷信的谶纬思想的有力打击。

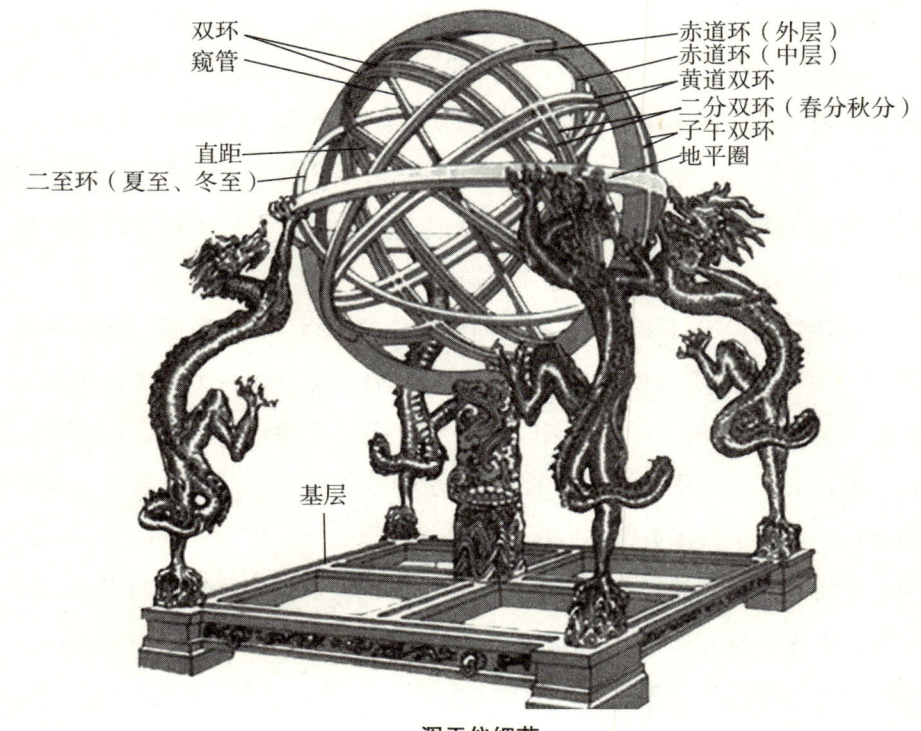

浑天仪细节

《周髀算经》约成书于西汉中期，是我国古代第一部算学著作。这部书利用了复杂的分数算法和开平方法等数学科学，对天文和历法的相关内容进行解说。比如用勾股定理测算日影以求日高，它是我国最早使用勾股定理的著作。

《九章算术》约成书于东汉前期，是汉代另一部成就非凡的算学著作。全书由 246 个算术题及其解法汇编而成，内容包括运用分数进行四则运算求面积、粮食交易的计算方法、按比例分配的计算方法、开平方根与立方根、求立体空间的体积、粮食运输管理中均匀负担的计算、盈亏类问题的解答、一次方程组解法和正负数、勾股定理的应用和简单的测量问题的解

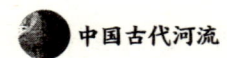

法，其中的很多算法等在当时居世界领先地位。《九章算术》是我国古代数学体系形成的标志。

汉代医学有了相当的发展，官府设有医官，民间有医师，许多方士也兼通医道。著名的医学家有淳于意、张仲景和华佗。张仲景钻研《内经》《难经》等古代医书，广泛收集有效方剂，著成《伤寒杂病论》一书，为后世医家学者提供了宝贵的医学材料。《伤寒杂病论》后来被西晋王叔和分为《伤寒论》与《金匮要略》两书。

张仲景从临床实际出发，将《内经》中的病因学说、脏腑经略学说同四诊（望、闻、问、切）、八纲（阴、阳、表、里、虚、实、寒、热）等联系起来，总结出汗、吐、下、和、温、清、补、消等治疗方法，还对一些处方用药的加减变化规律进行了论述。张仲景留下来的对医学理论的总结和阐述，革正了许多黄帝之后医学上许多佶屈聱牙、辩理谬误的地方，使中医学得到了极大的修正和复兴，对中医学的发展做出了极大的贡献，因此被后世尊称为医圣。

华佗，字元化，是一位杰出的外科医生，精通针灸。他模仿虎、鹿、熊、猿、鸟的活动姿态，创作了以体育活动为主，结合体内气息运行的五禽戏，供人们锻炼强身。《神农本草经》同样成书于汉代，是我国最早的药物学著作，著录了365种药物，疗效显著。

在造纸术发明以前，人们用竹木简牍和丝帛做书画材料。但竹木简牍笨重，携带不便，丝帛价格昂贵，平民百姓很难用得起。但在西汉中后期，宫廷中出现了一种薄而小的红纸，民间也有用植物纤维制造的纸。东汉时期的蔡伦改进了造纸方法，将植物纤维捣成浆液，制造出质量较好的纸张。之后，造纸法得以推广，用这种方法造的纸称为蔡侯纸。又经历200余年的发展，到了晋朝造纸术又有了巨大的发展，纸张平滑好用、成本低廉，成为非常良好的书写材料。我国的造纸术在公元三至四世纪传入朝鲜，后又传至日本，在唐中期传入中亚，经阿拉伯等国传入北非和欧洲。造纸术的发明与传播，对世界文明的发展具有重要作用。

西汉黄河流域的文化在与不同地域的融合、统一中逐步发展成熟，虽然各地域文化在这个过程中扮演的角色不同，但都起到了极大的作用。

长江中下游地区极具代表性的楚文化和吴越文化，随着吴越的灭亡和楚国统治范围的扩大，至战国末年就只由楚文化占主导地位了。因此，汉代的长江文化也是以楚文化为主与黄河文化发生交流的。汉王朝以楚人为主体的政权格局，决定了汉代黄河文化必然受到楚文化的巨大影响。汉王朝在制度上继承秦制，但在历法、文化风尚等方面却保留了许多楚文化的成分。比如：源于北方的诸多如黄帝、颛顼等的神话体系，与南方伏羲、女娲一类的神灵共存；在歌舞上，黄河文化也几乎全盘接收楚地歌舞，楚歌成为汉代歌舞的主导之声；等等。

丝绸之路的开通，为汉代黄河文化与西域文明的交流创造了便利条件，无论是黄河文化的西传，还是西方文明的东传，都必须以西域作为桥梁和纽带。"丝绸之路"的名称因大规模丝绸贸易得来，在西域发现的大量丝绸制品中，以新疆罗布泊地区出土的汉锦最为出众。张骞通西域后，中原漆器、冶铁技术、水利灌溉技术也西传到了西域。同时，随着商业贸易交流，从西域也传回了许多珍贵的物品，如植物种子、珍禽异兽以及乐曲和各种技艺等，并对黄河文化产生了很大的影响，使黄河文化更加光彩夺目、绚丽多彩。

两汉时期，黄河文化与匈奴文化的交流沿长城一线展开，主要表现为农耕文化与游牧文化的相互融合。双方文化的交流和碰撞，大多是在战争中发生的，但除了战争以外，和亲、迁徙、互市也为双方的交流起到了非常重要的作用。匈奴从中原接受了铁器文化，东汉晚期内蒙古南

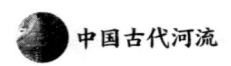

部一带还出现了养蚕业,中原的穿井、建筑技术也传入了匈奴,为匈奴从游牧转入定居生活创造了条件。在战争过程中,双方在武器、武艺、军事战略方面也相互影响。在很大程度上,无论是域外文化的输入,还是黄河文化的输出,匈奴实际上都充当了两汉时期东、西方文化交流的使者。

两汉时期,岭南地区被纳入汉王朝的统治范围,秦越之战中断了"荒服"关系,赵佗统一岭南后,曾兴办学校、推广汉字,试图推广中原的先进文化和礼乐制度。两汉时期,大量北方人口迁入岭南,不仅把农耕技术、生活习俗推广到岭南,还改善了岭南的学术环境,为岭南思想文化的发展打下了良好的基础。最终,岭南地区的社会经济基本与黄河流域保持同步发展,文化在融合之后相互催生出新的发展力来。

除了陆上丝绸之路,随着东汉航海事业和造船技术的不断提高,海上丝绸之路在文化交流方面也产生过巨大的作用。黄河文化与海外文化,通过陆上丝绸之路和海上丝绸之路进行双向交流。两汉时期,安息的美术、乐舞和杂技以精湛的技艺、独特的风格闻名于世,它们传到中原后,对中原的乐舞文化产生了极大的影响。丝绸之路最西端的罗马,通过海上丝绸获得了大量丝绸,同时从中原带来了大量的金银珠宝、珍禽异兽、香料等,不但开阔了国人的眼界,也极大地丰富了中原汉人的物质生活。

考古材料还证明,汉代绘画从内容到形式,都受到了罗马等西方艺术的影响,从而表现得更加绚丽多彩。

印度是亚洲另一个古老文明的发源地,通过陆上及海上丝绸之路,印度文明与黄河文化产生了广泛的交往和联系,以丝、漆、铁、玉、黄金等为代表的物品不断地输入印度,印度的马匹、棉布、玻璃、毛织物和珠宝等物品也不断地进入中原内地,极大地丰富了当时人的社会物质生活。佛教的传入，也使整个东方文化的面貌发生了变化，具有重要的意义。

在汉代，中国的政治使节和商人，走遍了本土以外的遥远世界，带回了大量"殊方异物"的同时，也记录了许多异国风土人情，大大增加了汉代中国人的地理知识，改变了中国古代"天下"的认知，使人们认识到中国既非天下的中心，也不是世界上唯一的文明国家，这一点对黄河文化具有重要的意义。

第四节　隋唐时期的黄河文化

1. 隋朝的黄河文化

公元577年，北周武帝宇文邕灭掉黄河下游的北齐，统治了整个黄河流域及长江上游地区。公元580年，隋国公杨坚总理朝政，不久之后废静帝并自立为帝，定国号为隋。

隋文帝杨坚统一全国后，为了巩固大一统局面，采取了一系列措施。在政治上改革官制，废除北周官制、恢复汉魏官制，实行三省六部制，加强了中央集权，又将州、郡、县三级制改为州、县两级制，消除了东晋十六国以来各地滥置州县、官多民少的混乱现象。他改革官员的选拔制度，建立科举制，还减轻了刑罚，简化了法律条文，在经济上实行均田制，抑制豪强对土地的兼并，减轻了农民负担，增加了国家编户。

虽然隋朝的科举制度还不完善，但给了士人一个实现阶级跨越的机

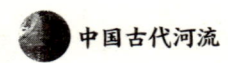

会，调动了寒门知识分子从政的积极性，扩大了统治基础。通过这些政策，不仅逐渐化解了南北文化冲突，而且随着各项政治、经济制度的实施，推动了南北文化的交流与融合。

隋文帝励精图治，为隋炀帝时的富庶、强大奠定了基础。虽然隋朝和秦朝一样，传世时间都不长，但在政治制度上都做出了杰出的贡献。

儒学是我国传统文化的重要组成部分，自汉武帝以来各郡县设学校，讲授儒学经义，选拔官吏，使黄河流域的儒学教育更加兴盛，隋代儒者有元善、房晖远、马光、刘炫、张冲等人，他们也都是黄河流域孕育出的大儒。隋代还很注重收集、整理儒学书籍，隋文帝曾采纳秘书监牛弘的建议，下诏令士民献书，从民间征集到不少儒家典籍，炀帝时还对典籍进行了细致的整理，并将书籍分为经、史、子、集四类，且这四类分类方法沿用至今。

我国古代史学发达，隋代以前的朝廷一般都设有史官，但史书大多为私人撰述。到隋代，隋文帝在公元593年（隋开皇十三年）下令禁绝私家编纂和收藏史书。自此，我国建立了官修史书的制度。私家编纂史书，可能因为个人好恶对史事或历史人物评述褒贬。但官修史书，难免有避讳、曲笔之处，但优点是可以充分利用官方档案文书。隋代虽历时短暂，但治史成绩可观。

北周武帝曾下令灭佛，但之后的北周宣帝取消了禁令，杨坚作为隋国公执掌北周朝政后，令僧尼、道士重新入寺观从事宗教活动，进一步恢复了宗教。隋朝建立后不久，就于公元581年（隋开皇元年）普诏天下，允许百姓随愿出家。经隋朝两代皇帝推广，隋代黄河流域的佛教很快从灭佛以来的沉寂中走向兴盛。

在北周武帝时，道教和佛教一起，同样遭受了沉重的打击。杨坚在恢复佛教的同时，也恢复了道教。而佛、道两教也在以隋代周的政治斗争中积极支持杨坚，讨得杨坚的欢心。杨坚建立隋王朝后，尊焦道士为天师，常与其商议军国大事，还在皇宫附近修建道观供其居住。后来，又将懂五行、占卜、医药的人聚居到一起，派出官员进行监管。

隋文帝与隋炀帝的举措，显然对道、佛两教在黄河流域的发展施加了诸多限制，反映出封建统治者对宗教既利用又限制的双面策略。

经过文帝、炀帝两代皇帝的大力治理，隋代在政治、经济上很快趋向统一，在文化方面也在全国的大力推动下，逐渐消除南北隔膜，出现了相互融合的局势。

隋代诗坛上能代表黄河流域诗风的，当属杨素、卢思道、薛道衡等三位由北朝入隋且籍隶北方的诗人。

魏晋南北朝时期，南北方书法与文学风格迥异，北方书法严整遒劲、南方书法飘逸潇洒。隋王朝建立后，书法出现了南北合流的形势——内承北方峻整之气、外呈南方飘逸之态。总体来看，隋朝书法均受王右军父子书体的影响，上承魏晋南北朝、下启唐朝，气韵雄浑淳厚，对唐初欧阳询等书法大家产生了很大的影响。隋代南方书法家王羲之、王献之父子所创的字体对后世影响很大；北方书法家中的代表虞世南的字体外形秀逸、气韵遒劲。

隋代绘画充分继承了两汉、三国、两晋、南北朝原有的成就，在技法的创新上达到了一个新的境界。稳定的政局，社会经济的发展，大量宫殿、寺院的修建，为绘画的发展与兴盛提供了良好的社会条件。所以，隋代的绘画一度十分兴盛，有著名的画家田僧亮、杨契丹、展子虔等，他们各有所长，对唐代及其后世的绘画产生了深远的影响。隋代的南北画风调和后，趋向南北风格，山水画开始摆脱朴拙之气，开始出现一些精工细绘的作品，但在画技上吸收了南朝画家细致纤丽的画法，人物形象更加生动丰富。

隋代敦煌 319 窟藻井

南朝音乐为"华夏正声",北朝音乐受北方游牧民族的影响,杂有塞外胡声,因此南朝和北朝音乐有很大的不同。隋朝建立时袭用的是北朝音乐,但隋文帝对流入南方的华夏正声非常赞赏,便推行以梁、陈清乐为主,去陈后主时之艳词哀音。就这样,南北音乐接轨,华夏正音借助政治力量重回黄河流域。隋代的宫廷音乐主要有雅乐与燕乐两类,雅乐专门用于皇室祭祀、宗庙朝会等隆重的政治场合,燕乐主要在王公贵族宴筵上使用。

另外,隋代的音律、乐理成绩卓然,在我国音韵学史上占有重要地位。颜之推等人所著《切韵》统一了我国书面的声韵,意义堪比秦朝以小篆统一全国文字,对国家的统一事业做出了重大贡献。

隋代的雕塑,特别是石窟佛像的雕塑在我国雕塑艺术史上地位斐然。以洛阳龙门石窟为代表的隋代石窟雕像,外形由北朝之轻柔瘦削向盛唐之丰满圆润转变。当然,隋朝的陶俑和雕塑一样,也颇有特色。

隋代黄河流域以天文历法、地理、医药、城市建设、桥梁技术等为代表的科学技术也有了长足的发展。

隋朝享国虽仅 38 年，但隋朝对天文历法研究非常重视，且有所进展。隋朝建立之初，沿用的是上古北周末年所制的《丙寅元历》，于是命道士张宾与官员一起议造新历。公元 584 年（隋开皇四年），新历《开皇历》制成后，文帝下诏颁行。公元 597 年（隋开皇十七年），渤海人张胄玄又参定新历，虽然遭到刘宜等的驳难，但在文帝的支持下施行，仍命名《开皇历》。公元 608 年（隋大业四年），太史奏说用开皇历推算日食无效，又对历法进行了修改，改名为《大业历》，沿用至隋朝亡，再未修定。

除几次修定历法外，隋朝籍隶名儒刘焯在历法方面也有卓越的建树。刘焯博学通儒，对张宾《开皇历》的疏误、张胄玄修定的新历都不满意，便拟《七曜新术》，但因为有司的偏袒遭到了排斥。公元 600 年（隋开皇二十年），杨广做了太子，刘焯增修的历法《皇极历》颇受赏识，虽未获施行，但颇有成就。后来，他又辨析历家同异，撰成《稽极》《历书》二书。

随着政治的统一、经济与交通的发展，隋朝有对国内及域外地理状况的了解需求。大业中，炀帝曾下诏，让各郡把当地有关风俗物产的地图呈给尚书，臣民自然闻风而动，于是官员、学者地理和图经的著作增多了一些，有《大隋翻经婆罗门法师外国传》《区宇图志》《西域图记》《诸州图经集》《诸郡物产土俗记》等。

炀帝即位后，西域诸番常至河西走廊的张掖进行贸易，裴矩被炀帝派到这里掌管相关事务。裴矩诱令胡商"言其国俗山川险易"，并编撰成书，共载西域 44 国山川之事，并"别造地图，穷其要害"，可见这部图文并茂、重在实用的地理著作多么重要。裴矩曾随炀帝征高丽，参与渡辽之役，撰写了《高丽风俗》一书。裴矩的成果代表了隋代黄河流域在地理、地图制作方面达到的高水平。

在南北朝医学成就的基础上，隋代黄河流域在医学上也有所成就。太医博士巢元方奉诏主持修撰医书，于公元610年（隋大业六年）撰成《诸病源候总论》一书，对妇产科、小儿科、内科、外科等疾病的病症、病理做了详细的论述，总结了1720余例病症，受到后世医家看重，流传不衰，推动了我国病源症候学研究的进一步发展。隋朝有名医许智藏、许澄：许智藏在朝廷任医官，隋帝每次身体不舒服，就命人询药，智藏的药方无不效；许澄"历尚药典御、谏议大夫"，名重周、隋二代。

隋灭陈后，南北对立、互相征战的局面结束，隋朝又在政治上采取了一系列的巩固统一、缓和阶级矛盾的政策措施，为社会经济的恢复与发展创造了良好的环境。同时，隋文帝躬行节俭劝课农桑，也促进了隋代经济的恢复与发展。

立国之初，隋代就下令颁布实行均田制及租调力役制，并下令彻底清查户口，户籍上新增的人口有44万余户、164万余口。隋代农田开垦速度同样增长快速，开皇九年垦田数为1940万余顷，至隋末大业中已有5585万余顷，也翻了两倍多。随着劳动力与耕地的增加，农业生产增加，各地府库储粮情况必定丰富。炀帝时还在东都洛阳建了官仓、含嘉仓与回洛仓，规模巨大，储粮多者千万石、少者也有数百万石，可见储粮数量之巨，黄河流域农业生产恢复迅速、发展蓬勃。

与此同时，纺织、制瓷、冶铸、造船等手工业也有了较大的发展。纺织业有丝织业、棉织业，其中以丝织业为主。丝织业产地集中在河南、河北、山东、四川等

河南安阳张盛墓出土的白释象首龙柄壶

省境内，四川的蜀锦较为名贵。棉织业的产地集中在安徽、江苏、浙江、江西等省。另外，隋代的瓷器有白瓷、青瓷，还能用绿瓷制琉璃，可见隋代的制瓷工艺水平还是很高的。

隋代的造船业主要集中在长江流域与东南沿海一带，从隋文帝时代所造的大小战船及隋炀帝南游江都时的巨型龙舟、楼船就可以看出隋代高超的造船工艺。

就这样，在农业、手工业蓬勃发展的基础上，南方很快兴起了一批水陆交汇的商业都会，例如丹阳（今江苏南京市）、成都、钱塘（今浙江杭州市）等。但全国最大的商业中心，仍是国都大兴城与东都洛阳，大兴城中有东、西两市，东都洛阳建有东市丰都市、南市大同市、北市通远市。在当时，东、西两京不仅是商业中心，还是国际商贸大都会，为了发展与西域各民族及西亚、欧洲的商业贸易，隋炀帝曾令裴矩驻于张掖（今甘肃张掖市），以保证丝绸之路的畅通。

在隋代短暂的历史中，朝廷为黄河流域后世的经济发展和文化发展都打下了良好的基础。

2. 唐代的黄河文化

唐代入仕有三大途径——科举、门荫、流外。门荫，是皇亲国戚、朝廷勋贵、官员子弟享有的特权。流外官员是流内九品的下级官吏，政治地位低，无法享受宗族庇护和法律特权。但随着科举制度的建立，出身不再决定一切，优秀人才脱颖而出，很多文人崛起于政坛，如狄仁杰、姚崇、宋璟、娄师德、休璟、郭元振、李峤、裴耀卿、裴行俭、杨炯、王勃、等，都是借科举之路步入仕途的。从唐初至天宝年间，官居宰相者169人，科举出身的就有55位，他们政声显赫、名垂后世。

"学而优则仕"的科举制度，促使唐代前期的大量南方文人不远千里北上科考，于是将长江文化带到了黄河文化之中，促进了南北文化的交流，为黄河文化注入了新的生机和活力。通过科举活跃起来的南方士人众多，在长安文坛产生了强烈的影响。

唐高宗之后，崇尚文华，而进士科以诗赋取士，比其他科有更优越的升迁机会，因而成为全国人民出仕之唯一正途，对唐代黄河流域的社会风尚产生了深刻的影响。在那个时候，参加进士科考的人很多，登第的却非常少，每年录取仅二三十人。进士登第困难，时人谓之"登龙门"。进士登第至为荣耀，而且受到整个社会的重视，许多达官贵人经常趁机挑选女婿。

除了对文人学士的影响之外，因为科举制度等一系列文化政策，唐代文化区域涌现，比如秦晋文化区、河洛文化区、燕赵文化区、齐鲁文化区。

秦晋文化区，是唐代前期最为发达的文化区，包括关中平原和汾河中下游地区。这些地方土地肥沃、经济发达、交通便利，容易与长安、洛阳发生联系，从而受到两京文化的熏陶。而京都长安，从南北朝晚期直至唐代，这里一直是政治中心，自然人文荟萃。因此，秦晋文化区出现了许多文人，有裴寂、封常清、薛元超、裴矩、裴炎、薛仁贵、王勃、王维等，有的影响深远，诗文流传千古。

河洛文化区，是唐代前期仅次于秦晋文化区的重地，以河洛文化为中心，因为这里设有全国高等学府，科举、铨选有时也在这里举行，文人举子会集在这里，促进了文化的交流和繁荣。除此之外，洛阳还是宗教文化中心，西域的波斯、大食，东方新罗、日本的客商也都云集于此，深深地影响着这里的社会生活。出现张说、徐文远、张文仲、杜甫、僧玄奘等著名人物。在河洛文化区中，除汴州、郑州、滑州、宋州等地区的文化之外，陈、颍、豫、虢等州的文化也有所进步，一些文人名士闻名当世。

燕赵文化区，包括魏、相、贝、冀、赵、镇、定、幽、博、卫、怀等州。武德、天宝间，这里农业经济发展迅速，蚕桑业兴旺发达，经济富庶，进而带动了文化的繁荣发展。有的地区文化发展良好，比如：魏州是繁荣的商业都会，也是燕赵地区最发达的文化中心，士风殷盛，人才辈出；相州土地肥沃、人口殷盛，文化地位略逊于魏州；贝州交通方便，人口殷盛，文化发达。有的地区文化相对落后，人才也少一些。

齐鲁文化区，地处唐代南道东部地区，包括齐、青、兖、徐、密、登、莱、棣等州，文化发展迅速，同样在全国占有重要地位，但是相对于秦晋文化区、河洛文化区、燕赵文化区较为落后。

除了形成数量众多的文化区域外，唐代黄河流域的文化繁荣不仅使唐代前期人才济济、教育相对普及，还让女性的文化素质也得到了提高。唐代前期经济繁荣、昌盛，各种人才层出不穷。

唐代中叶，"安史之乱"是一场空前的战争浩劫，前后历时8年（公元755—763年），黄河文化损失惨重，受创最严重的是河洛地区、关陇地区、南阳地区。安史之乱促使了文人的大量南迁，出现割据文化形态。长达8年的安史之乱，各地大小战争不计其数，社会经济遭到严重破坏。甚至吐蕃也乘隙房掠边城，致使凤翔之西、邠州之北尽蕃戎之境，淹没者数十州。可见唐代受创之巨。

安史之乱中，关中一带田园荒废，大量文人奔走南国，寻求安身立命之所。譬如：元和时宰相、著名文士权德舆，其父权皋在安史之乱爆发之后弃官南去，过江后在润州丹徒县（今江苏镇江市）定居下来；诗人杜

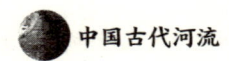

中国古代河流

甫，因战乱饥荒流落剑南；德宗时宰相、著名画家韩滉，在长安陷落后寓于江南。文献中记载的此类例子比比皆是。在平息战乱、社会逐渐安定之后，不少人又陆续返回北方，但也有很多没有再返回北方。北方文人的到来，给长江文化的发展注入了新的活力，但对黄河文化而言却是惨重的损失。安史之乱后，北方出现藩镇割据，仍不时有战争发生，比如长达数载的削藩战争，波及关中广大地区。这些战争，同样刺激北方文人继续南迁。

唐代前期与后期，全国文化重心均在黄河流域。安史之乱虽然最后得到了平息，但唐代的统一局面已不复存在，大小藩镇无论政治、经济还是军事，均处于紧张的对抗状态，河南及关中藩镇也纷纷拥兵自强，不服朝廷管制。在割据对抗的社会形态下，一些地区胡化，变得好战重武，文教得不到重视，黄河文化必然走向衰落。

安史之乱后，黄河流域人口南迁、田园荒废。与此同时，南方经济迅猛发展，已经成为财赋重地，变得富足、繁荣，黄河流域文化重心地位下降。而扬州因为位于长江航道与运河漕路交汇处，又连接东海，交通便捷，成为全国最为繁盛的商货集散地。随着南方经济的繁荣和发展，长江文化的影响日益强烈。可以说，唐代后期的长江流域，无论是经济发展、民俗风情，抑或是山水风光，都焕发出前所未有的光彩，并通过文人的诗词歌赋淋漓尽致地展现了出来。种种迹象表明，中国封建社会的经济重心，在这一时期已经发生南移。

知识链接

唐后期胡化的黄河文化

秦汉以后，中原人喜欢胡族文化已渐成风，从隋文帝称"圣人可汗"，到唐太宗称"天可汗"，反映了当时胡、汉融合的历史趋势。在这种历史趋势下，唐代黄河文化出现胡化倾向。到唐代后期，以长安、洛阳为中心的中原文化，在婚俗、服饰、饮食、体育、音乐、舞蹈等方面都具有胡化倾向。唐代黄河文化的胡化倾向确实相当普遍、明显，但这种胡化倾向只能算是当时黄河文化中的一部分，并没有取代原来的传统文化。比如，有些胡族服饰在唐前期非常流行，但后期逐渐被人们淘汰，传统的宽袍长袖、长裙丝履又开始盛行。

可以看到，在"胡化"与"汉化"并行交融的过程中，以儒家学说为代表的传统意识形态始终在起主导作用。在从魏晋到隋唐的民族大融合中，不论是汉族还是胡族，都将儒家经典作为学校教育的主要内容，都把儒学中的大一统思想和忠孝仁义观念作为主要精神。所以，随着胡、汉的融合发展，历史悠久的黄河文化没有被彻底胡化，反而因为外来的民族文化变得更加辉煌灿烂，唐代黄河文化仍然是华夏文明的灵魂。

唐代北方农作物品种丰富，当时黄河流域的主要粮食作物是粟、麦、稻，今天所说的谷子在唐代黄河流域得到广泛种植。南方的主要粮食作物——稻，性喜水湿，在唐代的黄河流域稻的栽植也为数不少。唐代黄河流域的农业生产工具方面，最突出的当属曲辕犁的推广，随着开元年间政府重视牛耕以及全国垦田面积的扩大，曲辕犁及其配套农具日益推广，甚至应用到了边境地区的屯田之中。就耕作方式来说，精耕细作的集约型农作物经营得到了极大的发展。由于水利灌溉的发达、生产工具的改进等方面的原因，粮食产量有了显著的提高。

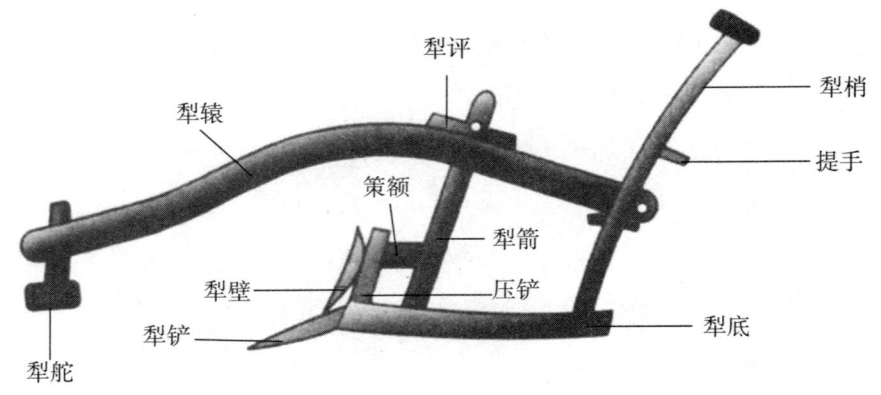

曲辕犁

唐代的河北道与河南道，平原绵延，首先是黄河流域最为发达的富庶农业区，其次为关中泾渭平原和河东道的汾水流域——这些地区人口稠密、水利灌溉发达，仓储丰实。由于唐代初年十分重视边境屯田，推动了这里经济的发展，使河陇地区也呈现出繁荣富足的景象。从敦煌吐鲁番文书的记载来看，河陇一带的灌溉事业也有相当大的进步。

黄河流域的丝织业历史悠久，自殷周至两汉一直是全国的重心所在，到唐代依然是全国最重要的丝织品产地。唐代全国各地生产的丝织品，大致有绵、绢、绫、绸、锦、丝布、罗、纱等15种，河南道、河北道出产丝绸品种之多是其他地区无法比拟的。河南道各州无不贡赋丝绸，河北道有90%的州郡贡赋丝绸，丝织业分布的广泛程度，为全国其他各道所无。河北定州生产的丝织品，数量种类在全国都首屈一指。唐代黄河下游地区负有盛名的丝织品，如亳州的纱，"举之若无，裁以为衣，真若烟雾"。三绢在当时是最通用的丝织品，可以作为货币在市场上流通。

■ 第四章 黄河文化的发展和变迁

唐代丝织品图案

唐代黄河流域的陶瓷制造业也取得了极大的发展，河北邢州的白釉瓷，河南巩县的青花瓷和唐三彩最负盛名。邢州的白瓷，胎质细腻、釉色白润、品质精良、产量颇丰，一直被用作贡品并在当时的社会上流用甚广。越瓷属青瓷系统，邢瓷系白瓷系统——南青北白，各具千秋。河南巩县窑也属白瓷系统，但在唐代已经创造出青花瓷。青花瓷是以钴蓝为颜料，在坯胎上绘制花纹，然后再涂上一层透明釉，在1200℃的高温下一次烧成，成品色泽浓艳、蓝中透紫。以后经过长期发展，青花瓷在明清时期成为瓷器生产的主流。唐三彩的烧造是唐代陶瓷业的一项重大成就，它工艺精湛，享誉中外。唐三彩系多色陶瓷，制作过程非常精细，一般要先对陶土进行挑选、加工，然后制成坯胎，放在1000℃左右的高温下焙烧，名曰素烧，冷却后涂上彩釉，再入窑在800℃～900℃的温度下焙烧。唐三彩的釉质用铅和石英配制而成，釉烧前将其涂于坯胎上，然后再涂上各种呈色金属氧化物，焙烧出的色彩。盛唐时期，唐三彩发展到顶峰，从各种日用器皿到房屋、建筑、人物、动物造型，线条流畅，色彩浓艳，品种丰

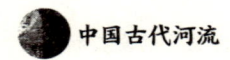

富,极富观赏价值。

唐代是中国文学史上诗歌发展的黄金时代,《全唐诗》共收诗歌48900余首,作者2200余人,可谓前无古人,后无来者。初唐诗坛以"初唐四杰"及沈佺期、宋之问、陈子昂为代表人物,盛唐时期更是大家迭出——李白的诗歌想象大胆,诗境浪漫、瑰丽、奇绝;王维的诗意境空灵,诗中有画,画中有诗,极具审美价值;杜甫的诗贴近生活,大胆揭露社会黑暗。以诗人王之涣、王昌龄、岑参、高适为代表的边塞诗是当时诗坛一道绚丽的风景,以王维为代表的山水田园诗也是盛唐诗坛的一枝奇葩。晚唐时期,黄河流域的著名诗人有杜牧、李商隐、温庭筠、韦庄等,其中以杜牧、李商隐的成就最显著,代表了晚唐诗坛的最高水平。

传奇小说的勃兴,也是唐代文学的显著成就。李公佐和白行简是唐代的传奇小说大家,最有名的传奇小说集是陇西狄道牛僧孺的《玄怪录》——鲁迅先生说:"造传奇之文,荟萃为一集者,在唐代多有,而煊赫莫如牛僧孺之《玄怪录》。"

唐代反对六朝骈俪的浮靡文风,大力提倡古文,一开两宋、明、清诸代散文创作的新气象。韩愈、柳宗元是唐代古文运动的领袖,无论在创作理论,还是在创作实践方面,他们都取得了极高的造诣,位居唐宋八大散文名家之首,对后世产生了深远的影响。韩愈主张文以明道,认为道德是文章的源泉,文章是道德的外在表现。柳宗元同样主张文以明道,但他的主张比韩愈更为灵活、广泛,他的寓言表现出杰出的讽刺才能,他的散文创作具有强烈的现实主义精神,深刻地揭露了社会的黑暗和下层人民的苦难。

唐代黄河流域在书法方面取得了突出的成就,涌现出孙过庭、颜真卿、李阳冰、柳公权等闻名古今的书法大家。唐初书法多师宗"二王",虽书家迭出,流派纷呈,然险峻、秀媚有余,而丰厚、凝重不足,至颜真卿才一改旧俗。颜真卿兼工行、楷,风格雄浑庄重、古拙刚劲,传世作品达 170 余件。柳公权主要活动在晚唐时代,其书体势劲媚,骨气充盈,苍劲有力,后世有"颜筋柳骨"之誉,楷书传世者为《大达法师玄秘塔碑》、草书传世者为《蒙诏帖》。初唐时期的颜师古,晚唐时期的杜牧、李商隐的书法造诣也相当高。另外,张旭、怀素以狂草独步天下,李邕、贺知章也以善书闻名古今。

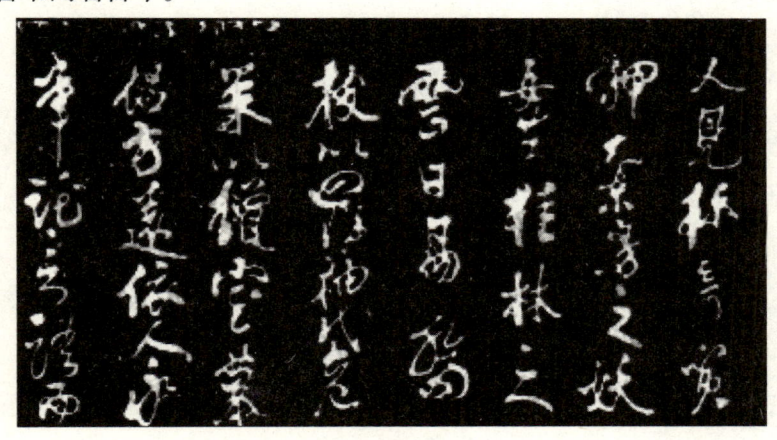

韩愈行草《白鹦鹉付》

唐代比较著名的北方画家大致有雍州万年阎立本、阎立德兄弟,河南阳翟(今河南禹县)人吴道子。阎立本是唐初绘画大家,道释、人物、山水无所不能,而以人物画见长。他的《历代帝王图卷》以高度写实的手法描绘了汉昭、光武以至于陈后主、隋炀帝等 13 个帝王的图像,神姿各异,生动逼真,该画今存于美国波士顿博物馆。吴道子是唐代最负盛名的画家,有"画圣"之誉,可惜他没有真迹传世,仅有宋临本《送子天王图》。王维,以水墨山水著称,画作意境恬淡,传世之作有《辋川图》《雪溪图》。张萱、周昉是唐代仕女画的杰出代表画家,传世作品有《簪花仕女图》《调琴啜茗图》《纨扇仕女图》等。

佛寺、石窟、墓室壁画也是唐代绘画的重要内容。如昭陵、乾陵等陪

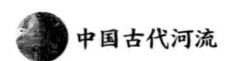

葬墓中遗存的大量壁画，绘制技艺精湛绝伦，是唐代壁画艺术的珍品。永泰公主李仙蕙墓室存有壁画50余幅，位于墓室东壁的《侍女图》中，侍女们手执拂尘、如意、扇子等物徐徐而行，裙带飘逸，神情各异，人物体态丰盈，线条柔美，体现了唐人独特的审美意趣。章怀太子李贤、懿德太子李重润两人的墓中也有不少壁画，画面气韵流溢，人物生动逼真，均属唐代壁画作品中的上乘之作。

唐代的乐舞非常发达，就黄河流域而言，大致反映在三个方面：一为宫廷乐舞，二为民间乐舞，三是乐舞人才的涌现。

唐初沿用的是隋代《九部乐》，贞观中太宗平定高昌，又把其音乐吸收进宫廷乐舞，名曰《高昌乐》，与上述九部乐合称《十部乐》。《十部乐》中，其中八部乐均为周边外来乐舞，反映出唐代宫廷乐舞中外融合、兼容并蓄的基本精神。随着民族融合的进一步发展，差异渐趋模糊，唐玄宗取消了《十部乐》的名称，代之以立部伎和坐部伎。

古代乐、舞不分，既可依曲演奏，也能随声舞蹈。唐代宫廷乐舞至开元、天宝而极盛，内容十分丰富，除声乐、器乐与舞蹈相结合的大型歌舞曲乐舞之外，唐代宫廷还有不少专门的舞蹈表演，如胡旋舞、五方狮子舞、剑器舞、团圆转等。

唐代黄河流域的民间乐舞也有很大的发展，曲子词是流传最广的民间音乐，曲名有《长相思》《阳关三叠》《天仙子》等，诗人王之涣的《凉州词》"黄河远上白云间，一片孤城万仞山；羌笛何须怨杨柳，春风不度玉门关"是开元中民间艺人津津乐唱的曲词。当时，宫廷中盛行的许多舞蹈也都在民间广为流行，如胡旋舞、柘枝舞、五方狮子舞、踏歌等。

唐代的黄河流域涌现出许多乐舞艺术家，诸如祖孝孙、唐玄宗、杨贵妃等。唐玄宗也是一位造诣深厚的音乐家，善击羯鼓，长于作曲，《霓裳羽衣曲》《雨霖铃》都是他的名作。杨贵妃不仅容貌绝代，在乐舞方面更

■ 第四章 黄河文化的发展和变迁

是多才多艺，她跳的《霓裳羽衣舞》，"缓歌慢舞凝丝竹，尽日君王看不足"。

此外，还有许多来自南方和西域的音乐家活跃在长安乐坛上，如琵琶演奏家康昆仑和曹保祖孙三代，笛子演奏家李龟年、李谟，歌唱家许和子，舞蹈家公孙大娘等，他们都为唐代黄河流域乐舞艺术的繁荣增添了绚丽的光彩。

唐代是中国古代雕塑艺术的鼎盛时期，佛教石窟是唐代雕塑艺术的荟萃之所。魏晋南北朝时期，随着佛教的广泛流行，发源

李寿石椁内壁线刻坐式奏乐图

于印度的佛教石窟寺也逐渐传入中国。唐代佛风浓郁，石窟寺的营造进入高潮。

这些石窟寺处在黄河流域及西北陆上丝绸之路沿线，如新疆拜城克孜尔千佛洞、洛阳龙门石窟、天水麦积山石窟、甘肃永靖炳灵寺石窟等，都是塑像艺术的宝库。龙门石窟雕刻刀法圆熟，佛像面相丰满端庄，细眉微挑，嘴角牵动一丝微笑，头部略为前倾，呈俯视众生之相，面部表情生动传神，于慈祥、温和中流溢出摄人心魄的庄严与神圣，把佛教"以像设教"的精神和拯救万民、普度众生的思想表达得淋漓尽致。

此外，唐代陵墓中的雕塑作品同样是雕塑艺术的宝库。唐代开国皇帝李渊的陵墓——献陵中的艺术造像，既隐溢着汉魏石刻敦厚、朴质、力满

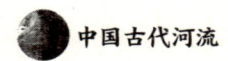中国古代河流

的遗风，又显现出唐代蓬勃、雄大的精神气魄，雕刻刀法粗犷古拙，数量丰富，具有相当高的审美价值，同样反映出唐代黄河流域塑像艺术繁荣发展的景象。

唐代史学成就显著。正史二十四史在唐代就修成八部，这八部被称为"唐八史"，数量、质量都是其他朝代所不及的。国史是唐代人所修的唐代史，自贞观以后多次修撰，最有建树的是韦述和柳芳。韦述才华横溢、著述颇丰。柳芳为唐代著名史学家，所修国史至130卷，上起高祖、下迄肃宗乾元年间。

在史学著作体裁的创新方面，唐代学者同样做出了卓越的贡献。刘知几的《史通》，是我国古代第一部史学理论著作，它剖析史书源流，论述史官建置沿革，评议纪传体、编年体的优劣，还对唐代以前的史学进行了全面而深刻的理论总结，并且从史料的采集与选择、史书的写作技巧和叙述方式、人物的取舍标准及褒贬等方面提出了一套系统的撰史方法，受到后世史家的高度评价。

杜佑的《通典》，是我国古代第一部专记历代典章制度沿革的通史，分为食货、选举、职官、礼、乐、兵、刑、州郡、边防九门，所记内容上溯黄帝、下迄唐玄宗天宝末年，使"礼乐刑政之源，千载如指诸掌"。杜佑的《通典》——开唐以后政书体史学著作的修撰之风。受其影响，宋人马端临撰《文献通考》、郑樵撰《通志》。《史通》《通典》《通志》并称"三通"，至清代发展出"九通""十通"。

另外，苏弁、苏冕兄弟撰的《会要》首创古代会要体史书，王溥等人在唐代《会要》80卷基础上修成《唐会要》100卷，对有唐一代的各种制度沿革、社会风俗以及周边四裔之史迹莫不备载。唐以后，历代会要体史书屡出，会要体发展成为我国历史编纂学中的重要体裁。

杂史笔记方面，北方学者也取得了丰硕的成果。如吴兢的《贞观政

要》等，保存了有关唐代政治、经济、文化等各个方面许多珍贵的资料，可以弥补正史的不足。

唐代的经学，在前期完成了南学与北学的统一，在后期则发生了由汉学向宋学的转变。唐代初年，政治一统，在经学方面，南北朝以来形成的南、北两派也逐渐合流，趋于统一。在经学走向统一的过程中，还出现了几部私家著述。

汉学指汉代以来的古文经学和今文经学，宋学则是宋朝以后的理学思想。在唐代后期由汉学向宋学的转变过程中，陆质、韩愈、李翱发挥了重要作用。李翱著有《复性书》3篇。上篇论述性和情的关系，中篇论说达到至圣的修养方法，下篇宣扬人必须致力于道德修养，其核心观点是"性善情恶说"，认为人要成为圣人，恢复至善的本性，就必须去掉情欲，所谓"去情复性"。这种理论成为后来宋明理学中"存天理，灭人欲"以及"致良知说"的思想渊源。韩愈、李翱师徒两人从经学思想上奠定了宋明理学的理论基础。

中国古代朴素的唯物主义和无神论思想在唐代取得了重大发展，其主要思想是对封建世俗迷信的深刻批判。著名文学家，同时具有独到的无神论思想的柳宗元，在其《封建论》中，提出了朴素的唯物主义历史观。他认为，帝王建国"受命不于天于其人"，"封国土，建诸侯"的产生具有历史必然性，还在其《非国语》一文中，对鬼神迷信观念进行了深刻的剖析，认为人们之所以迷信鬼神，是力量渺小的缘故。

与柳宗元一样，刘禹锡也在文学与哲学上都有巨大的成就，他同样否定神秘的天，认为天是大而有形的客观存在，并且顺其自身规律永不停息地运动着，认为天不能干预人间的治乱祸福，人也不能干预天的寒暑交替。刘禹锡无论其关于世界本原的观点，还是对天人关系的认识，都代表了唐代朴素的唯物主义和无神论思想的最高境界，在中国哲学发展史上占

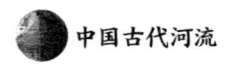

有突出的地位。

唐代最高统治者为了神化皇权,追尊老子为其始祖,立祠奉祀,对道教大加扶植。这一时期的黄河流域,道教盛极一时,道士名流辈出,代表人物有司马承祯、白履忠、吴筠、杜光庭等。杜光庭是唐末道教思想家,著述有《太上老君说常清静经注》《中元众修金录斋词》《历代崇道记》等,存于《全唐文》《广成集》《道藏》中。他给"道"和"物"下了定义,认为无形是"道",有形是"物",并把"道"与"元气"结合起来,认为"道本包于元气,元气分为二仪,二仪分为三才,三才分为五行,五行化为万物"。这种关于世界本原的探讨,已经接近于无极而太极的理论,在哲学思辨上达到了相当高的成就。

此外,中条山道士张果,在当时产生过巨大的影响,后来被尊为中国道教"八大仙人"之一,著有《阴符经玄解》。

唐代黄河流域的佛教人才鼎盛、高僧大德众多,但论成就巨大、对后世影响深远的,莫过于高僧玄奘和义净。玄奘(公元600—664年)于公元629年(唐贞观三年)从长安出发,横跨戈壁、沙海、葱岭,历经千辛万苦,费时三年多,才到达天竺(今印度)佛教文化中心那烂陀寺,拜高僧戒贤法师为师,精通梵文,遍览寺内所有藏经,贯通大乘佛教全部义理。接着,玄奘周游天竺,遍访名刹高僧,以学识渊博、举止风雅而名扬异域。公元645年(唐贞观十九年),玄奘历时17年,行程5万里,带着657部佛经回到长安。此后19年,玄奘在长安弘福寺、大慈恩寺及宜君山玉华宫专事译经。玄奘还于贞观年间创立法相宗,其基本教义可以概括为"心为实有,万法(物)唯识",认为自我感觉意识熏染内识而生万事万物,如果通过修行消除自我感觉意识对内识的熏染,保持内识的纯净,即由"染"入"净",便可成佛。继玄奘之后远赴天竺求取佛法的高僧是义净,他于公元671年(唐咸亨二年)从长安出发,南下番禺(今广州),

漂洋过海后抵达天竺那烂陀寺留学10年之久。义净此行，历经25年，足迹遍及30余国，带回梵文佛经400余部，尔后在洛阳大遍空寺、长安小荐福寺致力于译经，前后译有佛经56部，凡228卷，被誉为中国佛教四大译经家之一。

唐代黄河文化对外文化交流

唐代黄河流域与长江流域的经济往来更加频繁，在政府漕运、私家贸易、地方官的进奉方面空前繁荣和发展中，促进了南北经济的交流。除了经济，人才的交流也是隋唐时期南北文化交流的显著特点。安史之乱以前，随着科举制度日益完备，南方文化人纷纷北上求取功名，大批南方文人士子投奔北方，给黄河文化注入了新鲜血液。唐代中叶以后，北方文化人又大量南迁，促进了长江文化的发展。唐代后期，北方藩镇林立，政府的有效控制区多在长江流域，因此流贬官员一般都被放到南方的偏僻州郡。这些遭到贬谪的官员中，不少人属于当时负有盛名的北方文化人，他们在谪居地或移风易俗，或寄情山水、醉心诗文，把先进的黄河文化流播当地，为长江流域的开发做出了重要的贡献。

与吐蕃文化的交流

吐蕃，即藏族先民，兴起于隋唐之际。朝廷通过和亲，巩固了双方的民族关系，同时也拉开了唐代黄河流域与吐蕃经济文化交流的序幕。这一时期，医药和先进的耕作技术被带到了雪域高原，黄河流域的风俗礼仪、音乐、服饰、儒家经典等也都对吐蕃社会产生了巨大的影响。

与南诏文化的交流

唐代初年，生活在今天云南地区的少数民族形成六个部落，当地称王为"诏"，故六部落首领自号"六诏"。开元年间，南诏首领皮逻阁征得中原王朝同意，合并其他五诏，建立南诏政权，定都大和城（今云南大理）。

中国古代河流

当时南诏虽然处在奴隶制时代,但社会生产比较发达,物产十分丰富,有稻、麦、豆、蔬果、丝绸、渔盐、丹砂、黄金、骏马等。公元738年(开元二十六年),唐玄宗册封南诏王皮逻阁为云南王。天宝以后,双方关系破裂,兵戎相见,南诏投靠吐蕃。唐德宗贞元年间(公元785—804年),南诏再次归唐,此后双方保持着友好的往来关系。这种政治上的友好往来,也促进了黄河流域与南诏之间的经济文化交流,黄河流域的丝绸锦帛及金银工艺品由此传入南诏。

与渤海文化的交流

渤海地处第二松花江流域,方圆五千里,户十余万,胜兵数万,颇知书契,物产也十分丰富。隋代的黄河流域就与其产生往来,唐代时交往更加频繁,促进了双方经济文化的交流,黄河流域的丝锦绢帛和金银工艺品不断传到渤海,渤海的貂皮、海豹皮、麝香、骏马、瓷器、海东青等也输入了黄河流域。唐代后期,朝廷还在青州(今山东益都)设立渤海馆,专门负责接待渤海商、使。另外,黄河流域先进的制度文化对渤海产生了深刻的影响,公元738年(隋开元二十六年),渤海派遣使者来长安,求写《唐礼》《三国志》《晋书》《三十六国春秋》,并数次派人到京师太学学习古今制度,还有不少渤海留学生在长安参加科举考试,这些留学生把高度发达的黄河文化传播到渤海。渤海的政权制度就效仿大唐,地方上实行府、州制,中央则建置三省制,渤海文化也发展到相当高的水平,号称"海东盛国"。据说,其上流社会还喜作诗文。

与西域文化的交流

这里的西域,一般指今天的新疆境内及其邻近的地方。隋代统一全国不久,即着手经营丝绸之路,加强与西域诸国的关系。公元607年(隋大业三年),隋炀帝为此亲巡河西,西域诸国城邦及部落首领、使节纷纷迎谒于道。此后,黄河流域与西域诸国的经济文化交流日益频繁。隋唐时期，西域一带曾经活跃过的高昌、龟兹等城邦国家，与黄河流域的经济文化交流频繁，它们的音乐对黄河流域产生了很大的影响，同时黄河流域先进的科学文化也在这些地区得到了广泛的传播。

与中亚文化的交流

隋唐时期，黄河流域同中亚昭武九姓、吐火罗诸国的经济文化交流也比较多。

昭武九姓（即康国、安国、石国、米国、何国、火寻国、戊地国、史国、曹国，"世谓九姓，皆氏昭武"）善于商贾，唐代丝路畅通，他们常常往来于长安、洛阳，把中亚一带的物产输入黄河流域，又把中原地区的丝绸、宝货运往中亚，甚至传入西亚、欧洲。此外，昭武九姓国的音乐舞蹈也对黄河流域产生了一定的影响。

与西亚、欧洲文化的交流

近年来，西安地区出土了唐代波斯银币多枚，说明黄河流域与波斯帝国经济交往密切。波斯的景教、祆教和摩尼教传入长安洛阳，现在西安碑林博物馆的《大秦景教流行中国碑》记述了景教传入中国的经过。

与天竺文化的交流

天竺，即古代印度。唐代黄河流域与天竺的经济文化交流达到极盛。开元、天宝以前，天竺使者屡次抵达长安；贞观年间，唐太宗也曾派遣梁怀墩、李义表、王玄策等三次出使天竺。在频繁的交往中，天竺的宗教文化、医药输入长安，长安的道家理论等也传入天竺。当时，众多的天竺僧侣远赴黄河流域，他们大都聚集于唐朝的政治、经济、文化中心——长安，把天竺的佛教、历法、医术带到这里。

与日本文化的交流

日本，"以其国在日边，故以日本为名"。隋文帝开皇年间，日本便派遣使者来长安。唐代黄河流域与日本的经济文化交流空前活跃。终唐

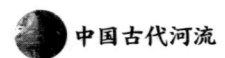

一代,日本先后19次派遣使者来到长安,规模最大时,人数多达557人。通过这些交往,长安的丝绸及笔、墨、纸、砚等源源不断地流入日本,而日本的玛瑙、琥珀等珍宝也输入长安。另外,许多随遣唐使一同来到中国的日本人,长期留学于长安,把唐朝的宗教、文化典籍与建筑、书法艺术等都传播到日本,促进了中世纪日本社会的进步。根据文献记载,日本文武天皇时所建的平安京(京都)就是仿照唐长安城的形制建造的,足见黄河流域的建筑艺术对日本社会的影响。总之,隋唐时期的黄河文化,对大洋彼岸的日本社会产生了广泛而深刻的影响。

与新罗文化的交流

隋至唐代初年,朝鲜半岛上高丽、百济、新罗三国鼎立,其中百济、新罗都与长安保持着比较频繁的贡使通商。

第五节 宋元明清的黄河文化

1. 北宋的黄河文化

北宋的文化发展登峰造极,这种辉煌除各种文化因素的作用外,得益于北宋王朝较为开明的文化政策。北宋立国之初,赵匡胤并没有系统的文治计划,他看不上文人,也不重视科举取士。但随着统治进程的发展,宋太祖逐渐认识到文治对巩固统治地位的重要性。此后的北宋皇帝都十分重视文治,"重文轻武"逐渐成为北宋政治的一大特色,黄河文化也在这种氛围中发展兴盛。

北宋王朝的文治昌盛，主要表现在儒学的振兴、科举制度的完善、文教事业的发展上。

魏晋以来，儒学陷入东汉烦琐的汉学之中，丧失了思想活力，但佛教、道教此时正随着统治者主张"三教合一"而日益兴盛，加上隋唐以后的科举极为重视进士科，到北宋初年，传统儒学已经丧失"独尊"地位。北宋为了巩固统治，表面宣称"三教合一"，实际上大力提倡儒学。而饱受佛家禅学思想熏陶的北宋士大夫也意识到传统儒学的不足，在宋仁宗时期掀起了"疑经惑古"的思想解放运动。

"疑经惑古"在北宋士大夫中大致分为两派——"疑传派"和"疑经派"。"疑传派"主要对传统儒家经典中的传注提出怀疑并加以否定，"疑经派"则对传统儒家经典本身提出怀疑并加以否定。"疑经惑古"的思想风潮，引发了北宋学者重新解释儒家经典的兴趣，他们援佛入儒，着重发挥儒家经典本身的"义理"，促成了儒学的振兴。经过几十年的发展，到宋神宗时期，逐步形成新的治经方法和思想体系，诞生了一门新的学问——宋学。

宋学，是富有怀疑精神、论辩思维，外求开拓创造、内求兼容的新儒学，它是北宋文化的哲学精髓和时代精神，也是北宋中期之后各儒学学派的总称。宋学的形成，使儒学得到纯哲学思辨的提炼，融汇了时代精神，产生了精深的理论，在适应北宋政治需要的同时，还促使北宋的散文、诗词、绘画等方面的文化艺术向东京开封、西京洛阳聚集，最后形成"两京"文化中心，对黄河文化有着特殊的意义。

北宋的科举制在隋唐的基础上进一步完善、扩大，并广泛对社会各阶层开放。为防止科举中发生的弊端，还制定了许多措施，使得各级考试程式日趋完备、严密。

从公元973年（宋开宝六年）开始，殿试由皇帝亲自主持，对省试合格的举人再进行一次考试。举人殿试合格后才算真正"登科"。自宋仁宗时期起，凡省试合格的举人都能通过殿试，殿试无非是重新排定名次而已。并且，对于多次落第的举人，只要达到规定的举数及年龄，便可由礼部另立名籍奏申朝廷，参加殿试，称"特奏名"，经过简单的考试后，即可获得本科出身。北宋前期，贡举设进士、诸科和明经，另有制举、武举、童子举等科。公元1071年（宋熙宁四年）后，废罢明经、诸科和制举，命诸科举人改应进士科，另设新科明法。公元1089年（宋哲宗元祐四年），进士科分为诗赋进士、经义进士两科，又设贤良方正能直言极谏（原属制举科目之一）等科。绍圣时，恢复熙宁之制。公元1104年（宋徽宗崇宁三年），对科举制度进行过一次改革，停止举行解试和省试，取士通过学校逐级选拔，由太学上舍学生直接参加殿试。公元1121年（宋宣和三年），又恢复旧制。

科举录取名额大量增加，是北宋科举的最大特色，吸引了广大知识分子前来参加科举。另外，北宋科举政策照顾北方人士的倾向性，对黄河文化的发展产生了相当的促进作用。

北宋前期，因统治者对学校教育不太注意，官办文教事业凋敝，国子监仍沿袭旧制，只招收七品以上官员的子孙，地方的州县学也基本陷于瘫痪状态，南方五代十国时期建立的官学在北宋统一后就被关闭，长期未能恢复。在这一时期，人们读书识字主要依靠民间的各类书院、乡学、私塾等。

与当时官学衰落的情况相反，北方的民间教育有所发展，涌现出了一批民间教育家，出现规模较大的书院，如应天府书院、嵩阳书院、泰山书院等，其中应天府书院最为著名。

北宋中期之后，全国兴起了办学的高潮。宋神宗时期，北宋政府又增加了太学生的入学名额，扩大了太学的规模，并实行了"三舍法"，对太学体制进行了改革。为改变州学以前"有学无教"的状况，北宋政府又设置了诸路的专职学官，有力地促进了北方地区教育事业的发展。公元 1102 年（宋崇宁元年），北宋政府又掀起了第三次兴学的高潮，扩大学校规模，增加学生人数，增建校舍，增加了教育经费，增设了律学、算学、书学、画学等专门学校。公元 1109 年（宋大观三年），北宋 24 路共有学生 167622 人，校舍 95298 楹，这种官办教育规模是空前的。

北宋中期以后，北方的民间教育呈现出明显的衰落迹象，但一些著名理学家开办私学传授自己的学说倒是成为这一时期北方民间教育的特色。

北宋灭亡前后的文化格局

北宋灭亡之前，黄河文化有以下几个特点：文化中心北移、偏向北方的用人政策、不用南人为相、偏见的科举取士。

随着南方各割据政权的灭亡，原南方各割据政权的官员降官北迁，他们大多数具有较高的文化素质，或者有较强的政治能力，或者学富五车。随着他们南迁的，还有他们的子孙，这些人后来大多数定居北方，为黄河文化的发展补充了新鲜血液，使长江文化和黄河文化有机地交融在一起。

人才与书籍，是古代文化构成与传播的最基本的也是最重要的要素。北宋立国之初，从后周政权手中接手的书籍只有"万余卷"，但随着南方大量人才和书籍往北方和开封集聚，南方在五代十国时期形成的文化中心相继消失，长江文化因此出现了长达几十年的文化断层，开封却自然而然地成了当时全国的文化中心。在北宋统一战争的号角声中，长江文化由活跃而变得沉寂，黄河文化迈开了复兴的步伐。

之后，大批北方籍优秀人才在历史舞台上崭露头角，而南方人才则相形见绌。

在中国历史上，南北地望之争由来已久，尤其是在南北分裂、对峙的

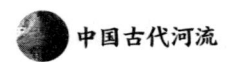

时期。五代十国时期,南北隔绝 50 余年,相互之间存在着非常深的成见。五代十国之后,北宋王朝立国北方,上层统治集团因为"重北轻南"的地域偏见,实行了偏向北方的用人政策。这种用人政策主要表现在任用宰相和科举取士这两个问题上。

宋太祖对南方人士怀有很深的成见和戒心,太祖刻石禁中说"后世子孙无用南士作相、内臣主兵",这个规定在太祖、太宗两朝完全得到了贯彻,直到宋真宗后期的公元 1017 年(宋天禧元年)八月江西人王钦若拜相才被打破。其实,宋真宗早在大中祥符初年就想拜王钦若为相,但遭到了当时担任宰相的北方人王旦的反对。王旦死后,王钦若才当上了宰相。

同样,在科举取士上,北宋前期同样严重存在"重北轻南"的地域偏见。据统计,在北宋前期,北方状元 24 人,而南方状元仅 7 人,差异相对明显。在各地的解额、录取人数、考试场次、考试内容等规定上,北宋政府也对北方举子予以各种优待。

但随着时间的推移、南北融合的进一步加强,这种"重北轻南"的地域偏见才逐渐得以纠正。对北方举子的优待政策尽管还存在,但性质已经发生根本的改变,实际上沦为对不善考试的北方举子的"文化扶贫"措施了。

北宋灭亡后,大量北方居民南迁,更新过后的黄河文化又对长江文化产生了深刻而广泛的影响,使这一时期的长江文化染上了浓厚的黄河文化色彩,促使长江文化成熟发展,进而完全确立了长江文化后来的主导地位。

自从宋真宗打破宋太祖不用南人为相的陈规后,南方人士在北宋统治集团的地位逐渐提高。

文学,最能展现一个时代的风貌。文学一项本来就是长江文化中的长项,由于政治的原因,入宋前期在文坛上唱主角的大多数是北方文人,但北宋中期之后，南方文人随着政治气氛的改变而猛然崛起，以开封为中心掀起了一场诗文革新运动，促进了南北文学的进一步融合发展。北宋后期，文学领域发展到历史巅峰，但著名诗人、词人、散文家几乎都是南方人。

从北宋中期起，除在哲学、史学，建筑、绘画等领域黄河文化尚有优势外，其他文化领域中则已无优势可言了。哲学领域原本并不是长江文化的优势，但从北宋中期起，长江文化在哲学领域也对黄河文化发起了全面挑战。到北宋后期，哲学领域也是长江文化占有优势。

人才是文化的主要载体，南方人才在北宋中期猛然崛起，到北宋后期，在宰相、执政、状元等高端人才领域，南方人才的数量已经明显超过北方。这种数量和质量上的优势，说明长江文化在北宋后期已全面超越黄河文化，成为中华文化的主流。

北宋先后有两次大规模的变法运动——宋仁宗时期的"庆历新政"、宋神宗时期的"王安石变法"。变法是一种政治改革，是一种政治利益的调整，而政治利益是没有地域限制的，所以这两场变法的原因不完全是南北文化冲突造成的。

不过，由于黄河流域各地的自然条件有较大的差异，各地区的社会经济发展水平也存在着相当的差距。中国古代四大发明中的指南针、印刷术、火药在北宋时期都已经逐渐被应用于实际，所以手工业，特别是在矿冶、纺织、造纸、造船、制瓷等行业有了长足的发展，在规模、数量、产品种类诸多方面也都有了显著的进展。并且，北宋在军事和医药上都已开始利用石油，南方部分地区，如江西丰城、萍乡的煤矿也在一定程度上得到了开采。

新技术的开拓，加上南方自然资源比较丰富，经济发展开始出现向南倾斜的态势。加上北宋灭亡，政治南迁，使经济重心南移的情况进一步加强。

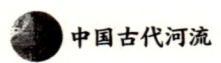

知识链接

"二程"及其"洛学"

"二程"是程颢、程颐兄弟的合称。程颢（1032—1085年），字伯淳，学者称为明道先生。程颐（1033—1107年），字正叔，学者称为伊川先生。因兄弟两人都出生于洛阳，且长期在洛阳聚徒讲学，故后人将两人的学术合称为"洛学"。二程少年时代曾受学于周敦颐，后又同张载、邵雍等频繁交往，切磋学术，终于以孔孟思想为基础，吸收佛、道思想，建立起自己的理学体系。二程留下的著作有《遗书》《外书》《文集》《易传》《经说》《粹言》等，后人把以上六书合辑为《二程全书》。二程的道德修养论集中反映在"克己复礼"和"格物致知"这两个命题上。由于二程长期在洛阳聚徒讲学，弟子很多，所以逐渐围绕二程理论形成了"洛学"，这是北宋时期影响最大的理学派别。

北宋时期，无论是药物学还是医学理论都进入高度发展的时期。不少北方名医在其擅长的医学领域做出了杰出的贡献，推动了这一时期医学的发展。

宋太祖曾命令翰林医官对中医药方面的内容进行整理，整理成《开宝本草》。《开宝本草》成书后，翰林学士李昉、知制诰王祐和扈蒙对其进行了复校，连同目录整理成21卷刻版刊行。到南宋高宗绍兴年间，这部书被整理成《绍兴本草》，一直沿用到了明朝，并受到明代药物学家李时珍的推崇。

刘翰，沧州人，在当时号称名医，官至翰林医官，在整理《开宝本草》时出力最多，个人还著有《经方用书》30卷、《论候》10卷、《今体治世集》20卷等。

宋仁宗时期，为了更好地校订前代的医书，北宋政府在编集院专门设立了校正医书局，对《素问》《伤寒论》《千金方》《外台秘要》等医学著作进行校订，并刻版刊行，其校订者多为当时的名医。宋太宗个人还命令翰林医官编辑成《太平圣惠方》100卷——这是一部医方巨著，反映了我国10世纪时的医学水平。

北宋时期，临床医学成就巨大，其中以小儿科为最。小儿科名医钱乙（约公元1032—1113年），从事儿科40余年，精通《神农本草经》，在儿科方面积累了丰富的经验，著有《小儿药证直诀》《类证注释钱氏小儿方诀》等。在内科和妇科上贡献最大的人是张锐。张锐精于用药，著有《鸡峰普济方》，收录了3000多个医方，很有效验。针灸术在北宋也有了进一步的发展，公元1026年（宋仁宗天圣四年），翰林医官王惟一奉诏修订前人的针灸著述，在修订过程中撰写了《铜人腧穴针灸图经》3卷，对各家异同作了订正。后来，他又依据《铜人腧穴针灸图经》设计和监制了我国历史上最早的两具针灸铜人，对促进针灸术的发展有着重大贡献。

北宋黄河文化与海内外文化的交流

北宋黄河文化与契丹文化的交流，除受双方政权政治上的敌对状况影响外，基本没有其他的障碍，由于地缘接近，双方的交流也极为频繁。

公元977年，也就是宋太平兴国二年，北宋开始在河北的镇、易，雄、霸、沧等州设立榷务，用香药、犀角、象牙、茶叶等物品与契丹进行贸易。宋辽战争爆发后，双方贸易时断时续，基本上陷于瘫痪。公元1004年，也就是宋景德元年"澶渊之盟"订立后，双方的边贸得到了迅速发展——北宋方面的贸易物品主要是香药、犀角、象牙、茶叶、缯锦、漆器、粳糯米等，契丹方面的贸易物品主要是布、羊、马、骆驼等。

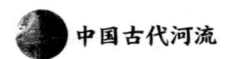

随着官方之间的正常往来和边境贸易以及民间走私交易的展开，双方的文化交流也日益频繁。契丹方通过各种渠道，大量购入北宋政府禁止流向契丹的图书和文稿并开版印行。契丹的文籍，如《龙龛手镜》《契丹地图》《燕北杂录》《西征寨地图》等也通过各种方式大量流入了宋境。

双方的文化交流丰富了黄河文化的内涵，特别是北宋末年宋军收复燕山府（今北京）后，不少原在燕山地区居住的民众来到开封居住。双方的文化交流促进了契丹政权的汉化即封建化的进程，中原文化在契丹境内得到了迅速的传播和普及。

西夏与北宋之间尽管有长期的战争，但双方的文化交流也十分频繁。北宋和西夏在边境地区都设有政府贸易机构，民间还有不少定期的集市和走私贸易。西夏通过各种渠道向北宋输出骆驼、马、牛、羊、毡毯、毛褐、药材、青盐等，北宋通过各种渠道向西夏输出的物品主要有茶、丝织品、粮食、香料、漆器、瓷器、铜钱、白银等。其中，茶马贸易是双方往来的最大贸易项目。西夏同时因其所处的特殊地理位置，成为北宋与西域贸易往来的中转站。在中原文化对西夏文化产生深远影响的同时，西夏的物质文化也对北宋产生了相当大的影响。

北宋时期，河西陇右地区散居着若干大小不等的吐蕃部落，其中势力最强的为青海东部的确厮啰政权，它们常用马匹等从内地换取铁器、铜器、纸张等。因为西夏的阻隔，北宋与西域的陆路交通往来在相当一段时期内都绕道青海而行，吐蕃确厮啰政权控制的地区就成为了北宋与西域各族交通的中转枢纽，在相当程度上促进了北宋与吐蕃的边境贸易。

北宋前期，今甘肃西部及新疆地区主要分布着回鹘族所建立的四个政权，即甘州回鹘、高昌回鹘、于阗回鹘、喀喇汗王朝。

甘州回鹘，与北宋保持着臣属的关系，双方曾联合夹击西夏。公元

1007年，也就是宋景德四年，甘州回鹘可汗夜落纥派遣尼姑法仙往五台山礼佛。其后又派遣僧人到开封，请求在开封建立一座佛寺，但北宋方面没有同意。公元1028年，也就是宋天圣六年，甘州回鹘政权被西夏攻灭。之后，投奔吐蕃确厮啰政权的回鹘，在与北宋的贸易上表现得十分活跃。

高昌回鹘，是一个受中原文化影响较深、农耕经济比较发达的回鹘政权，信仰佛教和摩尼教，境内有南突厥、北突厥、样磨、黠戛斯、汉、末蛮等众多的民族。公元962年，也就是宋建隆三年，高昌回鹘首次派遣使者向北宋进贡土特产，之后双方一直保持着贸易往来。

于阗回鹘政权，与中原王朝的关系历来十分密切，其可汗自称是唐朝的宗属，称"李"姓。公元961年，也就是宋建隆二年，于阗回鹘可汗李圣天派使向北宋进贡，与北宋开始了密切往来。公元971年，也就是宋开宝四年，于阗僧人吉祥带着可汗的书信来到开封，向北宋报告了于阗与疏勒发生战争的消息。进行了长达30余年的战争后，于阗被喀喇汗王朝攻灭。

公元965年，也就是宋乾德三年，北宋在平灭当时割据四川的后蜀政权后，南下进攻大理，但大理也派官员与北宋通好，与北宋保持了一种名义上的臣属关系。大理与北宋的交往时断时续，公元1074年，也就是宋熙宁七年，北宋为打通与大理的联系，派杨佐出使大理，增进了相互之间的了解。宋徽宗时期，大理与北宋的交往更加密切，大理曾派遣使者前往开封求购书籍，还曾向北宋献上了马380匹及麝香、牛黄、细毡、碧玕山等。

与东亚、东南亚、西亚的文化交流

公元918—1392年，是王氏高丽王朝统治朝鲜半岛的时期，北宋建立

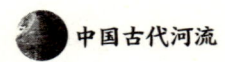

之后由于传统的影响以及共同对付新兴的契丹政权的需要，与高丽的关系极为密切。在整个北宋时期，北宋使节前往高丽共24次，高丽使节前往北宋则多达63次。北宋与高丽之间的民间贸易也十分频繁。高丽在语言文字、民间风俗、科举制度、宗教文化方面都深受北宋影响。

公元794—1192年，是日本历史上的平安时期。在这一时期，日本已经有了自己独特的文化体系。为摆脱对中国文化的模拟，日本于公元894年决定停派遣唐使，除了少量僧侣外，开始严格限制各方面与中国的往来。北宋建立后，尽管日本平安王朝仍不愿与中国正式交往，但年年都有中国的民间商船往来于两国之间。这一时期，有一些僧侣在来到中国后，就没有再返回日本，他们带来了一些在北宋时已经佚失书画的同时，也将不少中国的书籍和绘画传回了日本，为中日两国的文化交流做出了贡献。

今越南境内在北宋时期存在两个敌对的政权，即北部的交趾和南部的占城。北宋与交趾的关系比较紧张，而且在太宗和神宗时期，还先后与前黎朝和李朝发生过两次战争。但由于交趾的文字完全使用汉语，因此双方仍在外交、经济和文化上保持着较深的联系。双方大部分时间都只有靠"进贡"和"赐予"来保持一种特殊的关系。交趾当时立国离不开中国文化，在中国文化的影响下，交趾各王朝的典章制度仍大多仿效中国。但由于占城不断受到交趾的侵扰，所以常与北宋联合或通过北宋居中调停，以对付交趾的南侵。而占城，由于地理位置极为重要，北宋对其与占城的关系极为重视，北宋建国后，占城便不时遣使与宋通好。

东南亚其他与北宋通使的国家和地区主要还有当时统治今越南南部、柬埔寨、泰国的真腊，统治今缅甸的蒲甘，位于今加里曼丹西岸的浡泥、位于今菲律宾的民多洛岛上的麻逸、统治今印度尼西亚苏门答腊岛及今新加坡的三佛齐，统治今印度尼西亚爪哇岛的阇婆以及位于今马来半岛上的当时三佛齐的属国丹流眉、蒲端等。

这些国家和地区因贸易关系，与北宋都有程度不等的官方使节往来和民间贸易。它们向北宋输入水晶、猛火油、象牙、犀角、蔷薇水、白砂糖、锦布、珍珠、吉贝布、龙脑、乳香、玳瑁、丁香、胡黄连、紫草、苏木等，北宋则向它们输出白氂牛尾、白瓷器、银器、铜钱、铅、锡、杂色帛、马匹、武器、丝绸织品等。

在宋代，阿拉伯国家的泛称是"大食"。公元966年，也就是宋乾德四年，僧行勤游西域，曾写信给巴格达的阿拔期哈里发，建议其与中国交往。公元968年，也就是宋开宝元年，大食方面首次向北宋派遣了使者，此后双方商船往来不断。大食与北宋的交通往来主要是经海道，有时也"由沙州，涉夏国，抵秦州"取道陆路。大食各国输入北宋的物品主要有珍珠、象牙、犀角、乳香、龙涎、木香、丁香、安息香、没药等，北宋输出的物品则主要是丝绸、瓷器、铜钱、白银等。

天竺，又称身毒、摩伽陀、婆罗门，泛指印度地区，北宋与其的文化交流主要是佛教文化的交流。许多天竺僧人来到北宋，有的僧人还主持了北宋译经院的工作，增进了北宋对印度的了解，促进了天竺与北宋双方的进一步往来。除僧侣之外，东印度王子还曾于公元975年（宋开宝八年）出使中国。太宗时期开始的译经活动，促进了中国梵文翻译水平的提高。

2. 元代的黄河文化

元朝，是中国历史上第一个由北方游牧民族建立并统治全中国的封建王朝。自公元1206年成吉思汗建立大蒙古国以来，其主要活动区域一直限于漠北草原地区，直到公元1260年（元中统元年），忽必烈登上帝

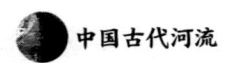中国古代河流

位,将都城从漠北一步步迁往中原汉地。从此,黄河文化进入了新的历史阶段。

黄河文化对草原游牧文化的影响,主要是通过移民实现的。蒙古军在侵入黄河流域的时候,通过战争掳掠性移民者不计其数。除此之外,蒙古国统治者往往还强制征发中原百姓移居草原,迁汉人北上成为元朝历代统治者的既定国策。忽必烈即位称帝后,曾多次调动大批汉军及南宋新附军到漠北掘井开渠、兴修水利、屯田积谷,发展农业生产。

为了加强中原与蒙古草原的联系,统治者还修建了帖里干道、木怜道、纳怜道三条主要交通干线,并增设了许多驿站,这样便大大缩短了大漠南北与黄河流域的距离,方便了和林等地与中原地区的经济和文化交往。在黄河文化的影响下,大漠南北地区的农牧业生产迅速发展,手工业在原有的基础上进一步发展,蒙古人的经济和文化生活发生了巨大的变化。

忽必烈即位后,命邢州(今河北邢台)人刘秉忠、许衡等人考订前代典制,推行"汉法",在稳固蒙古贵族特权地位的基础上,重新确立了中央集权的封建统治体系和典章制度。元代蒙古贵族推行民族歧视政策,将疆域内的民族分为四等——第一等为蒙古人的"国族",第二等为色目人,第三等为汉人(又称汉儿),第四等为南人。等级不同,地位和待遇也不平等。

忽必烈还听从许衡等人的建议实行重农政策。公元1270年(元至元七年)二月,他要求各地官员"劝课农桑,兴举水利"。元代统治者在元大都以及周边建立中央官学和各类书院,全国的宗教中心,各种宗教流派都很流行。

元代初期,其统治者推行的废弃科举、重吏轻儒等一系列政策,对黄河文化造成了沉重的打击。直到公元1313年(元皇庆二年)末,元廷决

定恢复自忽必烈开国以来停废达半个世纪之久的科举制度，但统治者仅将其作为笼络汉族知识分子的政治工具，并没有真正通过科举来选拔人才的意思。所以在整个元代，汉族知识分子通过科举踏上仕途的道路一直都不通畅。

但在公元1274年（元至元十一年），忽必烈下诏加封孔子为"大成至圣文宣王"，祀以太牢，实行尊孔崇儒的政策，企图以此加强对中原的统治。忽必烈之后的继承者都或多或少地推行汉化政策，但漠北固有旧俗还是在汉地得到大量的保留。这和"汉法"推行的不彻底性有关，也跟蒙古贵族保守派的强烈反对有关。但中原农耕文化与草原游牧文化的交融始终存在于元代。

蒙元入主中原后，结束了数百年来黄河流域上、中、下游众多政权割据并立的局面，便于黄河流域各地文化的交流和融合，为黄河文化的复兴创造了条件。蒙元的入主，使黄河文化的地理布局发生了重大的变化，重心继续向东转移，促使河北、山东等地的文化迅速崛起，陕西、河南等地的文化则继续衰落。

蒙元的入主，加剧了游牧文化与黄河文化的冲突和碰撞。一方面，先进的黄河文化势必对落后的游牧文化进行"征服"，另一方面，落后的游牧文化利用政治上的优势进行抵抗。当然，最终的结果是华夏文化胜利，再次展现了华夏文化强悍的生命力。

文学艺术、宗教哲学

元曲，主要分为杂剧和散曲两大类，是元代最具创造性、最具时代性的文学艺术，后人的"楚辞、汉赋、唐诗、宋词、元曲"之说就是对它的肯定。

杂剧是在宋金时代各种讲唱文学和舞曲歌词的基础上，在民间渐渐发

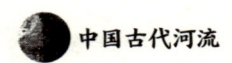

展起来的，关汉卿就是在这一时期成长起来的我国古代伟大的戏曲家。王实甫的《西厢记》，通过对崔莺莺与张生的爱情故事，深刻地揭露了封建礼教对青年男女自由幸福的摧残，明确地体现了"愿普天下有情的都成了眷属"的思想主题，在中国文学史的爱情主题的演变上具有划时代的意义。可见，杂剧富有文学艺术的浪漫主义情怀，同时能够深刻地反映社会现实，与社会的广大民众在情感上共情、相通。

与杂剧一样，散曲在这一时期的黄河文化也非常具有代表名，其代表人物有王和卿、关汉卿、白朴、马致远、卢挚等人。其中，关汉卿的散曲，多描写男女爱情，笔触细腻、言语犀利、感情真切、音调和谐，充分展现了曲的本质特征。马致远是前期保存作品较多、影响最大的一位散曲作家。白朴的散曲，虽然没有关汉卿那种明浅、清新活泼的生气，但写得"高华雄浑，情深文明"。卢挚的散曲，题材广泛，但多怀古唱和之作，风格和形式属于典雅的一派。

在元代，诗歌与杂剧和散曲相比，要逊色一点，但从元代诗歌总数和诗家人数中可以看出，元代在中国诗歌史上仍占有一定地位。但词在经历了宋代的极盛之后，到元代就显得萧条了许多，不过还是出现了不少词家，并创作出大量的作品。元词上，虽然北方比不上南方，但也出了不少名家、佳作，比如卢挚、许衡、白朴、王恽等人就创作了不少名篇，萨都剌的《念奴娇·登石头城》《满江红·金陵怀古》都是豪迈慷慨、抒情写景的佳作。

元代黄河流域的书法家是屈指可数的，其中最著名的当推鲜于枢。鲜于枢（公元1256—1301年），是河北渔阳（今河北蓟县）人，官至太常寺典簿，他的书法结字严谨而纵逸、线条极其流畅奔放，遒劲、严谨、灵动又豪爽，他的《唐诗卷》《真草千方》等都达到了较高的艺术水准。

元代"元四家"均为南人，所以黄河流域的绘画成就远逊于南方，著名的有高克恭、李衎、刘贯道数位。高克恭善画山水、墨竹。李衎善画枯木竹石,特别是他的画竹,达到了极高的艺术水平,在元代画家中首屈一指。刘贯道的传世作品有《消夏图》,该图描绘文人士大夫的闲逸生活,重在形象刻画,注重典型环境的布置,"一笔不苟"。

特别的是,元代黄河流域的壁画艺术十分杰出,其成就远在长江流域之上,永乐宫壁画、敦煌莫高窟就是其中的典型代表。永乐宫是一组元代道观建筑,这里的壁画十分丰富,仅三清殿《朝元图》一套壁画中的人物就多至286人,每一个人像造型和构图设计都达到了相当卓越的水平。敦煌莫高窟中的元代壁画工致精美、神态刻画生动逼真。山西稷山兴化寺、洪洞县广胜寺,河北曲阳等地也都有元代壁画遗存,广胜寺明应王殿壁画描绘的是当时杂剧演出的状况,为后人提供了十分珍贵的研究资料。

元代黄河文化的主要成就

黄河流域在元代的文化,由于历史、地理因素,呈现出多元性。这一时期的黄河流域从宋、西夏、金的分裂割据走向统一,文化比过去有了长足的发展。

元代黄河流域的科技成就十分突出,总体水平当在长江流域之上,这从以下几个方面可以看出。

在天文历法方面,元代的黄河流域出现了两位著名的科学家——郭守敬、王恂,编订了《授时历》,发明了天文仪器,还有精确的天文观测。在编订《授时历》过程中,郭守敬创造了简仪,是对传统浑仪的一次重大突破。这是世界上第一台用两个支架支撑起极轴的赤道仪,是世界上第一台集测赤道坐标和地平坐标于一体的多功能综合测量仪,它开创了在仪器上安装调整设备的先河。此外,用于观测太阳位置的仰仪、

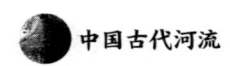中国古代河流

可以自动报时的七宝灯漏,以及观测恒星位置以定时刻的星晷定时仪等天文仪器也都精巧、具有开创性。在天文观测方面,在恒星的观察和黄赤大距的测定上也取得了可喜的成果,可惜的是,郭守敬的观测资料早已经散失了。

在农业方面,有王祯代表黄河流域在农学方面成就的《农书》,农业生产技术在元代也有了很大的进步,棉花的种植技术就是这一时期进入中原地区的。

王祯的《农书》,是我国古代五大农书之一,可与北魏贾思勰相提并论。它是中国农书中前所未有、篇幅最大的一部综合性农书,内容分《农桑通诀》《百谷谱》《农器图谱》三部分。王祯主要总结我国劳动人民的生产经验,建立了比较完整的农学体系,使《农书》在《齐民要术》《王祯农书》等书的基础上更加全面、系统,较为完整地确立了中国古代的农学体系,向世人展示了我国古代农业生产,特别是农业生产工具的卓越成就。

在医学方面,金元四大医家中有两位是元人——北方的李杲、南方的朱震亨。

李杲(1180—1251年),真定(即河北正定)人,是金代名医张元素的弟子,著有《内外伤辨惑论》《脾胃论》《兰室秘藏》等。他认为"人以胃气之本",指出凡饮食失节、寒温不适、喜怒忧恐、劳役过度等都会损耗人的元气,伤及脾胃,从而把疾病的产生和人的脾胃之气的关系密切地联系在一起。这种观点,对后世的医学发展产生了重大的影响。此外,他在用药上也有所创新,认为内伤之病绝不可误认为外感而泻,从而制定补中益气汤。除李杲外,还有王好古、罗天益、杜思敬等医家。

元代在印刷术方面的成就,主要是东平(今属山东)人王祯发明的木活字和转轮排字法。王祯鉴于过去泥活字、锡活字两种印刷术"难于使

圈，率多印坏，所以不能久行"，请工匠刻制了三万多个木活字。为了减轻排字工人找字不方便，他又制作了两个木质大转轮盘，在盘上按韵依次铺排木活字，人坐在两个大转轮盘中间依照号码拣出活字。这种"以字就人"的转轮拣字法，大大减轻了排字工人的劳动强度，提高了排印效率，在中国印刷史上是一次重大的技术革新。

元代的建筑技术以大都，也就是明清的北京城的建设为典型代表，在我国城市建设史上具有里程碑的意义。元大都是按中国古代《周礼·考工记》中的"匠人营国"原则进行设计和布局的，中心台"坐南朝北"，并使宫城的中心位于全城的中轴线上，突出大都以宫城为中心的整体格局。然后再根据总体设计，安排排水系统。另外，大城（外城）、皇城和宫城呈规则的长方形，三城相套，大城坐北朝南，环城设有宽阔的护城河。皇城的东西两侧分别建有太庙和社稷坛。宫殿的建造极其奢华，使用了紫檀、楠木和各种彩色琉璃，在装饰方面，柱上涂上红色、绘上金龙。

元代黄河文化的对外交流与影响

蒙古人建立了世界历史上前所未有的庞大帝国，统治区域东起太平洋西岸、西至黑海之滨、北逾阴山、南越海表，欧亚大陆的大部分土地都在蒙古国的管辖之下。在广袤的国土上，蒙古统治者设立了成千上万个驿站，统一的国土和完善的驿站制度，为中外文化交流，特别是黄河文化与海内外文化的交流提供了极大的便利。

西域人在元代被称为色目人，四等居民中位居二等，大致包括我国新疆在内的中亚、西亚及波斯、阿拉伯人等。在元代，色目人成千上万地迁移到中原地区，在此经商、从政、传教等。他们在此定居，娶妻生子，繁衍后代，与当地民族和文化融合在一起，同时也将西域文化或多或少地传入中原，对黄河文化产生了极其重大的影响。从文献记载和后人的研究来看，色目人对元代文化的贡献，主要表现在天文学、医学、数学、建筑、工艺美术、饮食、宗教等方面。

元初，阿拉伯地区在天文学上取得了许多重大成就，因此中国十分注意吸收阿拉伯天文学方面的成就。成吉思汗时期，耶律楚材将西域历法介绍到中国，并编了一部《麻答巴历》。忽必烈登位后，立即在大都建立司天台，由穆斯林色目人主持天文观测并编制回历。扎马鲁丁撰有《万年历》，并制作了一套"西域仪象"，包括浑天仪、方位仪、斜传仪、平纬仪、天球仪、地球仪、观象仪等7种仪器。这些历法和仪器在当时颇为先进，深得忽必烈的好评。郭守敬编制《授时历》时，便吸收了《麻答巴历》《万年历》等的成就。

在医学方面，黄河文化也吸收了来自西域的医学成果。元大都太医院中设有"广惠司"，专门研究和管理阿拉伯的药物和诊治事宜，久居大都的忽思慧还编著了《饮膳正要》一书。

元代对阿拉伯数学成就的吸收也颇为重视。大都秘书监中收藏了许多著名的阿拉伯数学典籍，这时阿拉伯数字在中国，特别是黄河流域地区已经得到应用。郭守敬在我国首创运用的弧三角学，也明显受到阿拉伯数学的影响。

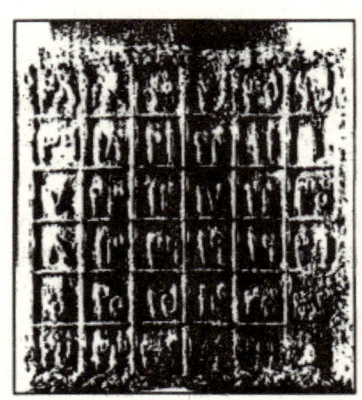

陕西西安出土的阿拉伯数码方盘及其译文

元代，来华的西域人中有许多精通建筑建造技术的人。他们的到来，对中国古代的建筑技术产生了极其重大的影响。陕西、甘肃等地清真寺的建造，无一不体现出阿拉伯建筑艺术对黄河文化的深远影响。此外，西域出产的陶瓷、玻璃器皿、掐丝珐琅等产品，在黄河流域也很受民众喜爱。

在饮食方面，伊斯兰教信徒的主要食物米、面、豆、牛羊肉等，都极大地影响了黄河流域人民的饮食结构和饮食习惯，就连元代烧酒的生产也与西域有关。除此之外，西域的文学艺术、风俗习惯、语言文字等也对黄河文化产生了或多或少的影响。

3. 明清时期的黄河文化

明清时期，中国封建社会已经进入晚期，封建统治者依靠儒、释、道三家思想和严酷专制的政治体系建立的堡垒，其承受能力已经到达极限，阶级矛盾剧烈，生产力不适应新时代的要求，巨变就在旦夕之间。

明代对黄河文化的修复与重塑

元朝是由北方的小部落蒙古族发展壮大起来的，随着它政治、军事等各方面力量的侵入，中原的文化受到了严重的破坏。这种破坏造成的后果，使元在中原的统治备受挑战。

公元 1367 年（元至正二十七年）十月，朱元璋的将领徐达、常遇春率 25 万人马逐鹿中原。徐达先后攻下山东、汴梁，常遇春攻下南阳诸县，朱元璋坐定汴梁指挥全线北伐。次年四月，徐达率诸将攻下大都，九月基本完成对黄河流域以北的政权统治。

朱元璋开创的新政权建立之初，最重要的事情就是稳固统治地位。要稳固统治地位，就必须尽快剿除残元势力、重建统治思想和统治秩序、恢

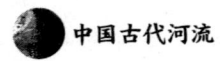

复经济。朱元璋历经艰难困苦的青少年时代和长期戎马征战，深知修生养息的重要性，他打击豪强、减轻工商税、放松冶铁禁令、鼓励经济作物的种植，促进了社会经济的发展。

朱元璋的大明王朝对黄河传统文化的修复和弘扬，包括：重修程朱理学形象，强化思想统治；重视学校教育，纠正元代荒诞与教学的不正风气；倡导务实学风，主张学以致用，组织指导农耕活动、规范工商业行为；改革科举考试，形成八股取士之制，控制文人思想，并采用南北分榜的形式录取官员，平衡南北文化差异；甚至不惜大兴文字狱，来强化文化专制。终于，大明王朝建立了自己的统治思想和统治秩序。所以明中期之后，明代才有机会萌芽出新的社会经济关系。

洪武初年，因为北平独特的地理位置，明太祖曾考虑建都北平。太祖的第四子朱棣，智勇双全、谋略过人，一直活跃在安邦定边的第一线。朱棣在北方度过了他人生的壮年时代，黄河文化潜移默化地熏陶了这位未来的帝王。

明成祖承继了他父亲的遗风，把程朱理学奉为文化生活风尚的无上权威，继续巩固和加强专制主义中央集权统治，对黄河流域人们精神生活和社会生活留下了深深的烙印。它就像一张无形的网，禁锢了人们的思想，文人很难再有别的思想和观点，严重影响到明中期以后的文化发展，导致北方的黄河文化在这一时期远远落后于南方长江文化。

明成祖朱棣在永乐年间，将首都从南京迁到了北京。迁都北京之后，运河成为沟通南北经济的大动脉。同时，伴随着农业的恢复、手工业的发展、商业资本的活跃，萌发出新的资本主义生产关系，种种活跃和冲动，促使文化领域也在这一时期春潮涌动、百花竞放。

■ 第四章　黄河文化的发展和变迁

清军入关给黄河文化带来的机遇和挑战

16世纪末17世纪初，在中国东北的白山黑水之间一个民族——满族发展强大了起来。在明朝以前，这里就与关内特别是黄河流域有着密切的联系。满族先祖在西周时被称为肃慎，在汉代被称为挹娄，在物质文明方面一直和内地互通有无。到明代，明中央政府非常重视对东北方向的管理，并进行了广泛接触和交流，使满族文化与占统治地位的黄河文化产生了深入的接触，包括频繁的朝贡、贸易、茶马互市以及民间流通关系。

努尔哈赤（公元1559—626年），姓爱新觉罗，以其父的13副遗甲起兵，利用与明北京政府的微妙关系统一周围地区，羽翼丰满后，于公元1618年（万历四十六年）以"七大恨"向明朝公开宣战。他本人虽广交汉人，但对汉人、汉儒、黄河文化心怀仇恨，他大肆杀戮、掠夺财货、毁焚村庄，采用残暴"戮儒"、屠城政策，让汉族学仕不寒而栗。

努尔哈赤之后，其第八子皇太极即位。皇太极决意袭承父志入主中原，但除了保留父辈勇猛出击的风格外，他在面对汉族先进的制度和文化的时候多了一份谋略。他改革政治体制、经济制度、文化政策，改"戮儒"为"量才录用"，授汉人通晓满文者举人衔，还组织汉人生员的考试。他重视发展教育事业，还发展了本民族的文字，使之通俗易学，并且大量翻译了黄河文化中经学儒道的典籍。

1644年5月3日清摄政王多尔衮率兵进入北京，同年9月顺治帝福临从沈阳到达北京，10月宣布"定鼎燕京"，从此黄河文化进入新的发展时期。清政府入关以后，为了站稳脚跟，继承并利用了明朝旧的统治机构，包括对汉儒官员队伍、统治思想的继承，达到既消灭对手、攻城掠地，又稳定局势的目的，为长治久安打下基础。

但是，满洲贵族在与汉民族具体交往的时候，在文化特性上又采取文化凌轹政策。

因为统治者重视和利用汉文化的同时，担心满清子弟会受到汉文化的负面影响，"沉于酒色，淫乐无度"等。所以在顺治统治时期，非常强调满族子弟练习骑射，以备武功。

在满清统治期间，官方文字从专用满文，到满文、汉文并用，再至专用汉字，反映了满汉融合的进程。在典章制度方面，完全因循黄河文化三纲五常、贞节孝义的核心内容。在发展过程中，这一时代的书法、绘画、诗赋都达到了相当高的水平，尤其是在天文、算学方面成绩显著。

清北京文渊阁

顺应历史发展潮流的统治政策、有益于社会经济发展的措施，促进了清代封建社会商品经济的繁荣和发展。经济基础坚实了，新的思想风尚、科技文化、法律道德会随之发生变化。这些变化，对封建统治者稳固、严密的统治政策产生了有力的冲击，中国文化发展史产生了惊心动魄的震荡，促使封建社会在走向末期的同时，为黄河文化带来了巨大的挑战和潜在的发展机遇。

第五章

黄河文明的产生和变化

第一节 黄河流域的历史文化

根据黄河流域局部地区的多样性,可以将黄河流域文化划分为三秦文化、中州文化、齐鲁文化三个核心文化区和三晋文化、燕赵文化、河湟文化三个亚文化区。

三秦文化区,简称秦文化区,地处黄土高原渭河流域,历史悠久,曾经是中国历史上文化最发达的地区之一。

1964年,陕西蓝田公王岭发现了距今已有80万至65万年历史的"蓝田人"头盖骨化石。陕北为传说中黄帝一族发祥地,炎帝一族曾长期活动在陕西关中西部。虞夏之际,周族开始在今陕、甘泾渭流域活动,后来的古公亶父在周原开创西周文明。自西周起,先后有秦、西汉、隋、唐等十多个王朝建都于此,这里成为九州文化中心。

荣子公以后的强秦，主要受三晋文化思想的影响，尤其是受法家思想的影响，使秦国迅速强大起来。春秋战国时期，此地风云际会，多少英雄人物出现在这片土地上。到南宋以后，三秦文化一落千丈，几无人才可言，明代著名史学家黄宗羲感叹："秦汉之时，关中风气会聚，田野开辟，人物殷盛；吴、楚方脱蛮夷之号，风气朴略，故金陵不能与之争胜。今关中人物不及吴、会久矣。"

中州文化，狭义上讲是指河南省范围内的中原文化。从出土的文物和古代文献来看，中州文化丰富多彩、历史悠久。

早在五六十万年前"南召人"就生活在这里，到新石器时代这里形成了裴李岗文化—仰韶文化—河南龙山文化的发展系列。在距今约有8000多年的裴李岗文化时期已经进入耕作农业阶段，到龙山文化阶段出现了文字、城堡和青铜器。

之后，夏部落在今豫西河洛地区建立了中国历史上第一个奴隶制国家——夏朝，传说中的夏禹就出生于此。后来，商族崛起于商丘，建国后多次迁都，但基本上都在河南省境内活动，如亳都（今河南偃师）、敖都（今河南郑州）、殷墟（今河南安阳）。西周虽然定都镐京，但洛阳为其陪都，东周迁都洛邑之后，这里的文化开始衰落，东不及齐鲁，西不及关中。

魏晋南北朝时期，中州文化发展缓慢，但仍是黄河流域文化最发达的地区。隋唐五代时期，中州文化的地位仅次于关中，出现了哲学家姚崇、刘禹锡，著名的诗人有上官仪、宋之问、岑参、杜甫、李贺、李商隐等，散文家有韩愈，史学家有李延寿、吴兢、司马贞，书画家有吴道子、褚遂良、孙过庭等，佛教有高僧玄奘等，道教有学者成玄英等，以及科学家刘佑、、张文仲、孟诜等，艺术有陶瓷以及唐代的龙门石窟等。至五代时，中州文化因军阀长期混战呈现出停滞和衰退趋势。北宋时期，中州文化领

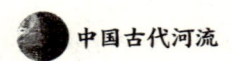中国古代河流

先于三秦文化和齐鲁文化,在全国首屈一指,成为文化荟萃之地,无论是文化设施、文化活动,还是文化素质、文化品位都是发展得最好的,代表着宋代文化发展的繁荣和高度。至元代以后,中州文化远不及长江文化中的吴越文化,其在黄河文化中的首要地位也被齐鲁文化取代。

齐鲁文化的地域范围大致包括今日的山东省。生活于这一地区的东夷族,创造了灿烂的东夷文化,发源于这一地区的北辛文化、大汶口文化和龙山文化也一度处于黄河流域文化发展的领先地位。

随着西周初年齐、鲁两国的建交,东夷奴隶制迅速结合中原地区的周文化,形成了齐鲁文化。只不过,这一时期的齐鲁文化并未完全实现统一,还是独立地分为齐文化和鲁文化两个部分。到春秋战国时期,齐文化和鲁文化开始出现了一体化现象,构成了齐鲁文化圈,并涌现出一大批孔子、孟子、荀子、管仲、晏婴、孙武、孙膑等杰出人才。

秦统一中国后,齐鲁文化在全国继续保持领先的地位。无论是文化发展水平,还是文化影响力都处于核心地位。进入西汉之后,齐鲁地区仍是全国文化最发达的地区。这里除在早期盛行黄老之学外,儒学更是从这里传至全国各地,成为封建文化的主体。到东汉的时候,齐鲁地区的文化地位开始下降,并落后于中州文化。此后,齐鲁文化地位一落千丈,不复往日之盛。

燕赵文化的地域范围大致包括今天的河北、北京、天津,其文化主流属于黄河文化,不少异族支流则属于草原部落文化。

四五十万年前,"北京猿人"就生活在这一区域,距今约8000年的新石器时代,这里发展的磁山文化,与裴李岗文化一样成为黄河文化最古老的文化。

赵武灵王推行"胡服骑射"的政策之后,使游牧文化的价值观念、生活方式与当地农耕文化相结合,熔铸于燕赵文化之中,形成了独特的文化

精神，才会有"风萧萧兮易水寒，壮士一去兮不复还！"这种慷慨悲歌。在秦汉时期，燕赵已经达到了一定的水平，出现了赵佗、冯毋择、冯去疾、冯劫等人才。

由于军事、经济等因素的影响，燕赵文化区长期落后于齐鲁文化区、中州文化区、三秦文化区，直到元代初年才有所改变。元代，燕赵文化区内相继分化出了京都文化圈和天津文化圈两个亚文化圈。京都文化形成于元代，经明清两代的发展达到了顶峰。天津文化形成于清代，因为经济的繁荣，教育、科举、学术等都得到了迅速发展，从而摆脱了过去文化不昌的境地。

三晋文化，简称晋文化，地域范围在今天的山西省，地理位置独特。三晋文化萌芽于石器时代，山西芮城西侯度遗址距今有180万年的历史，是目前世界上最早的古文化遗址之一。

西周初年，唐叔虞受封于此，形成晋国，成为一个具有独特风格的地区性文化。曾经，三晋文化思想的主体是法家思想，这里还是纵横家的发源地和活动中心。在有关传统宗法制度及其观念形态的问题上，三晋文化都曾表现出蓬勃的朝气和积极的进取精神。

由于独特的地理位置，三晋文化区长期成为黄河文化与北方文化联系的重要纽带，使两大文化区的文化不断扩散、融合。到汉唐时期，这里的科技、哲学、宗教、文学、艺术等都发展繁荣，涌现出大量人才，《三国志·魏书》还注有"河东特多儒者"的说法。

到宋金元时期，三晋文化仍旧占有非常重要的地位。明代，三晋文化区的商业文化发展繁荣，山西商人和封建政权的关系紧密，发展成为与徽州商人齐名的商人集团，雄踞海内。

河湟文化区的地理位置包括黄河上游九曲之地和青海境内湟水谷地、甘青交界地区，以及河西走廊及宁夏的部分地区。因为地理环境的因素，河湟文化区内游牧文化与农耕文化长期并存发展，并且曾四次与其他民族的文化交融发展，呈现出多元汇聚的历史文化现象。

河湟文化区的文化起源很早，河湟史前文化的发端是新石器时代的马家窑文化和齐家文化，它们均以农业为主要的经济形式，种植粟类作物，具有较发达的农耕文明。马家窑文化还有精彩绝伦的彩陶，是能够与仰韶文化、大汶口文化齐名的黄河流域史前时期三大彩陶中心之一。

河湟文化区最早的居民是羌族，他们原本以畜牧为业，过着穹庐为居的游牧生活。大约到战国时期，羌人从秦人那里学到了先进的农业生产技术，将农耕文化带到河湟文化区，使河湟文化出现了重大的变化。

西汉时，随着统治集团军事力量的扩张和发展，大量汉人移居河湟地区，并在这里屯田生产，使河湟地区的农耕文化脱颖而出。在魏晋南北朝、隋唐、元代三个时期，河湟地区的土著文化与其他民族的文化又进行了三次大的交汇，总体朝着整合与多元汇聚的方向发展。

知识链接

王景治河

王景，字仲通，书上评论他"广窥众书，又好天文术数之事，沈深多技艺"，是个学识渊博的学者。他尤其擅长水利工程技术，"能理水"，而且在从事治黄之前，他已经积累了修治汴渠的成功经验。他对于治黄的利害得失有较深入的了解，所以当汉明帝接见并问及治河问题时，他能对答如流，遂被委派主持治河。这次治河规模相当大，动员了数十万人参加，施工整整一年时间，所花经费以百亿计，工程终于顺利完成。这就是历史上著称的王景治河。

当时的背景是这样的：公元 11 年黄河在魏郡决口，初决时未筑堤约束，洪水在"清河以东数郡"泛滥横溢。由于以往"平帝时，河、

> 汴决坏，未及得修"，以致当时"侵毁济渠，所漂数十许县"。黄河的洪水入侵济水和汴渠后，就将这一带内河航道淤塞，田地村落被洪水吞没，其中兖州（相当于今河南北部，山东西部一带）、豫州（相当于今豫东南、皖西北）受害尤重。对待黄河南北地方官持不同态度，南方主张迅速堵塞决口，使黄河北归，而北方则赞成维持南流现状。公元34年（汉建武十年）有人提议治河，但由于南北互相掣肘，因此并未真的实行。此后河势更加恶化。汴渠受冲击，渠口水门沦入黄河，而兖豫地区老百姓大受水害，民不聊生，纷纷指责统治阶级不关心人民死活。在人民群众的压力下，公元69年（汉永平十二年）东汉王朝决定派王景治理黄河。

第二节 黄河文化遗址

1. 半坡遗址

1953年，国家投资的灞桥火力发电厂在位于西安东郊的半坡村破土动工，随着施工的进行，大量人工磨制的石器并伴随有少量的陶器出现。因为陕西是个一文物大省，在施工过程中发现文物是常有的事情，所以陕西人的文物意识一般都很强。这一次，施工单位毫无例外地迅速把相关发现向上级做了汇报。

西安市文物主管部门接到相关信息后，立即派专家前往考察。专家来到施工工地，收集了现场的石器和陶器，发现有石铲、石斧、石锄、砍伐

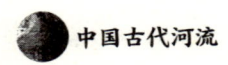

器等多种人工磨制的石器，加上陶器都是彩陶，彩陶上的图案和在陕西、河南等地大量发现的仰韶文化类型陶器上的图案非常相似。初步判断应该属于新石器时代的遗存，应该是一处属于新石器时代仰韶文化的遗址，具有重大的发掘价值，于是立即向上级专业部门做了汇报。

1954年，中国科学院考古研究所决定对半坡遗址进行考古挖掘，前后延续了近4年的时间，揭露的遗址面积大约10000平方米，获得了大量珍贵的科学资料。

半坡遗址是我国首次大规模发掘的、保存较好的新石器时代聚落遗址，它是黄河流域规模最大、保存最完整的原始社会母系氏族的村落遗址。半坡遗址的发掘，确立了一个新的文化类型，为研究我国黄河流域原始社会的聚落布局，经济、文化及生产生活情况提供了较为完整的资料。

陕西半坡遗址，地处黄河中游，40多年来，文物考古工作者通过大量的调查和发掘，在陕西境内发现了上千处新石器时代的遗址和数万件历史文物，仅关中地区就发现了400多处，因此，人们才将黄河流域称为我国古代文化发源地。

半坡遗址，是我国首次大规模发掘的一处新石器时代村落遗址，占地面积约50000平方米，大致分为大围沟围绕的居住区、东边的制陶区，以及围沟以北的氏族公共墓三部分。半坡遗址属于典型的母系氏族公社时期的村落遗址，它的大门具有原始村落风格特征，鱼池中耸立着正在汲水的半坡姑娘石雕。在发掘的大约10000平方米范围内，半坡遗址发掘出了大量的房屋、窖穴、陶窑遗址和墓葬区，出土了上万件生产工具和生活用品，并有粟、菜籽的遗存。

半坡遗址的文化遗存包含老官台文化、仰韶文化、半坡类型、庙底沟类型、西王村类型等，年代大致可推到公元前4800年至公元前4300年。

第五章 黄河文明的产生和变化

西安半坡遗址的半坡聚落的范围为不规则圆形。居住区在中央，分南北两片，每片中心有一座大房子，周围是小居堂。半坡遗址的房屋有圆形、方形半地穴式和地面架木构筑之分，公共活动用的大房屋，还有若干小房子，其间分布着窖穴和牲畜圈栏。居住区有濠沟环绕，沟北是公共墓地，沟东有陶窑场。墓葬区的成人墓葬均为浅竖穴墓坑，多为单人仰身、直肢葬，头向西北，也有少数二次葬、屈肢葬和俯身葬，另有两座同性合葬墓。随葬品多为日常生活实用器及装饰品等，到了晚期已出现专门用来祭祀死者的随葬明器。

在半坡遗址出土的陶器上，发现有22种刻画符号，经过古文字学家研究发现，这些符号看似简单，却已具备现代汉字的基本特征，很多学者认为很可能是一种原始的文字。我们都知道，在文字产生以前，远古时期曾有一段结绳记事的历史，结绳记事之后最先创造出的文字应该是象形文字。所以古文字学家从种种迹象推断，半坡遗址中这些符号很可能就是我国最早的文字符号，它很可能是从结绳记事的阶段向文字阶段过渡中所形成的象形文字的雏形。

也就是说，也许文字的出现，并不是某一人、某一时创造的，而是人类在社会生产生活中慢慢积累创造出来的。如果这些符号属于文字，那么黄帝时期仓颉造字的传说就不那么可靠了，因为仓颉所处的黄帝时代比半坡时代晚了1000多年。也许仓颉并不是首创文字的人，更有可能他是根据当时的统治者——黄帝的要求对文字进行规范整理，并在此基础上创造出一批急需的新字，以满足当时的社会需要罢了。

不论如何，随着对半坡文化遗址的挖掘和研究，更多关于原始社会时期的信息会得到还原，黄河流域的文明史也将得到追溯。

2. 仰韶文化

1921年，考古工作者在河南渑池仰韶村发现了一处新石器时代晚期的村落遗址，并在这里发掘出有许多石器、骨器和陶器。根据考古学上的惯例，通常会以最先发现地的地名来命名同一系统的文化，于是这些性质相同的遗址，就被归属于"仰韶文化"当中。

仰韶文化和龙山文化，是中国最早发现的两个史前文化，而且这两者之间的关系非常紧密。仰韶文化的地域分布，大体以黄河中下游的河南、山西和陕西为中心，西到甘肃境内的渭河上游，少数遗址到达洮河流域。有学者将龙山文化的区域划分为山东沿海、豫北和杭州湾三个地区。

在黄河两岸一望无垠的黄土平原和高原上，距今7000年到8000年的新石器时代就出现了原始农业。这以后，人们能够通过农业来满足生活所需，于是逐渐定居了下来，所以许多原始公社的氏族村落星罗棋布地分布于黄河流域。黄河流域靠近水源，土地也肥沃，有利于发展农业和畜牧业。根据新的考古材料显示，河南、陕西和山西的龙山文化，是在继承仰韶文化的基础上发展起来的，而仰韶文化的前身很可能是大汶口文化。

为了避免洪水的侵袭，仰韶文化的氏族村落都分布在河流两岸的黄土台上，喜欢在河流转弯或两河交汇的地方选址营建村落。因为靠近水的地方，不仅适于农业、畜牧、狩猎和捕鱼等生产活动的进行，而且交通也比较便利，便于人们相互往来。这些氏族村落的分布相对密集，村落之间的距离也不会太远，有的甚至隔河相对。

这一时期的农业还处于刀耕火种的阶段，人们不懂得灌溉技术，所以在土地不如以前那么肥沃之后，就只能迁移到别的地方去开辟新的耕地，建立新的村落。由此可知，许多密集的村落遗址，或许并不是同一时间建立起来的。但随着农业生产水平的提高，人们能够在一个地方长期定居下来，迁移就不再像过去那样频繁了，村落的数目也就明显减少了。

在人们学会了凿井之后，选址便不再受限于水源，村落也就不再密集地沿河分布了。仰韶文化遗址中的村落，面积大小不等，一般从几万到十几万平方米，最大的有九十多万平方米。这些大的村落往往有一定的布局，划分出不同的功能区，以便于生产生活。

根据已经发现的房屋的遗迹和柱洞的位置，可以推测这一时期的建筑是采用比较先进的木架结构修筑的。而且，黄河流域的木材资源在这一时期也相当丰富。总体来看，仰韶文化相关遗址中的房屋建筑有两种形制：一种是半地穴式建筑，分为圆形和方形两种，一般从地面向下挖一个土坑，再在上方搭盖棚顶；另一种为地面建筑，形状与半地穴式建筑一样，也分为方形和圆形两种，只是处于地面之上，也不像半地穴式建筑那样留有狭长的门道。

除此之外，制陶业是这一时期非常重要的手工业部门。这一时期生产的陶器多为粗陶，但其中有一种表里都磨得非常光滑、描有彩绘的彩陶。彩陶十分精美，可见当时的人们已经有意识地琢磨提高手工艺的制作水平，审美也进一步得到了开发和提高。

仰韶文化内涵丰富、时间跨度大、地域广阔，对研究原始社会的发展和过渡情况意义非凡。

3. 大汶口文化

大汶口文化所处的时代属于新石器时代，因山东省泰安市大汶口遗址的发现和发掘而得名，分布范围广泛——东至黄海之滨、西至鲁西平原东部、北达渤海南岸、南到江苏淮北一带。大汶口文化为龙山文化的源头，属于以太昊伏羲氏为首的东夷文明时期，是中国光辉灿烂的史前文明的典型代表。结合放射性碳14断代法和考古学者的校正，可判断出大汶口文化年代应该为距今4500年到6500年，延续时间在2000年左右，根据地层叠压关系和遗物特征区分为早、中、晚三期。

在已发掘的遗址中，安徽发现的大汶口文化晚期聚落遗址中有成排分布的红烧土建造的建筑。这些建筑少则两间相连，多则六间一排，布局严谨，有较高的房屋建造技术。

大汶口文化的陶器多为夹砂或泥质的红陶——早期以红陶为主，晚期出现硬质白陶。陶器的纹饰通常有镂孔、划纹、附加堆纹、篮纹，还有彩陶和朱绘，彩陶虽少但富有特色。石器磨制精美，中期之后出现了制作精良的玉器。此外，还发掘出了各种骨制、牙制工具和装饰品。另外，大汶口主要种植粟，饲养猪、狗、牛、鸡等家畜，渔猎经济在这一时期也是重要的生产部门。

大汶口人的葬式通常为仰身直肢葬，也有俯身葬、屈肢葬和二次葬等，还发现部分折头葬、折肢葬等较为特殊的葬式。中晚期以后的文化层出土有木质葬具，随葬品中还出现了带有各种陶文的大口尊。大汶口墓葬中还出现夫妻合葬墓或夫妻带小孩的合葬墓，说明母系社会结束，人类社会开始步入父系氏族社会。

大汶口文化是东夷文化史上发展繁荣的阶段，从经济、文化、社会等几个方面来看，总体的成熟程度高于仰韶文化。它除了拥有较为发达的种植业、畜牧业，辅以狩猎和捕鱼业外，还出现了手工业，以及生产、生活用具相关的制造业。

大汶口文化时期的制陶技术超越了仰韶文化，有红陶、灰陶、黑陶和白陶四类，白陶的出现为之后瓷器的出现奠定了技术基础，是陶瓷的先驱制品。大汶口先民最具代表性的是酿造业的发展,它是酿造业的开创者,发明了最早的酿酒术。

陶刻文字是大汶口文化对这一时代非常大的贡献,因为文字是古代文明发展到一定阶段的产物,是文明社会的重要标志。大汶口陶刻文字,在当时就已经具备了文字的性质和功能,比甲骨文早了1500年。

大汶口文化出土文物

在大汶口文化时期生活的居民盛行枕骨人工变形和青春期拔除一对侧上门齿的风俗,他们还会长期口含小球或陶球,促使颌骨内缩变形,同时流行在死者腰部放穿孔龟甲,让死者手握獐牙或獐牙钩形器。这些风俗习惯在我国其他史前文化中是很少见的。由此可见,大汶口文化时期丰富的物质生活,使得人们有闲暇能够对精神文明和制度文化进行开拓拓展,这便是学者一致认为东夷族无论在文字的创造,还是礼制、宗教的形成上,都走在同时代文化前列的原因。

大汶口先民创造了光辉灿烂的古代文明,他们在文化上的贡献,不仅见诸传说与史载,还得到了考古发现的印证与支持。大汶口文化是中华文明的主导文化,它的产生、发展和延续,为泰山封禅祭祀文化和曲阜孔孟儒学文化的发展奠定了坚实的基础。

4. 龙山文化

大约公元前2500年,中国原始社会的大部分地区进入了铜石并用时代晚期,在新兴的海岱龙山文化的带动下,出现了非常明显的重新整合的趋势,一个面貌一新、格局不同的新时代——龙山时代到来。以公元前2200年左右为界,可以将其分成前、后期两个阶段。以鼎、斝(鬲)、鬶等三足器和黑灰陶为代表的龙山时代,社会分化继续加强,形成拥有多个文明区域和中心的社会,其中以中原实力最强。

在这一时期,由鲁东沿海和潍河流域的大汶口文化发展而来的龙山文化,以胶州三里河、日照东海峪、临沂大范庄、潍坊鲁家口龙山文化的早期遗存为代表,之后扩展至鲁中南地区,以泗水尹家城龙山文化一至三段、兖州西吴寺龙山文化一至四段、邹平丁公龙山文化一至三段遗存为代表,之后又再一次扩展到山东全境,以至于江苏北部。

龙山文化的陶器与大汶口文化一脉相承,但在制作工艺上更加精细规范,形态也发生了细微变化,大汶口文化时期的背壶、瓶、尊等基本消失,产生了罐形或盆形、鸟首形足的鼎,罐的最宽处多在上腹,平底盆斜腹大多较浅……

龙山文化聚落分化显著,可分为五六个地方类型,被认为至少存在四个级别,大多数以夯土城为中心,围绕夯土城形成若干聚落群。鲁东南有两城镇和尧王城两个中心聚落:两城镇中发现有精美玉器;尧王城的城墙基部铺垫石块,还发现了八九米见方宗教类建筑的夯土台基。龙山文化时期有半地穴式、地面式和台基式三种建筑,呈方形或圆形,多为单间,也有连排建筑。建筑的墙体多为木骨泥墙,也有夯土墙和土坯墙,后冈二期文化的地面和墙裙还有涂抹白灰的。

龙山文化遗址中的墓地多为有一二十座墓葬的小型墓地，基本都采用竖穴土坑墓，多仰身直肢葬，随葬品多为陶器，仍有以獐牙和猪下颌骨随葬的习俗。龙山文化的墓葬在规模、随葬品质量和数量上都有显著的等级差别，最高级别的临朐西朱封、泗水尹家城大墓有二层台，有棺椁，还有放置随葬品的边箱和脚箱，棺椁施以彩绘，随葬有大量精美的黑陶器，以及镶嵌绿松石的玉冠饰、四孔玉刀、玉笄、鳄鱼鳞板等。龙山文化的陶器制作技术，尤其是蛋壳陶技术空前发展，玉器雕镂细致入微。

龙山文化的生产工具和大汶口文化晚期基本相同，磨制石器有斧、锛、凿、镢、铲、镰、刀、镞等，也有不少蚌刀。其中，农具的比例比大汶口文化高。龙山文化底层中挖掘出来的磨制石、骨镞种类、数量都明显增多，有横剖面三角形、菱形等多种，晚期还出现了细石器镞，还有鱼镖、鱼钩、矛、网坠、纺轮等，说明在这一时期，狩猎捕捞在生产生活中仍占有一定的地位。

同时，在三里河、尧王城、庄里西等遗址中出土了碳化稻粒，在两城镇、教场铺、胶州赵家庄等遗址发现有碳化小麦，说明与龙山文化粟作、稻作、麦作农业并存。龙山文化的家畜饲养多为猪，其次为狗，有的遗址中还发现了家养羊。龙山文化形成时期，中原地区的文化也许正经历一个变革和重新整合的过程，重新整合之后各区域的遗存已不再是一个考古学文化能够容纳的了，因此划分出一些不同的文化类型。不过，中原文化的古老基础仍然存在彼此间的交流且相对密切，还是可以用"中原龙山文化"这个概念将其他划分出来的文化群归纳在一起来进行研究的。

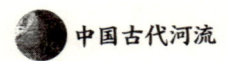

5. 二里头文化

1952年,河南登封的玉村最早发现了二里头遗址。从1959年起,在河南偃师二里头遗址进行科学发掘以后,发现二里头遗址更加具有典型性,所以将这种类型的遗存命名为二里头文化。二里头文化,是在龙山文化和二里冈文化之间产生的一种考古学文化,主要分布在晋南、豫西,尤其以二里头遗址发现的文化遗存最具代表性和典型性。

二里头文化是夏文化进行研究和探索的主体内容。根据文献记载,夏王朝的中心区域就在豫西、晋南一带,其代表夏文化为二里头文化的二里头类型和东下冯类型。在经历仰韶文化、龙山文化3000年的发展之后,龙山文化末期的黄河流域,许多氏族部落先后产生出更大规模的军事联盟时期,形成了一批古史传说中非常有影响的军事集团,例如:黄河中游的颛顼氏、帝喾氏,黄河下游的皋陶氏、伯益氏,渭水流域的炎帝神农氏,淮河流域的太皞氏,等等。这些军事集团经过数百年的交流、融合,大约在公元前22世纪,先后形成城邦制军事酋长国。黄土高原的黄帝部落集团下辖六个巨大的部落联盟,成为活跃在陕西、山西、河南交界地区的强大力量,建立了中国历史上第一个王朝——夏。

1953年在河南省登封县王村遗址出土的遗物不多,1954年到1957年的洛阳东干沟村附近发现了几个这种文化的墓葬与灰坑。这个遗址的晚期堆积中发现有青铜小刀和青铜锥,器形和铸造工艺原始。从地层关系,可以清楚地判断出这种文化晚于人们熟悉的河南龙山文化,但早于商代。根据碳14测定,这一遗址的产生时间为公元前21—公元前15世纪,随着对二里头遗址的大规模科学发掘,越来越多的证据表明,二里头文化遗址中的遗存属于夏文化。

到20世纪80年代,二里头文化遗址的发现不仅遍及河南全省,而且在河北省南部、山西省西南部和陕西省东部各地发现了 100 多处，既包含早期的城址、宫殿建筑、村落、墓葬群，也有冶铸铜器或制石、制陶、制骨的手工业作坊，同时出土了大批陶器、石器，以及早期青铜器、玉器、象牙雕刻器和漆器等，具有明显的时代特征。

二里头遗址的出现具有划时代的历史意义，尽管二里头遗址直到二期面积才达到 300 万平方米，但一期时就是超过 100 万平方米的大型聚落。一期出土了青铜器、象牙制品、绿松石等遗物，表明该聚落无论从规模上还是性质上都具有特殊性，从最初起就区别于其他聚落。根据研究分析，该期是由多个聚落组合而成的，它的忽然出现，意味着该聚落并非逐渐扩大，而是大量的人从其他地方迁移而来组合在一起的。也许从中可以推测，在这一时期，大量原本分开居住的、不同的集团由于某种特殊的原因融合在了一起。

二里头文化遗址的挖掘、考察和研究，对研究夏代相关的历史、文化和生产生活方面的内容具有非常高的价值。

第六章

古代的水运、水利工程

第一节 农田水利

由于中国大部分地区受季风气候的影响，降雨量时间与地区分布不均，旱涝灾害频繁，要确保农业丰收和社会经济的发展，必须靠农田水利工程来加以调节，进行灌溉或排水。因此可以说，中国的农业发展史，也是一部农田水利史。

1. 奴隶社会时期的农田水利

有史以来，黄河中下游地区便是旱涝灾害频发之地。商代初年（约公元前16世纪）曾出现过持续7年的大旱。西周后期（公元前9世纪中期）发生的一些大旱，曾导致人口大量死亡，而且涝渍、土地盐碱等灾害也普遍出现。从商代起，开始有了饮水灌田的记载。周代实行井田制，把

900亩土地平均划分为井字形的9个区，各个区间由沟渠和道路相隔，形成了排灌系统。春秋时期，地区性的土地开发规划包括：修筑蓄水和防水堤塘，划定排水区；利用沼泽，把平原耕地也划分为井字形等。公元前600年前后（春秋楚庄王时期），形成了系统性的农田灌溉工程。稍后，修建了芍陂（今安徽寿县安丰塘）大型塘堰灌溉，淮河流域陂塘水利大为发展。到了战国初年，魏文侯变法，西门豹为邺（今河北临漳西南20千米）令，修建了漳水十二渠，淤灌斥卤土地。《周礼·职方氏》分全国为9州，指出7州"宜种稻"，并列出各州灌溉区，例如太湖流域、长江中游漳河流域、汉水唐白河流域、淮河汝水流域、关中的渭水、洛水流域、涞水、易水流域以及山东的淄水流域等地。

农作物生长离不开水，但仅靠自然降雨往往不能与农作物的需要完全协调。因此，农业是离不开灌溉的。火耕水耨阶段，一旦放火烧荒后就需要引水灌田才能松润土壤，即所谓"烧薙行水，利以杀草；如以热汤，可以粪田畴，可以美土疆"。而当种子下地之后，若遭遇大旱天气，难免要"负水浇稼"。起初，灌溉可能依靠人力提水。但当农业进一步发展，随着种植面积不断扩大，单纯用人力提水灌溉，就远远不能满足需要了。那时候，人们在实践中受到水往低处流的运行规律的启发，学会了开渠引水灌田。相传在大禹治水的时候，禹也"尽力于沟洫"，《国语·周语》记述说，禹曾"决汨九川，陂障九泽，丰殖九薮，汨越九原……能以嘉祉殷富生物也"。这其中就包括了最原始的农田水利工程。据说由于有了一定的防洪措施，在黄河下游地区也推广了种稻。到了奴隶社会，农田灌溉又有了进一步的发展。

根据古代文献记载，我国人民早在夏商时期就已开始了农田的规划，并注意到灌溉的水源问题了。相传周族很早以前就是一个善于从事农业生产的部落，其始祖后稷"好耕农……为农师"。其曾孙公刘，是周族一个著名的首领,那时周族从邰(今陕西武功一带)迁到豳居住,豳地即今陕西彬(今彬县一带)、旬邑一带,靠近泾水。他们到了那里以后,登上山冈,借助日影,选择向阳的地方居住和耕种。他们还调查了当地的水源情况,对农田灌溉进行了规划。《诗经·大雅》上有一篇《公刘》的诗,叙述了他们当时择地居住、发展灌溉的情况。诗中说:"笃公刘,既溥既长,既景(影)乃冈,相其阴阳,观其流泉,其军三单,度其隰原,彻田为粮。"郑玄注曰:"流泉浸润所及,皆为利民富国。"显然指的是给水及引水灌溉。

商代开始有了沟洫工程的文字记载。那时的土地占有制就是后来所说的井田制。井田即方块田,在甲骨卜辞中作田、囲、圀、圆等形状,把土地按一定面积划分整齐,为的是便于监督奴隶劳动,强迫奴隶们完成定量的生产。这种被划分为比较整齐的方块形式的田地,类似井字,所以称为井田。井田中的灌溉渠道,分布在各块耕地之间。在殷墟发掘的商代甲骨文中有一个"𠚍"字,就是后来的"畎"字。从其原始字形判断,"𠚍"从田、从川,即田边的灌溉沟渠。另外有"鲜"字,有人考证也是"𠚍"字。可见,我国最迟在商代已有了农田灌溉渠道。

到了西周,沟洫工程有了进一步发展,技术水准也有了新的进步。《诗经》上就有关于灌溉的记载,例如:"滮池北流,浸彼稻田。"当时西周的都城在丰镐(今西安西南),滮池正处在都城附近。据汉人郑玄等考证,滮池是渭水支流滮水的上源,在咸阳县南,滮水自南向北注入渭水,用滮水"浸彼稻田",即是稻田灌溉。

在《周礼·稻人·遂人》中对当时的沟洫布置也有所记载:"稻人,掌稼下地,以潴蓄水,以防止水,以沟荡水,以遂均水,以列舍水,以浍泻水。""凡治野,夫间有遂,遂上有径,十夫有沟,沟上有畛;百夫有洫,洫上有涂;千夫有浍,浍上有道;万夫有川,川上有路,以达于畿。"《考工记·匠人》记述:"匠人为沟洫,耜广五寸,二耜为耦,一耦之伐,广尺深尺,谓之甽,田首倍之,广二尺、深二尺,谓之遂。九夫为井,井间广四尺、深四尺,谓之沟。方十里为成,成间广八尺、深八尺,谓之洫。方百里为同,同间广二寻、深二仞,谓之浍,专达于川。"

这里所说的浍、洫、沟、遂等都是渠系中的逐级渠道,和今天将渠系中的渠道分为干渠、支渠、斗渠、农渠、毛渠相类似。其中"沟"的作用是引水、输水,即所谓"荡";"遂"的作用是分配灌溉水到田间,即所谓"均";"洫"则是停蓄灌溉水的田间垄沟,即所谓"舍",也就是"施舍""施灌"的意思;"浍"则是起排泄余水的作用,就是排水沟;而"专达于川"则是渠道与河流相接,从河中取水或排水入河的意思。由此可见,在西周时期的井田上,既有灌溉渠道,还有排水渠道,从而形成了有灌有排的初级农田灌排系统。蓄水工程和灌排结合的渠系工程的出现,标志着西周沟洫工程的新水平。但实际规模比起以后的渠系工程来说并不大,所以农业生产还不得不更多地依靠自然降雨。

从社会大变革的春秋战国时期起,社会生产力得到了高速发展,沟洫系统逐渐被灌排渠系取代,农田水利工程进入了一个新的发展阶段。

当时,铁农具逐渐推广使用,《国语·齐语》中记载有管仲的话:"美金以铸剑戟,试诸狗马;恶金以铸鉏夷斤斸,试诸壤土。""美金"指的是青铜,用来制造武器;"恶金"指的是铁,用来铸造生产工具。到了战国时期,铁农具的应用已经十分普遍。《管子·海王》载:"今铁官之数曰……耕者必有一耒、一耜、一銚,若其事立。"说明那时每户农民都有一铲、一犁和一柄大锄头。社会生产力随着铁制工具的使用、私田的开辟以及牛耕的推广得到了大力发展,这使得劳动生产率大为提高,给了落后的井田制以有力的冲击。在奴隶起义的打击下,面对私田日益增多的事实,各诸

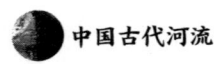 中国古代河流

侯国统治者不得不相继进行某些改革。例如公元前594年，鲁国开始实行"初税亩"，即不分公田、私田，一律按土地面积征税。新的土地占有关系破坏了原有的井田制，也打乱了井田上的沟洫工程，客观上产生了兴建新的较大规模的渠系来适应农田灌溉的需要。从此，我国较大型的渠系工程就此产生了。

大型渠系工程最早出现于淮河流域上的期思雩娄灌区（今河南省固始县史河湾试验区境内）。它是由楚国孙叔敖主持在公元前605年左右修建的。《淮南子·人间训》记载："孙叔敖决期思之水，而灌雩娄之野。"期思之水当是今天的史河和灌河，这个灌区在今河南固始一带，相当于新中国成立后新建的梅山灌区中干渠所灌的地区。《后汉书·王景传》还记载说孙叔敖曾在现在的安徽寿县修建芍陂，还有的记载说他在今湖北江陵一带兴修过水利。公元前548年，楚国令尹也根据当时的制度，"数疆潦，规偃潴，町原防，牧隰皋，井衍沃……"把水利建设摆在重要地位。类似的例子郑国也有。公元前563年，"子驷为田洫，司氏、堵氏、侯氏、子师氏皆丧田焉"——"为田洫"，即兴建灌溉系统。

知识链接

大禹治水的故事

禹是大约公元前2000年前的古代部落联盟领袖，传说中治理特大洪水的领袖人物。先秦文献中记载着尧舜时期发生全国性特大洪水，禹治水成功的传说。禹以前有共工和禹父鲧奉帝之命治水，都因单纯堤防壅堵失败，舜帝驱逐了他们，改命禹治水。禹走遍全国，因势利导，改以疏导为主，开九（九指多数）川通海。禹因治水有功，受舜禅位为部落联盟领袖，为中国第一个王朝——夏朝奠定了基础。

> 禹的事迹对后世治水影响深远：①大禹治水鼓舞了中国人民可以战胜洪水灾害的信心；②他治水13年，三过家门而不入，其勤劳奉公精神为后人所尊崇；③他的因势疏导之法，值得借鉴。事实上，禹做出的功绩应是古代劳动人民长期治水的综合成果。

2. 战国、秦、东汉时期的农田水利

战国时期，农田灌溉成为水利建设的重点，情况发生了很大的变化。此时涌现了一批大型水利工程，主要的有陂塘蓄水工程——芍陂，灌溉分洪工程——都江堰，大型渠系灌溉工程——郑国渠，多首制引水工程——漳水渠，等等。

公元前256年，蜀郡守李冰在岷江冲积扇地形上主持修建了举世闻名的都江堰。渠首工程主要由鱼嘴、宝瓶口和飞沙堰三部分组成，为无坝引水渠系，在科学技术上有许多创造，是古代灌溉渠系中不可多得的优秀典型。都江堰除灌溉效益外，还有防洪、航运和城市供水的作用，促进了川西平原的经济繁荣。战国末年在今湖北宜城修建的白起渠是陂渠串联式灌溉工程，它从汉水支流蛮水引水，将分散的陂塘和渠系串联起来，提高了灌溉保证率。公元前34年（汉元帝建昭五年），南阳太守召信臣在汉水支流唐白河一带修建的六门堨，也是陂渠串联形式。

公元前246年（秦始皇元年），由郑国主持兴建了关中平原上规模最大的郑国渠。它西引泾水，东注洛水，干渠全长300余里，灌溉面4万余顷。公元前95年（西汉太始二年），又扩建了白渠，灌溉面积4500余顷。在渭水及其支流上，则有成国渠、蒙笼渠、灵轵渠。利用洛水的灌溉工程有以井渠施工技术著称的龙首渠。在今山西太原西南晋水之上，有一座有坝取水工程叫智伯渠，汾河下游也曾引黄河水灌溉。

坎儿井是新疆吐鲁番盆地一带引取渗入地下的雪水进行灌溉的工程形式，西汉时期已见诸记载。河西走廊、宁夏河套灌溉也有修建。战国初年，在今河北南部临漳县一带由魏国西门豹主持兴建了有文字记载的最早的大型渠系——漳水十二渠。西汉时期在今石家庄地区兴建的太白渠，规模也相当可观。

此外，这一时期还有以芍陂、鸿隙陂（位于今淮河干流与南汝河之间的河南省正阳县和息县一带）为代表的江淮流域灌溉，以文齐在云南修陂池为代表的长江上游水利，以泰山下引汶水为代表的山东地区水利等。

《吕氏春秋·国圉》指出了我国在水资源方面降水受东南季风影响的事实。《周礼·职方氏》罗列了全国主要的河流湖泊分布及其灌溉利益。《管子·地员》主要说明地下水质和埋藏深度与其上土壤性质和作物的关系。在农田水利工程和灌溉技术方面，《管子·度地》的一些论述，表明当时对明渠的比降计算、有压管流的水力学现象、水跃以及土壤含水量与施工质量的关系等都有所认识。都江堰石人水尺的应用，渠口选择和对弯道环流的利用，对高含沙水流灌溉效益的认识和利用，对盐碱土的认识和改造等，都有重要意义。龙首渠的大型无压隧洞，标志着测量和施工水平的提升。六辅渠上还出现了首次见于记载的灌溉制度，当年灌溉已有闸门控制水量，输水渡槽也已经出现，凿出开采地下水以及井壁衬砌技术已较成熟。

3. 东汉至南北朝时期的农田水利

海河、黄河、淮河、长江、钱塘江诸流域在这一时期农田水利建设均有发展，其中以淮河流域陂塘建设成就尤为突出。

淮河上中游地区多丘陵，较适于修建陂塘。三国时期曹魏在淮河南北大兴屯田，修建陂塘等灌溉工程较多。除淮河流域之外，唐白河流域的陂塘也较发达。陕西汉中地区以及四川、云南等省出土的东汉时期陶制陂塘水田模型表明了当时的陂塘已普遍修建。

东汉杜诗继西汉召信臣之后，在唐白河流域兴修水利又有新成绩。长江上游地区，新莽时期由益州太守文齐主持建造陂池，成为云南水利的先驱。长江下游一带，孙吴及南朝在建业（又称建康，今南京）建都，使得附近水利得到普遍开发。其中位于句容县的赤山塘（唐代改名维岩湖）规模最大，灌田万顷。晋代在今丹阳县所修的练湖及镇江市东南的新丰塘，灌溉面积也达数百顷。而到了140年（东汉永和五年）修建的绍兴鉴湖在钱塘江流域水利工程中较为出名，直到南京地区都有受益。此外还有湖州的荻塘、吴兴塘，长兴的西湖以及丽水通济堰等。

这一地区，河西走廊内陆河灌溉、河套引黄河灌溉，尤其是444年（北魏太平真君五年）引黄河水的艾山渠规模较大。东汉初年在今北京市密云、顺义一带引潮白河水灌溉，效益显著。250年（魏嘉平二年）在永定河上兴建了灌溉面积有万余顷的戾陵堰灌区。此外，引漳、引沁及今山东、山西一带的灌溉工程也有所发展。

淮泗流域地势平坦，河道排水不畅。西晋时期淮泗流域涝灾严重，由于陂塘阻水是涝灾原因之一，278年（西晋咸宁四年），杜预主张废弃曹魏以来新建的陂塘和疏浚排水河道，此建议得到实行。西晋初年在黄河北岸今安阳、邯郸地区，北魏中期在今河北省衡水、沧州及其以北地区涝情严重，崔楷也提出过大面积排水计划。

4. 唐宋时期的农田水利

这一时期，由于社会获得较长时期的安定，水利发展迅速。江南水利进步尤为显著，北方地区农田放淤和水利管理也得到显著提升。

南方水利和太湖圩田

该时期南方蓄水塘堰迅速发展，浙江鄞县东钱湖、广德湖和小江湖等均创自唐代。其中东钱湖灌田20余万亩，至今兴利。在今江西一带，唐元和年间（806—820年）韦丹兴修大小陂塘598座，共灌田12000顷。到了乾道九年（1173年），仅福建长乐县就建设湖塘陂堰104座，灌田2800多顷。1174年（南宋淳熙元年），江南西路（包括今赣东、赣北、皖南及江苏西部）共修陂塘2245座，灌田4万余顷。而在今湖南长沙，建于五代的龟塘也灌田万顷。

木兰坡

东南沿海的渠系灌溉工程大多兼有抵御海潮内侵的作用。位于今浙江宁波在833年（唐太和七年）兴建的它山堰，溢流坝横拦鄞江，抬高上游水位并隔断下游成湖；堰上游开渠引水，灌田数千顷。在今福建莆田的木兰陂，始建于北宋，也是类似的渠系灌溉工程。

圩田一般建在滨湖或滨河地区，水利成就显著。用圩岸将圩田与外水隔开，圩岸上建闸，将圩田灌排沟渠与外水沟通，低田可自流引灌，高田借助水车提水灌溉。太湖圩田兴起较早，唐代后期已较发达。但因太湖中部地形洼陷，加上排水河道逐渐淤积变浅，又有运河河道阻碍太湖泄水以及海潮顶托等原因，这使得圩田常受洪涝威胁。北宋时范仲淹、单锷等人都曾提出治理规划，赵霖于1116年（宋政和六年）至1119年（宋宣和元年）主持施工，并取得一定成效。除太湖流域外，湘、鄂、皖沿江地区也有圩田兴作。

北方农田水利和大规模放淤

北方以关中地区为代表的黄河流域渠系工程持续发展，河套地区、河西走廊以及汾河流域兴建较多。在海河流域，唐代主要是排水防涝，到了北宋时利用东起天津、静海，西至保定、徐水的淀泊发展稻田，但收益有限。北方水利有特色的是大规模农田放淤，特别是在熙宁变法中，放淤形成高潮，大量盐碱地因放淤而得到改良，使得产量成倍增长。但其也存在一些问题，所以变法失败后，大规模放淤即行停止。

唐宋时期灌溉机械较前代有重大发展。南方普遍使用水车，包括人力提水的翻车和水力驱动的筒车等。南宋时期筒车已在今浙、赣、闽、桂、粤、湘等地流行，水力运转的提水机械和农业加工机械的发展也颇为可观。

在田间灌溉技术方面，唐代主要灌区内各支渠之间和支渠控制范围的各斗渠之间，按作物需水和地段的不同实行轮灌。根据作物生长需水的不同阶段和当地气候变化制定灌溉制度。此外，至迟在宋代已经实现对小流域范围的水位测量和控制。由于北方海河流域的塘泊上设有水则（中国古代的水尺，又叫水志），所以南方使用更普遍，例如浙江鄞县平字水则、绍兴鉴湖水则和吴江水则碑等。

中国现存最早的全国性水利法规是唐代制定的《水部式》，其中对灌溉用水制度、灌溉管理的行政组织以及处理灌溉、航运水利机械和城市供水之间的用水矛盾等，都做了规定。除全国性法规外，各灌区还有自己的灌溉制度。1069 年（宋熙宁二年）颁布的《农田水利约束》是政府制定的发展水利的政策性规定。这些灌溉法规的制定和实施，对于促进水利建设的发展，减少水事纠纷，合理利用水资源，保证灌区的长期运行等，都起着重要的作用。在宋代，单锷的《吴中水利书》和魏岘的《四明它山水利备览》等专著，在农田水利普遍发展的基础上相继问世。

5. 元、明、清时期的农田水利

农田水利工程发展到元、明、清时期已经非常普遍，但著名的大型工程较少，江南地区成就比较突出。继太湖圩田之后，两湖地区圩田和珠江三角洲堤围迅速兴起。边远地区农田水利和江浙海塘建设进一步发展。农田水利著作大量涌现。

元、明、清三代虽都建都北京，而经济重心却在南方。自元代开始就不断有人呼吁发展海河流域农田水利，以改变依赖运河每年漕运大批粮食和其他物资的负担。到了明代万历年间，徐贞明在调查的基础上撰述《潞水客谈》，其中提出综合治理海河流域河流、淀泊，发展水田灌溉的建议，并试行有效。清雍正年间怡贤亲王允祥在陈仪的帮助下，也曾在畿辅一带大范围开垦水田，后由于财力及水源不足等原因未见明显效果。

南宋以后，江南经济得到加速发展，两湖水利，特别是湖北荆江、湖南洞庭湖一带垸田迅速发展。垸田的形式和江南圩田类似,明清时期发展更快。明正统年间(1439—1449年),华容县有垸田48所,至明末已发展到100多所。大垸纵横10多里,小垸在百亩上下。珠江三角洲垸堤称作堤围(又称基围),也开始于宋代。明代堤围不仅沿西、北、东三江及其支流分布,而且进一步向滨海发展。到了清代,堤围较前成倍增长。当时沿海一带还出现人工打坝种苇,以促进海滩的淤涨。其中南海县(今广州市)传建于北宋末年的桑园围,就有15万亩之多。不过,由于垸田和堤围垦殖缺乏计划,也使得这些地区的洪涝灾害日趋严重。

　　农业在干旱的西北边疆要想发展则离不开灌溉。自清代乾隆年间起,为加强西北防务,大兴屯田。1802年(清嘉庆七年),在惠远城(今伊宁市西)伊犁河北岸,开渠引水灌田数万亩,此后农田灌溉渠系在今哈密、吐鲁番、乌苏、伊宁、阿克苏、库车、轮台、焉耆、于田、和田、莎车、喀什等地都有兴修。到了清后期,吐鲁番盆地一带特有的坎儿井工程有了很大发展。1845年(清道光二十五年),林则徐被遣戍新疆时,曾主持修建伊拉里克一带坎儿井近百处。光绪初年,左宗棠在吐鲁番地区又增开坎儿井185座。此后,坎儿井曾推广到哈密、库车、都善等地。宁夏引黄灌溉继汉唐之后又有发展:元初郭守敬倡导将本区灌区各渠道一一恢复,共灌田900多万亩;清代康熙、雍正年间又新建大清渠、惠农渠等;道光以后,内蒙古河套灌溉发展迅速,至1903年(清光绪二十九年)已开大干渠8条,小干渠20多条,共灌溉农田90多万亩。

　　西南边疆地区水利在元、明、清时期也得到了重大发展。赛典赤于1276年(元至元十三年)大兴滇池水利,疏浚螳螂川浅滩,增大滇池调蓄能力,涸出耕地万余顷,又修建松花坝,开挖金汁河,灌溉效益延续至今。

　　自古以来农田水利要想发展,就必须与防洪、航运、水土保持等相协

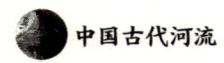

调,组成统一的水利规划。太湖流域水利规划在北宋已受到重视,明清时水利规划工作进一步发展。徐光启强调在作规划工作时要详细了解自然和社会条件,提出水利规划应以精确的测量为依据,强调要对河道、湖泊、地形、土壤、作物等进行全面调查,从而做到"测量审,规划精"。在明清时期,海河水利规划比较突出。我国海河流域诸支流自西而东呈扇形分布,下流汇聚天津,由海河入海。该地区雨量集中于七月、八月、九月三个月,因而使得洪涝灾害严重。徐贞明提出海河水利规划的总认识,即下游多开支河分流入海,上游多建渠系引水灌溉,留出淀泊容蓄洪水,沿淀洼地可仿照南方的经验,兴修圩田。到了清代雍正年间,虽然陈仪对此又有所发展,但由于当时受到社会和自然条件的制约,这些规划思想均未能系统实施。

农田水利科学家在元、明、清时期以郭守敬、王祯、徐光启等人最为著名。郭守敬(1231—1316年)曾参加宁夏古灌区的恢复重建工作,引永定河水灌溉也取得成效。元初的重要水利活动,大都有他参加。王祯,字伯善,今山东东平人,所著《农书》13万字,初刊刻于1313年(元皇庆二年),篇中论述了农田水利的历史沿革和多种灌溉工程的形式,对于灌溉提水工具和水力加工机械叙述尤详。明代著名科学家徐光启著有《农政全书》60卷,水利即占9卷,其中归纳了前代关于华北和东南兴办水利的精到见解,详细介绍了多种灌溉建筑物及其施工方法,以及西方的水利技术知识。

农田水利著作在元、明、清时期数量也有了显著的增加。除《农书》《农政全书》《授时通考》外:有流域范围的水利书,如明代张国维的《吴中水利书》;清代吴邦庆的《畿辅河道水利丛书》;有一个地区的水利书,如清代陈池养的《莆田水利志》;有一个灌区的专著,如元代李好文的《泾渠图说》;清代冯武宗的《桑园围志》;有一座水工建筑物的专著,如清代程鹤翥的《闸务全书》；有水利资料整编类型的著作，如明代归有光的《三吴水利录》；清代王太岳的《泾渠志》；有翻译和介绍西方水利技术的著作，如明代徐光启的《泰西水法》等。

这一时期农田水利工程管理也更加细致，尤其是有悠久历史的关中郑白渠、浙江丽水通济堰、广东南海桑园围等，管理制度更加规范化。

第二节　农田水利工程

水利是农业的命脉，几千年来，丰富的水利资源滋养了中国农业。同时，历史上频繁的旱涝灾害，也对农业生产造成了严重威胁。因此中国的农业发展史，其实也就是发展农田水利、克服旱涝灾害的斗争史。由于我国地势复杂，各地所要解决的水利问题有所不同，因此我国的水利工程种类繁多，大致可以分为渠系工程、陂塘蓄水工程、陂渠串联工程、御咸蓄淡工程、淀泊工程、圩田工程等几种。

1. 渠系工程

渠系工程主要应用于平原地区，水利多以蓄、灌为主。早在战国时期，这种工程就已经出现，以后一直沿用，它是我国农田水利建设中运用最普遍的一种工程。最著名的渠系工程，有以下几项。

关中的郑国渠和白渠

郑国渠兴建于公元前246年（秦王政元年），原是韩国的一个"疲秦"之计。韩国派当时著名的水工郑国到秦国去帮助修渠，企图以此消耗秦国的大量人力、物力，使其无力东顾，以保关东六国的统治地位。后来"疲秦"之计就秦发觉，秦欲杀郑国。郑国进言道，修渠只能"为韩延数岁之命，而为秦建万世之功"，秦王认为言之有理，命其继续施工。修成后，因郑国主持施工，故名为郑国渠。郑国渠西引泾水，东注洛水，干渠全长约150千米，灌溉面积扩大到4万余顷。由于郑国渠引用的泾水挟带有大量淤泥，用它进行灌溉又可起到淤灌压碱和培肥土壤的作用，使这一带的"泽卤之地"又得到了改良，关中因而成为沃野。后来"秦以富强，卒并诸侯"，郑国渠可谓是为秦统一六国奠定了经济基础。

郑国渠

第六章 古代的水运、水利工程

西汉时，关中的渠系建设进一步发展。汉武帝太始二年（公元前95年），又在泾水上修建了白渠。因此渠为赵中大夫白公建议修成，故称白渠。白渠位于郑国渠之南，走向与郑国渠大体平行。白渠西引泾水，东注渭水，全长约100千米，灌溉面积4500多顷。此后人们将它与郑国渠合称为郑白渠，当时有歌谣曰："田于何处，池阳谷口。郑国在前，白渠起后。举锸为云，决渠为雨。泾水一石，其泥数斗。且粪且溉，长我禾黍。衣食京师，亿万之口。"由此可见，郑白渠的修建，对关中平原的农业生产和经济的发展发挥了重要作用。

除此之外，在关中平原上还修建了辅助郑国渠灌溉的六辅渠，引渭水及其支流进行灌溉的成国渠、蒙茏渠、灵轵渠等灌渠。其中引洛水灌溉的龙首渠，在施工方法上又有重大的创新。龙首渠在施工中要经过商颜山，由于山高土松，挖明渠要深达130多米，很容易发生塌方，因此改明渠为暗渠。先在地面打竖井，到一定深度后，再在地下挖渠道，相隔一定距离凿一眼井，使井下渠道相通。这样，既防止了塌方，又增加了工作面，加快了进度。这是我国水工技术上的一个重大创造，后来这一方法传入新疆，便发展成了当地独特的灌溉形式——坎儿井。

漳水十二渠简称漳水渠，亦称西门渠，位于战国时魏国的邺地，即今河北临漳县一带。邺地处于漳水，由山区进入平原的地带，漳水经常在这个地方泛滥成灾。当地的恶势力借此大搞"河伯娶妇"骗局，残害人民，骗取钱财。公元前445年至前396年，魏文侯派西门豹到邺地任地方官。西门豹到任后，一举揭穿了"河伯娶妇"的骗局，狠狠地打击了地方恶势力，并领导群众治理洪水，修建了漳水十二渠。

漳水十二渠是一项多首制引水工程，它在漳水中设12道潜坝，12个渠口，12条渠道，渠口设有进水闸，这是根据漳水含泥沙量大、渠口易淤的特点设计的。漳水十二渠修成后，不仅使当地免除了水害之灾，使土地

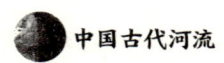

得到了灌溉，而且利用了漳水中的淤泥改良了两岸的大量盐碱地，促进了农业生产的发展。自从修建了漳水十二渠以后，直到隋唐时期，这一带一直是我国重要的政治经济地区。

都江堰，古称"湔城""湔堰""金堤""都安大堰"，到宋代才称都江堰。都江堰位于岷江中游灌县境内，此处岷江从上游高山峡谷进入平原，流速减慢，挟带的大量沙石随即沉积下来，淤塞河道，时常泛滥成灾。

秦昭王（公元前306—公元前251年）后期，派著名的水利专家李冰为蜀守。李冰到任后，主持修建了留名千古的都江堰水利工程。都江堰水利工程主要由分水鱼嘴、宝瓶口和飞沙堰组成。分水鱼嘴是在岷江中修筑的分水堰，把岷江一分为二：外江为岷江主流，内江供灌渠用水。宝瓶口是控制内江流量的咽喉，其左为玉垒山，右为离堆。此处岩石坚硬，开凿困难，为了开凿宝瓶口，当时人们采用火烧岩石，再泼冷水或醋，使岩石在热胀冷缩中破裂的办法，才将它开挖出来。飞沙堰修在鱼嘴和宝瓶口之间，其主要作用是溢洪和排出河卵石。洪水时，内江过量的水从堰顶溢入外江，同时把挟带的大量河卵石排到外江，减少了灌溉渠道的淤积。由于都江堰位于扇形的成都冲积平原的最高点，所以自流灌溉的面积很大，取得了溉田万顷的效果，成都平原从此变成了"水旱从人，不知饥馑"的"天府之国"。都江堰不仅设计合理，而且还有一套"深淘滩、低作堰"的管理养护办法。在技术上还发明了竹笼法、杩槎法，在截流上具有就地取材、灵活机动、易于维修的优点。至今，这项水利工程仍在发挥其良好的效益，充分体现了我国古代劳动人民的聪明才智。

北京戾陵堰是历史上开发永定河最早的大型引水工程。三国时，公元250年（魏嘉平二年），刘靖镇守蓟城（今北京）。他利用湿水（今永定河）

修建了戾陵堰；并凿车箱渠，引水入蓟城过昌平，东流到潞县（今通县），浇地1万多顷。刘靖修戾陵堰时，曾登梁山（今石景山）察看地形，堰址可能就在湿水过梁山处。

艾山渠是历史上一项有名的引黄灌溉工程，是北魏刁雍主持兴建的一项水利工程，位于宁夏青铜峡以下的黄河西岸。

宁夏灵武一带，旧有灌溉工程设施，后因黄河河床下切，渠口难于引水而废，但仍保存有灌溉渠道。原渠口北河床中有一沙洲，将河分为东西两道。公元444年（北魏太平真君五年）刁雍为薄骨律镇（今宁夏灵武县西南）将，他利用了这一有利地形，主持兴建了艾山渠。宁夏艾山渠的工程布置是先在西河上筑壅水坝，坝体自东南斜向西北，与河流西岸呈锐角；然后在壅水坝西面河岸上开渠口，宽75尺，深5尺，引入水渠；两岸筑堤高10尺，北行20千米，与旧渠汇合，总长60千米。渠成后，"小河之水尽入新渠水则充足，溉官私田四万余顷"。

河套是指内蒙古自治区和宁夏回族自治区境内、贺兰山以东、狼山和大青山以南的黄河沿岸地区，因黄河由此流成一大弯曲，故而得名。河套引黄灌溉的历史很早，据《汉书·沟洫志》记载：武帝时"朔方、西河、河西、酒泉皆引河及川谷以溉田"，文中的朔方就是今天的内蒙古河套一带，河西是指宁夏及河西走廊等地；引河，指引黄河水以溉田，可见河套地区的引黄灌溉在西汉时期已经开始了。然而无论是内蒙古河套灌区还是宁夏河套灌区，都是在清代才开始大规模的引黄灌溉的。

北魏时期，黄河在内蒙古地区分为南北两支，北支大致沿今乌加河的流路，南支大体和今日黄河一致。这个基本形势到道光年间发生了变化：北支受西面乌兰布和沙漠的侵袭，逐渐埋废，成为今日内蒙古河套灌区的总排水干渠；南支则逐步变为今日的黄河。内蒙古灌区的地形呈西南高而东北低的态势,北支的埋废和南支的扩大,为这一地区引黄灌溉创造了条件。根据清政府的政策,内蒙古河套一带划归蒙古部落游牧,是禁止汉人垦种的。后来随着汉蒙民族关系的日渐融洽,来到河套逃荒耕垦的山西、陕西一带贫苦农民日渐增多。1828年(清道光八年)废除了禁止汉人进入河套的禁令后,来内蒙古开荒的人越来越多,由此加速了内蒙古的开发。开发的主要形式,就是修渠引黄灌溉。到清朝末年,内蒙古已修了大量的渠道,大型的渠道有8条,当时称为八大渠。八大渠的分布,从黄河上游起,依次是永济渠、刚目渠、丰济渠、沙河渠、义和渠、通济渠、长胜渠、塔布渠,自西南而东北,灌溉今杭锦后旗、达拉特旗、乌拉特前旗农田5000余顷。这些渠道中,由王同春一人独资开挖的有义和、丰济、沙河三大渠,由他集资合挖的有刚济渠、新皂火渠两条,参与指导开挖的有永济渠、通济渠、长济渠、塔布渠、杨家河等5条,因此他被人们视为内蒙古河套的"开渠大王"。到了清朝末期,内蒙古河套引黄灌溉的面积达到1万多顷,出现了沟渠密布、阡陌相望的壮观景象,从而奠定了今日河套水利灌溉的基础。

在清代,宁夏灌区的引黄灌溉工程也有了很大发展。1708年(清康熙四十年),在黄河西岸贺兰山东麓修大清渠,全长37.5千米,灌田1213顷。1726年(清雍正四年)又修惠农渠和昌润渠,惠农渠灌田2万余顷,昌润渠灌田1000余顷。这些渠与原有的唐徕渠和汉延渠一起,合称为"河西五大渠",使宁夏灌区的水利有了空前的发展。

清代宁夏灌区的引黄灌溉工程,不仅规模大,浇地多,而且在渠系布置、水工建筑物的修建方面,也有独到之处。据《调查河套报告书》称,这里的5大渠渠口与黄河呈斜交,以利引水。渠口旁各作迎水湃(坝)一道,"长三、五十丈或四百丈不等。以乱石桩柴为之逼水入渠"。距渠口5~10千米,建正闸一座,旁设"水表"以测水位的高低。正闸以上各建减水闸2~4座不等。根据水表的尺度，水小时，关闭减水闸，使渠水全入正闸；水大时，把减水闸打开，让水泄入黄河。干渠两旁的支渠，长的有50多千米，短的有数千米或数十千米，各建小闸，名陡门（斗门），作为直接灌田之用。惠农渠道交叉处，还修了暗洞，以利交流。为了引汉延渠之水，灌惠农渠东岸的高地，采用了"刳木凿石以为槽"（渡槽），以飞渡渠水东流。又在渠底设暗洞，排泄地积水入黄河，这样不仅解决了灌区农田的灌溉问题，还解决了低洼地区的排涝问题。

在养护和维修方面，宁夏灌区也有精心的设计。为了防止黄河洪水为害，惠农渠在渠东"循大河涯筑长堤三百二十二里，以障黄流泛溢"，同时在渠旁植十余万株垂柳，"其盘根可以固涯岸，其取材亦可以供岁修"。为了不使泥沙淤塞渠道，在各段渠底都埋有底石，上刻"准底"二字。每年春季在渠道清淤时，一定要清除到底石为止。放水时，规定将上段各陡口闭塞，先灌下游，后灌上游，周而复始，从而保证了农田的用水需要。

汉代以后，黄河下游河患日甚，给下游人民带来了巨大的灾难。而河套地区却很少受害，反深得灌溉之利，成为塞北的粮仓，因而在历史上有"黄河百害，唯富一套""天下黄河富宁夏"之说。

2. 陂塘蓄水工程

陂塘蓄水工程一般都在丘陵山区，以蓄水灌溉为主要目的，同时也起着分洪防洪的作用。历史上著名的陂塘蓄水工程有以下几项：

芍陂建于公元前6世纪春秋时期，位于安徽寿春县（今寿县）南，是我国最早最大的一项陂塘蓄水工程，为楚国令尹（相国）孙叔敖在公元前598年（楚庄三十年）前不久所建。芍陂是利用这一地区东、南、西三面

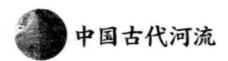 中国古代河流

高、北面低的地势，以池水（今淠河）与肥水（今东肥河）为水源而形成的一座人工蓄水库。水库有5个水门，以便蓄积和灌溉。全陂周长60千米，它在当时对灌溉防洪航运等都起了重要的作用，到晋时仍灌溉良田万余顷。现在安徽的安丰塘，就是芍陂淤缩后的遗迹。

鉴湖，又称镜湖，是长江以南最古老的一个陂塘蓄水灌溉工程，位于浙江绍兴县境内。绍兴的地势，从东南到西北为会稽山所围绕，北部是广阔的冲积平原，再北就是杭州湾，是一种"山—原—海"的台阶式地形。在鉴湖未建成以前，绍兴的北面常受钱塘大潮倒灌，南面也因山水排泄不畅而潴成无数湖泊。一旦山水盛发或潮汐大涨，这里就会发生严重的洪涝灾害。公元140年（东汉永和五年），马臻为会稽太守，为了解决这个问题，他根据当地的地形，主持修筑了鉴湖。其措施是在分散的湖泊下缘，修了一条长155千米的长堤，将众多的山水拦蓄起来，形成一个蓄水湖泊，即鉴湖。这样一来，洪水就无法对这一带构成威胁了。由于鉴湖高于农田，而农田又高于海面，这就为灌溉和排水提供了有利的条件。农田需水时，就泄湖灌田；雨水多时，就关闭堤上水门，将农田的水排入海中。鉴湖的建成，为这一地区解除积涝和海水倒灌为患创造了条件，并使9000余顷农田得到了灌溉的保证。

3. 御咸蓄淡工程

御咸蓄淡工程是东南沿海地区用闸坝建筑物抵御海潮入侵，蓄引内河淡水灌溉的一种特殊工程形式。唐代鄞县它山堰和宋代莆田木兰陂都是其典型工程。

它山堰位于今浙江宁波西南25余千米鄞江桥镇的西南，是公元833年（唐大和七年）鄞县（今宁波）县令王元暐主持修建的一项灌溉工程。

在它山堰未建以前，鄞江上游诸溪来水尽入甬江之中，民不得用；而海潮又通过甬江上溯，使民不能饮，禾不能灌，严重影响人民生活和农业生产。它山堰工程使用了都江堰的施工经验来解决这个问题：在河上建堤，把上游的来水分别纳入大溪和鄞江中，平时七分入大溪，三分入鄞江；涝时七分入鄞江，三分入大溪。大溪的水，引入宁波，蓄储在日、月两湖之中，一面供居民饮用，一面又可修渠灌溉附近农田。为了保持水库和渠道有一定的水量，又在大溪上修了三座堨（节制闸），以调节水量，这样涝时可将多余的水排入甬江，旱时可利用潮汐的顶托，纳淡水入湖。它山堰不但发挥了灌溉作用，而且又防止了海潮袭击和咸水内侵，解决了城市的用水问题，这是唐代的水利建设中取得的一项重大成果。

木兰陂是宋代少有的一座引、蓄、灌、排综合利用的大型农田水利工程。木兰陂的兴建始于1064年（北宋治平元年）中，经两次失败，至1085年（宋元丰元年）才告建成。木兰陂位于今福建莆田县西南的木兰溪。建陂以前，兴化湾海潮逆木兰溪而上，溪南岸围垦的农田，仅靠6个水塘储水灌溉，易涝易旱，灾害频繁。木兰陂建成后，"下御海潮，上截永春、德化、仙游三县游水，灌田万顷"，取得了"变洿卤为上腴，更旱暵为膏泽"的良好效果。至元代，在木兰陂旁又建万金斗门，引水通往北洋，与延寿溪衔接，又扩大引水灌溉约60000亩。经过900多年的考验，木兰陂至今仍在发挥它灌溉的作用。

4. 陂渠串联工程

陂渠串联，也叫长藤结瓜，是流行于淮河流域的一种水利工程。这种工程，就是利用渠道将大大小小的陂塘串联起来，把分散的陂塘水源集中起来统一使用，借以提高灌溉的效率。我国最早的陂渠串联工程是

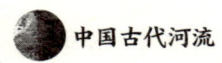

战国末年湖北襄阳地区建成的白起渠。除此之外，比较著名的还有以下两处：

六门碣是汉元帝时南阳太守召信臣所建的一项水利工程，位于穰县（今邓县）之西，建成于公元34年（汉建昭五年）。该工程壅遏湍水，先在其上设三水门，至公元5年（汉元始五年）又扩建三石门，合为六门，故称为六门碣。六门碣的上游有楚碣，下游有安众港、邓氏陂等。据《水经注·湍水注》说，六门碣"下结二十九陂，诸陂散流，咸入朝水"，是一个典型的长藤结瓜型的水利工程。该工程"溉穰、新野（今新野）、昆阳（邓县东北）三县五千余顷"，是当时一个具有相当规模的大灌区。

马仁陂位于现在的泌阳县西北35千米处。据《南阳府志》说，该陂亦为召信臣所建，"上有九十二岔水，悉注陂中，周围五十里，四面山围如壁，惟西南隅颇下，泄水"。召信臣在修建此陂时，先筑坝，又立水门，分流24堰，溉田1万余顷。马仁陂是拦蓄众多的沟谷水汇聚而成的，可以说是我国最早的山谷人工水库，在我国水土保持的历史上具有重大的意义。

5. 圩田工程

圩田既是一种土地利用方式，也是一种水利工程的形式，主要是在低洼地区建造堤岸，阻拦外水，排除内涝，修建良田。这种水利工程在不同的地方有不同的称谓，在太湖地区称为圩田，在洞庭湖地区称为堤垸，在珠江三角洲称为堤围或基围。

太湖圩田早在春秋战国时期就已经出现，在五代的吴越时期达到鼎盛。吴越是五代时期偏安于江南的一个封建小国，其统治地区主要是在今太湖平原。吴越王钱镠为了巩固其统治，对太湖地区的农田水利进行了大

▋第六章 古代的水运、水利工程

力的修建、改造，经过80多年的努力，终于使太湖地区变成了一个低田不怕涝、高田不怕旱、旱涝保丰收的富饶地区。这充分反映了吴越时期太湖地区的水利建设所取得的重大成就。

太湖地区是一个四周高、中部低的碟形洼地。中部的阳澄湖、淀沸湖等地，处于全地区的最低处，必须筑堤围才能耕种。沿江、沿海的地区，又是全区的高田地带，非进行修渠灌溉难于获得丰收。针对这一特点，吴越在治理太湖水利上采取的措施有：①开浚出海干河，建立排灌系统，以三江为纲，提挈横塘纵浦的河网。所谓三江，是指吴淞江、娄江和小官浦，这是太湖地区三条出海的干河。在三江之间，布置了秩序井然的河网，"或五里七里而为一纵浦，又七里十里而为一横塘"，使其流通于高田和低田之间，这样就保证了在干旱时有足够的灌溉用水；在受涝时，又可充分发挥排水作用。②普遍设置堰闸，随时调节水位，这样既可以控制旱涝，同时又能防止海潮的侵袭。③兴建海塘防御工程，保证内陆水系安全。④创设撩浅军，建立分区负责的养护制度。这是一支因地制宜、治水治田相结合的专业队伍，其职责有疏浚塘浦、清泥肥田、修堤、种树、养护航路等。⑤制定法令，严禁破坏水利。这是一个治水与治田结合、治涝与治旱并举、兴建与管理兼重的水利规划。在这个水利规划的基础上，太湖地区的农田水利基本上达到了湖网有纲、港浦有闸、水系完整、堤岸高厚、塘浦深阔，形成了塘浦位位相承、圩田方方成列的圩田体系，从而有效地抗御了旱涝灾害。据记载，在吴越经营太湖水利的86年中，只发生了4次水灾，平均21.5年一次；旱灾只有一次，这是太湖地区历史上水旱灾害最少的一个时期。太湖地区在圩田工程建设上所取得的成就从中可见一斑。但太湖地区这一水利建设的成就到宋代以后，由于乱围滥垦，遭到了严重的破坏。

宋代时期，洞庭湖堤垸开始出现，当地"或名堤、名围、名障、名坨、名坪，各因其土名……其实皆堤垸也"。它是在江湖的浅水处筑堤挡水，内垦为田，并通过堤上涵闸引水和排涝，和太湖圩田建造方法大体相同。明代中叶，这一地区已成为我国的一个新粮仓，有"湖广熟，天下足"的说法。到清代，洞庭湖的堤垸更加恶性膨胀。据调查，"湖南滨湖十州县，共官围百五十五，民围二百九十八"，从而加剧了这一地区的洪涝灾害。据近人统计，明代以前湖区水灾每83年发生一次，明代后期至清末平均20年一次，到20世纪40年代平均每年一次。因此，洞庭湖堤垸与其说是一种水利工程，不如说是一种与水争地的设施。清代中叶以后，也曾提出了洞庭湖的治理问题，并提出了"废田还湖""塞口还江"等主张。但因要废弃大片良田，又要影响长江洪水调节和江汉平原的安全，还要触及各方面的经济利益，因而都难以实行。后来由于盲目围垦，洞庭湖日渐缩小，堤垸内水系混乱，从而造成了严重的洪涝灾害，形成了"从前民夺湖为田，近则湖夺民以为鱼"的严重局面。

珠江三角洲堤围主要分布在珠江三角洲和韩江三角洲的滨海滨江地区。堤围工程的方式和太湖圩田、洞庭湖堤垸类似，也是一种筑堤围田的工程。宋代时期，珠江三角洲的堤围开始出现。据统计，宋代珠江三角洲所建的堤围有28处，总堤长6.6万余丈，围内农田面积为2.4万余顷。明清时期迅速发展，围堤大大增加，明代筑堤180多条，清代扩大到270条，围垦区发展到东江和滨海地区。清中叶以后，今顺德、新会、中山等县的滩地迅速得到开发。为了促进滩涂淤涨，当时还采用修筑顶坝、种植芦苇等工程和生物措施以促使海滩淤涨，围垦区不断扩大。到清末，据光绪《广州府志》记载，三水县已有堤围35处，南海有76处，顺德多至91处。在珠江三角洲中，以地跨南海、顺德两县的桑园围历史最早，建于北宋大观年间（1107—1110年）。至清乾隆时，已发展成为有名的大堤围之一，仅涵闸就有16座。

6. 淀泊工程

淀泊工程是宋代时期出现于华北平原的一种水利工程。淀泊工程的出现和当时的政治军事形势有着密切的关系。

北宋时，从白沟上游的拒马河，向东至今雄县、霸州、信安镇一线，是宋辽的分界线。北宋政府为了防御辽国骑兵的南下，决定利用分界线以南的凹陷洼地（今白洋淀、文安洼凹地）蓄水种稻，以达到"实边廪"和"限戎马"的目的。河北海河流域的淀泊为适应这种军事上的需要而得到了开发。

公元988年（宋端拱元年），雄州地方官何承矩上书，建议"于顺安西开易河蒲口，导水东注于海……资其陂泽，筑堤贮水为屯田"，以"遏敌骑之奔轶"，同时在这一地区"播为稻田"，"收地利以实边"。这样便可形成一条东西长150多千米、南北宽25~35千米的防御工事，阻拦辽国骑兵南下。沧州临津令黄懋也认为屯田种稻其利甚大，因此也上书说："今河北州军多陂塘，引水溉田，有功易就，三五年间，公私必大获其利。"宋太宗采纳了这一建议，任何承矩为制置河北沿边屯田使，调拨各州镇兵18000人，在雄州（今雄县）、莫州（今任丘）、霸州（今霸州市）、平戎军（文安县西北新镇）、顺安军（今高阳县东旧城）等地兴修堤堰300千米，设水门进行调节，引水种稻。到熙宁年间，界河南岸洼地接纳的河水有滹沱、漳、淇、易白（沟）和黄河等，形成了由30处大小淀泊组成的淀泊带，西起保州（今保定市），东到沧州泥沽海口，有400余千米。这是河北海河地区农田水利的一次大开发，也是河北海河地区种植水稻的一次高潮。直到北宋后期，淀泊工程才日渐堙废。

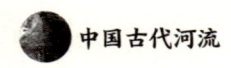
中国古代河流

第三节 运河——开万世之利

在世界上开凿最早、最长的一条人工河道便是举世闻名的京杭大运河。2500多年前,吴王夫差下令开凿了一条人工运河——邗沟,为"为后世开万世之利"的大运河奠定了基石。

大运河的开凿孕育于春秋时期,贯通于隋朝,繁荣于唐宋两代,完善于元代,重整于明清,主要经历了三次较大的历史变迁。

春秋末期,统治长江下游一带的吴王夫差为了争取中原霸主的地位,下令开凿了邗沟。它经扬州向东北延伸,终到淮安入淮河,全长170千米,成为大运河最早修建的一段,为之后隋朝大运河的贯通奠定了基础。

隋朝统一全国后,隋炀帝于605年下令开凿了从洛阳经山东最终到达涿郡的永济渠。之后,隋炀帝又下令开凿了通济渠。610年,隋朝征集大量劳工对邗沟进行了改造。与此同时,江苏镇江至浙江杭州的江南运河也在隋炀帝的下令下开凿了,至此大运河全线贯通。

13世纪末元朝定都北京后,先后花费了10年时间开挖了"洛州河"和"会通河",以杭州为终点,将天津至江苏清江之间的天然河道和湖泊连接起来。在北京与天津之间,元王朝又下令重新修治通惠河,从而最终形成了京杭大运河。

大运河以北京为起点,流经北京、河北、天津、山东、江苏、浙江六个省市,最终抵达杭州。京杭大运河沟通了我国主要的五大水系——海河、黄河、淮河、长江、钱塘江，是世界上最长的古代运河。大运河充当中国漕运的重要通道历时1200多年，在沟通南北之间的经济文化、发展南北交通等方面的联系做出了巨大的贡献。

1. 大运河的开凿与贯通

春秋战国时期，政局混乱，一些诸侯国为适应诸侯争霸的需求，保证战争兵员和粮草供应，纷纷开凿了运河，其中就包括京杭大运河的前身——邗沟。

邗沟地处太湖流域，这里河道纵横，大大小小的湖泊星罗棋布，当地居民精通造船与航行之术，自然条件和人文条件的便利为邗沟的开凿提供了条件。公元前486年，逐渐强盛的吴国为击败其他诸侯国，称霸中原，吴王夫差下令在长江与淮河之间开凿了一条运河，全长约170千米，史称"邗沟"。两年以后，吴军打败了齐国，吴王夫差又下令开凿了"菏水"（因水源来自山东菏泽而得名）。该运河使得吴国的军队可以从长江进入淮河，再由淮河辗转进入黄河，从而联结了长江和黄河两大水系。

秦始皇统一中国以后，下令开凿了从镇江到丹阳的运河——曲阿（又名丹徒水道），从而加强了对南方的控制。此外，秦始皇为进一步巩固对南方经济发达地区的统治，还整治了杭州通往苏州的水道。

魏晋南北朝时期，频繁的战争破坏了原来的漕运系统。为了能够在群雄争霸中立于不败之地，曹操修治了通往官渡（今河南中牟东北）的睢阳渠（位于今河南省商丘市南）。四年以后，曹操又下令开凿了多条沟渠，其中白沟、平房渠和泉州渠的一部分为之后隋朝永济渠的开挖奠定了基础。

隋朝是历史上存在最短的王朝之一，但大运河却在隋朝存在的短短37

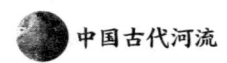中国古代河流

年里，实现了全线的贯通。

隋朝建立之初曾建都长安（今西安市），但是由于人多地少，粮食供不应求，物资十分匮乏，而此时的江南却是鱼粮富饶之地。为将南方的粮食与物资运到物资缺乏的都城，隋文帝下令开凿了连接黄河和关东地区的广通渠，还将已经淤堵的邗沟重新疏通。有了漕运的支持，隋朝的经济迅速得到了恢复和发展。漕渠的开通与疏通，再加上良好的经济条件为大运河的全线贯通奠定了坚实的基础。

605年，隋炀帝即位，将都城由长安迁至东都洛阳，开始了以洛阳为中心开凿大运河的浩大工程。隋炀帝首先下令开凿了通济渠。东段引黄河入汴梁，再至开封入淮河，最后由淮河入邗沟北端。通济渠的开凿为当时的洛阳带来了空前的繁荣。同时隋炀帝又动用了大量的人力和物力第三次开凿了邗沟，通过浩大的工程，邗沟的河道被加宽，从而方便了大型船只的往来。

隋朝政府在608年征集百余万民工开凿了长500多千米的永济渠，南接黄河，北通涿郡，完成了南北之间的沟通。时隔两年，隋炀帝又下令开凿了江南运河，北接邗沟，最终到达杭州，全长400多千米，宽十余丈，终年水流不断，船行不息。

隋朝自隋炀帝登基即位开始，仅用了6年的时间就贯通了长达2500千米的大运河。

大运河纵贯南北，沟通了海河、黄河、淮河、长江和钱塘江五大水系，为古代漕运的发展提供了便利。大运河使得南北之间的交通更为便利，使得经济与文化的交流更为频繁，从而推动了历史的进步。

2. 京杭大运河的形成

隋灭亡后，唐高祖李渊建立了唐王朝。唐朝与古代的其他政权一样，

也十分重视漕运的发展。由于开凿时间较短，隋朝虽实现了大运河的贯通，但有些河道船运并不顺畅，因此，唐宋两朝又对大运河进行了日益完善的整治。

隋炀帝修建的大运河，由于完工较为仓促，致使有些河段使用了天然河道，险滩暗礁重重，经常造成船翻人亡的事故。尤其是从洛阳到长安之间的黄河水路，河水激流滚滚，沉船事件经常发生，长安城的物资供给因此也常常得不到保障。最初，唐朝采用水陆两运的方法，但是这种办法既耗时又费力，长安的粮食和物资难以得到保障。公元742年，唐玄宗李隆基下令修复了汉代所建的关中漕渠，至此解决了漕船难抵长安的问题，从而保障了物资的充裕。

通济渠和邗沟由于分别以黄河和长江之水为水源，泥沙淤积十分严重，为确保这两个河段的通畅，唐宋两朝经常对这两个河段进行大规模的疏浚。但疏浚之法"治标不治本"，因此，为确保通济渠水流的顺畅，宋朝时期修建了一条新运河，引洛水入通济渠，并同时阻断黄河水源，通济渠得以四季通畅。在解决邗沟淤堵的问题上，宋代开挖了伊娄河，将入江口直接通江，从而确保了漕船的运行。此外，唐宋政府对江南运河和永济渠也进行了相应的整治，修堤护渠，修新渠引新水源入渠，从而确保了漕粮的运输。

13世纪，忽必烈入主中原，建立了元代，定都大都（今北京），漕运的路线随着政治中心的北移也发生了变化。为了保障政治中心对粮食等物资的需求，元朝初年的漕运航线主要在海上。但是由于气候的变化和海上风浪的威胁，沉船无数，大量的人力和物资被白白浪费了。就此，元政府决定河漕、海漕并用，将大运河东移改线。

1281年（元至元十八年），元世祖下令修凿济州河。济州河全长75千米，起于济州（今山东济宁市）、终于大清河。而为补充济州河的水

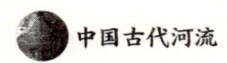

源,元朝修堤筑堰,这样便提高了济州河河源泗水的水位,保障了漕运的畅通。

1289年,元朝又下令向北开凿了会通河。会通河全长125千米,在临清与御河(卫河)相接,经直沽(今天津)接白河到达通州,漕船由此便可以由江南直抵通州。

1291年(元至元二十八年),朝廷下令开凿了京杭大运河最后一段直达北京的通道,即通惠河。通惠河全长82千米,将元大都与通州连接到了一起。京杭大运河至此全线贯通。

元代的河漕虽然由于地势和气候等自然条件的影响经常被阻断,而不得不以海运为主要漕运手段,但是元代将京杭大运河彻底贯通的做法无疑是功不可没的。京杭大运河的形成不仅为明清漕运的发展奠定了基础,对后世的影响也一直延续至今。

3. 京杭大运河的政治与完善

明清两代,主要是采用漕运方式,即通过河道漕运粮食。为使漕运的水路更为通畅,明朝和清朝的统治者耗费了大量的人力、物力和财力对京杭大运河进行整治,从而完善了京杭大运河漕运物资的功能。

明朝初建,朱元璋定都应天(今南京);时隔不久,燕王朱棣登基,迁都北京;清朝与明朝同样定都北京,北方所需的经济物资都是通过京杭大运河漕运而来的。

元朝虽然完成了大运河的最终贯通,但是,会通河段由于地处丘陵地区,水源不足,往往使漕船通行艰难。黄河洪涝的时候洪灾泛滥,干旱的时候又淤堵河道,运河在这两方面的影响下经常不能正常完成漕运的使命。为此,明清两代对会通河和受黄河影响的河段进行了多次的整治。

元朝的时候，为了缓解会通河水量不足的问题，对会通河进行了疏浚。但是由于地势的问题，水源难以进入会通河。明代调整了元代时会通河的分水点，截汶水于地势较高处，再开新渠引水入济州河。为调节水量，元朝还在运河交汇处的上下游各建造一道水闸。明代还经常将汶水与泗水上中游各府县境内的泉水经沟渠引入汶水与泗水当中，以解决汶水和泗水的水量不稳定的问题。此外，明代还筑堤修库，修建闸门，进而确保水量的充足。明朝经过这一系列的治理基本上解决了会通河的水量问题，京杭大运河全线通航。

明朝政府解决了会通河水量问题之后，又集中全力治理黄河，主要是济宁至徐州的泗水河段。当时，该河段的东部形成了几个较大的湖泊，明朝便借着这些湖泊作为天然的屏障，将济宁至徐州之间的运河东移，从而避开了黄河的干扰。

清代对大运河整治的重点主要放在运河与黄河、淮河交汇地区。随着黄河水的泛滥，而天然的河道又交汇纵横，湖泊较多，这一地区的水系就变得十分复杂，对当地危害巨大。为了彻底解决黄河泛滥所造成的危害，康熙年间对黄河、淮河和运河之间同时进行了为期六年的治理。此后，康熙帝又下令开通了皂河和中河（从直河口至清河县），从根本上保证了京杭大运河漕运的畅通。从此漕船往来如织，穿梭于北京与江南之间，从而使清朝出现了历史上的一大盛世景象——康乾盛世。

4. 京杭大运河的管理

运河在春秋战国时期仅仅是各诸侯国军事策略的一部分，并没有真正受到当权者的重视，所以更谈不上什么管理。但是随着漕运在国家经济中所起的作用越来越大，运河和漕运逐渐成为各封建王朝的生命线。由于京杭大运河在漕运中占据了最重要的位置，因此，历代王朝都非常重视对大

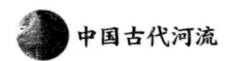

运河的使用和管理。为了确保漕粮运道的通畅，历代都设立了专门的漕运管理机构。

秦朝的时候虽然没有设立专门的管理机构，但设有治理内史监治漕运。汉朝与秦朝一样，只是设有大司农监管漕运。隋炀帝时期，我国最早的运输管理部门"舟楫署"被命主管漕运。到了唐朝初期，设立了水路运使来专门管理漕运；后期，为了加强对漕运的管理力度，唐朝的宰相也兼任运使之职。

宋代设都转运使负责漕运，又设副使辅助处理具体事宜。元朝时期，漕、运分开，设都水监管理全国水政，各运河还设分监掌管各地的漕运事务；在漕运管理方面由漕运使总管漕政，各河段还驻有军队防守。明朝时期，运河的管理已具有流域管理的性质，各河段设有总漕、总兵等管理漕运。

到了清朝，漕运管理体制还是基本沿袭明朝，只是分配得更加精细，按照级别分为河、道、厅、营等。清代总漕最初驻在通州，后改驻淮安。明清两代的河道管理部门雇用了大量的工人，明朝前期工人数目近5万人，一部分人负责修浚河道，另一部分人负责保障漕船运行顺畅，权责明确，各司其责。由于服役人数众多，名目复杂，机构过于庞大，清朝对这一现象进行了整顿。在康熙帝在位时期设立了河兵营，以士兵代替民夫。到了清朝中期的时候，具有了比较明确的服役人员数目和河兵数目，但总额已不及明朝的1/4。

各个管理机构在京杭大运河的管理方面对河道和航运加强了管理，这些管理无疑对漕运的顺利进行起到了至关重要的作用。

河道的管理包括水源管理、河道疏浚、堤防维护和闸坝管理等，这些方面的管理都直接关系到运河功能的发挥。首先，水源对运河运输的畅通至关重要，历朝历代为控制水量，防止河水流失，都十分重视对水闸的修建。同时，在各个时期都颁布了不同的法律来约束人们对水资源的使用，而且在一些重要的湖泊河流设立疆界。其次，在运河的疏浚和堤防维护方面，各个时期都有不同的政策。北宋的时候，每年维修一次。到了明清的时候，堤防的维护已经具体化为定期维修和常规维修两方面，实行准军事化的管理，沿河军卫各司其职。再次，为了控制水位和蓄水量，京杭大运河上建有许多闸坝，这些闸坝在维持运河正常漕运方面起着决定性的作用，对此还制定了一系列严格的启闭和维修制度。

航运在不同的时期还有不同的管理规定。在秦朝的时候，漕运刚刚形成，主要是为战争服务的。到了唐代，随着封建统治者认识到漕运的重要性之后，漕运逐渐发展成为封建王朝的生命线，不断加强对漕运的管理，并制定了以"纲"为单位的运输配备。宋朝基本上沿用了唐代的政策，只是在当时发现的一些问题上做了新的规定，比如：可以吃船上的粮食，以减少运输时间；不准携带私人物资等。明清的时候开始对漕运的船只进行核定管理，漕船的数目和运粮官兵的数目是固定匹配的，且各时期有不同的变动，这使漕运无论在距离上还是运量上都变得更加灵活。

随着清王朝的逐渐衰败漕运也寿终正寝，但是在漕运实行的1000多年时间里，它对于社会经济和文化的发展与进步来说却是功不可没的。

第四节　内河航运及海运交通

中国古代的水路与陆路有相似的发展历史，水路在先秦时代就成为人们交通的重要组成部分。历代统治者都对水路的开凿极为重视，如今国内的不少水路漕渠都是在古代开凿的。我国的地势西高东低，黄河、淮河、长江、珠江等主要大河都是由西向东流，这就为东西水上交通提供了便利条件。但也由于这样的地理特点，由南向北的水运相对就比较困难。但这些东西走向的大河却有许多南北走向的支流，这些支流之间往往相距较近，这些大河的中下游又地势平坦，湖泊星罗棋布，这就为人工运河的开凿提供了条件，也为南北交通的建设提供了可能。为了生存和发展，勤劳且聪慧的中国先民，在利用天然的内河、湖泊和海洋航运的同时，很早就设计并开挖人工运河，接通天然河道，扩大了航运范围。全世界开凿运河最早的国家就是中国，到秦汉时期，已经形成了一个全国性的运河网。

1. 先秦时期的河运

水作为人类的必需品，给人类带来了极大的危害，人类与水始终有着亲密的接触，不断地跟水打交道。渐渐地，人们熟悉了水的某些特性，发现木头一类的东西能浮在水上，甚至可以骑着这样的木头渡河。随着生产力的发展，人们不断地改进生产工具，也不断增强御水的本领，从编木为筏，到把一块大原木挖成独木舟，人们日益熟悉了水的性质，能在水上活动了。

而在我国的远古传说中提到，黄帝的大臣共鼓、货狄发明舟，部落首领颛顼发明桨、篙，帝喾发明舵和橹，尧发明纤绳等。这些记载表明，劳动人民在远古时期的生产活动中，已经创造了船只。在商朝的甲骨文上已有了"舟"字，当时也发明了木板船。据甲骨卜辞记载，在商代后期，航运往往被奴隶主用作镇压奴隶反抗的工具。商王武丁时期，武丁曾下令乘船追击大批逃出王室的奴隶，前后用了15天，终于把奴隶捕捉回来。这个事件从一个侧面反映了商代航行技术的状况。水运到了西周时期，又有了进一步的发展，因为人们在水路交通上不仅限于自然河道，而且开始挖掘人工河道。

春秋时期，为了方便交通，各国都开始开凿运河。首先是陈国和蔡国开凿了一条将淮河的两条支流沙水和汝水连通起来的运河，用来方便两国的交通往来，然后楚国也开凿了一条从都城郢（今湖北江陵北）到汉水的水道。吴国在这方面有了更大的进展，它相继开凿了沟通太湖和长江的胥河、沟通长江和淮河的邗沟以及沟通淮河和黄河的菏水。之后，魏国也开凿了沟通黄河和淮河的鸿沟。在这些人工运河中，胥河、邗沟、菏水以及鸿沟都起到了比较重要的作用，因而在历史上非常著名。

胥河、邗沟、菏水都是吴国为战争而开凿的。春秋末年，阖闾、夫差父子相继为吴王，而吴国也在伍子胥、孙武等人的支持下，逐渐强盛起来。吴王由于日益强盛的国力而起了进攻楚国等扩张国土的野心。但如果从陆路攻打楚国，吴国将面临长途跋涉的挑战，为了缩短从苏州到安徽巢湖一代的路程，吴国于公元前506年开挖了胥河。胥河开通后，吴国的船舶可以从苏州通太湖，经宜兴、高淳，穿石臼湖，在芜湖进入长江，这样就解决了路途遥远的难题。据史料记载，吴国迅速打败楚国后又将越国攻占，导致越王勾践不得不臣服于吴王。取得两次重大的胜利后，夫差认为吴国在长江流域已经独霸一方，决定进一步进犯北方，迫使北方诸侯也听从他的号令，于是在公元前486年又修通了邗沟。古邗城在今扬州市西北郊蜀冈一带，修筑邗城主要是为了在江北建立起进军北方的基地。基地建好后，还需要开通向北运送军队和粮食的通道，因而邗沟又被开凿出来。

邗沟，又被后人称为山阳渎，据《水经注·淮水注》的记载，它从

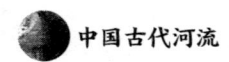 中国古代河流

邗城西南引长江水,绕过城东,折向北流,从陆阳、武广两湖(分别位于今高邮县东西)间穿过,北注樊梁湖(今高邮县北境),又折向东北,穿过博芝、射阳两湖(位于兴化、宝应间),再折向西北,到末口(今淮安市东北)入淮河。古人之所以设计如此曲折的邗沟渠线,是为了减少工程量,所以大部分渠道都是利用天然湖泊相连接的。邗沟全长约170千米,它开通后大大方便了南北航运,使吴国军队能够通过这条运河从长江直接进入淮河,为从水上攻打齐国提供了便利条件,也为大军进攻中原大地提供了先机。开凿邗沟后的第三年,即公元前484年,吴军与齐军大战于艾陵(今山东泰安市南),齐军几乎全军覆灭。

据史书记载,邗沟是我国,也是世界上有确切纪年的第一条大型运河。除了为吴国的军事行动立下汗马功劳外,后来江淮运河的开凿也是在这条运河的基础上完成的。吴国打败齐国后,决定进军中原,用强大的军事力量迫使原来北方诸侯首领晋国就范。为了实现这一军事计划,吴国又开凿了一条运河——菏水。那时,黄淮之间的东部有两条较大的自然河道,一条是济水,原黄河的岔道;另一条是泗水,最终流入淮河。泗水与济水相距不远,只要在两河间开一条运河,吴国的军队就可以从淮河进入泗水,通过运河转入济水,上溯济水,可达中原腹地。于是在公元前482年,吴王夫差就在今山东省鱼台县东和定陶县东北之间凿开了一条新水道,因其水源来自菏泽,所以命名为菏水。菏水的成功开凿同样为吴国的政绩和军事发展带来了极大的便利,同时,在此后很长一段时间内,它也为加强黄河、淮河和长江三大流域的经济、政治、文化的联系作出了重要贡献。

以大梁为中心开凿而成的运河——鸿沟,是魏国兴起的。在战国时期,魏国通过变法最先从七国中崛起。魏惠王在位时(公元前369—前319年),为了与列国角逐,迁都大梁(今河南开封西北)。迁都后,魏

国多次动工开凿以大梁为中心的运河,这就是历史上著名的鸿沟。鸿沟先在河南荥阳把黄河带有较多泥沙的水引入圃田泽(在今河南省中牟县西,已湮),使水中的大部分泥沙沉积在圃田泽中,不仅减轻了下游渠道的堵塞,又使圃田泽起到水柜的作用,调节鸿沟的水量。然后引水向东,绕过大梁城的北面和东面,向南与淮河支流丹水、睢水、涡水、颍水等连接起来。鸿沟所经宋、郑、陈、蔡、卫、曹等六国之地,连接济水、泗水以及菏水等主要河道,形成黄淮平原上的水道交通网,船只可以畅通无阻。鸿沟的开凿,有效促进了当时的政治、经济和文化的交流与发展。

2. 秦汉时期的河运

在中国古代交通史上,秦汉是发展的关键时期。随着大一统专制主义王朝的建立和巩固,全国规模的交通网也随之形成。除了陆路交通的突出发展之外,水路交通,尤其是内河航运也表现出显著的进步。当时,主要河流的主要河段都已通航,为便利水运,还开通了许多人工河道。秦汉时期,内河航运除了成为统治者生存并确保其行政效能的重要条件外,后世河运也是在此基础上发展起来的。

公元前221年,秦始皇前后一共花了10年时间,才最终使中原地区得到统一,紧接着又向岭南进军。由于五岭地区地形险峻,致使行军非常困难,秦军的进攻效率因粮草运输不及时而更加减慢。公元前219年,秦始皇到湘江上游出巡,为了解决南征部队的粮饷运输问题,派遣水利专家史禄在五岭之上开凿一条运河。运河设定的路线,就在今天广西壮族自治区兴安县城附近湘江与漓江的分水岭上。这里两江相隔不远,最近处达到1.5千米;山很低,相对高度只有20~30米。只要两江沟通,

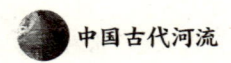

中原地区用船运来的粮草,就能够从水路一直翻越五岭,直达岭南地区。为了尽快完成这个任务,数十万秦军与民工日夜劳作,进行了艰苦的开凿工程。

历经5年多的努力,世界上最古老的运河之一灵渠最终挖成了。秦军的粮草运输问题被这条新开通的长33千米的运河轻易解决之后,秦兵取得最终胜利只是时间问题。最终,秦始皇控制了岭南,并在今天的桂林与广州以及雷州半岛地区设置了三个郡。在中国历史上,出现了空前统一的局面。

灵渠的贯通实现了珠江水系和长江水系的直接通航,它的开凿更体现了古代劳动人民的智慧与力量。修建灵渠的最大障碍就是在五岭的险峻地形上如何找到让船"上山"的办法。要想让船顺利"爬"上山,对水面"坡度"的控制要求就比较高。水面的"坡度"在航行术语上叫作"比降"。实践经验证明,适合于航行的比降应小于1/3000,也就是在长3000米的水路上,水位升高或者下降不得超过1米。一旦超出这一范围,就会导致比降增大,水流更加湍急,不利于航行运输事宜。事实上,湘江水面与漓江水面的水位差非常大,哪怕用筑堤的办法来提高水位,比降也依然太大,根本无法满足要求。为了解决这一问题,在开挖灵渠时,他们设计令河道迂回曲折,尽量多拐几个弯。这样,有限的河道就被大大延长了,当然比降也就相应缩小了。尽管如此,有的地方比降依然太大,最高达到1/160,也就是说,船每走160米,水位就会上升或下降1米。假如还像前面那样继续将河道延长,就需要再多走几个"之"字形,让比降减低到1/3000,那样河道就会延长20倍,这样实现的难度太高。于是,人们又发明了"斗门",也称为"陡门",也就是现在的船闸。在灵渠水位比降大并且不适于延长河道的地方,就分别利用巨石制作多个斗门，最多的有 36 座，最少的也有 10 座。每个斗门都配有专用的工具，像是斗杠、斗脚、斗编等。船进入一个斗门之后，随即将身后的斗门用专用的工具堵严，以确保其不会漏水，之后再慢慢开启前进方向上的另一个斗门。伴随着斗门打开，水从前方的斗门涌进来，不一会，两个斗门间的水位就持平了，于是，使船一级级向山上"爬"的愿望便实现了。采用同样的方法，船也可以顺利地从山上一级一级"爬"下来，只不过方向相反而已。

除去使船"爬"上山的好办法外，将湘江水引到灵渠的分水工程也是当时的一个重要创举。由于湘江上游的海洋河水量相当丰富，分水工程就修在了海洋河上，以此保证灵渠能够保持充足的水量，方便船只从海洋河通过分水工程进入运河。分水工程的旧址就建立在兴安县城东南约 2 千米远的分水村里。这里虽然不是距离运河最近的地方，然而此处海洋河床较高，方便将水引入运河。分水工程包括两部分，分别为人字形的拦河坝、铧嘴，所以将分水工程选在此处无疑是最好的选择。平时，坝下的一段海洋河旧道不会通水，只有到洪水到来时，大水才会翻越大坝流入旧道。铧嘴位于人字形拦河坝顶端的河心，可将海洋河水分成两部分，七分进入北渠，三分进入南渠。进入北渠的水，从人字坝向北，途经大约 3.5 千米的渠道，到达今洲子上村附近，返回到湘江故道；进入南渠的水，途经人工开凿的 4.5 千米的渠道，直接引入灵渠，作为运河的主要水源。

灵渠，是我国以至世界上最早建设并投入使用闸、横跨山峪的运河。在国外，最早的船闸到了 1375 年才在欧洲的荷兰出现，而这时，我国已经进入明朝了。我国古代劳动人民发明的这种利用船闸的行船技术，一直沿用至今。在 19 世纪末开建、20 世纪初修建而成的巴拿马运河，同样也

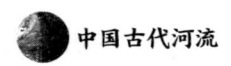
中国古代河流

使用了这种技术。

汉武帝时期，为了解决关中地区对东方漕粮的需求和黄河渭水运输的问题，开始整顿运河漕运。公元前129年（汉元光六年），汉武帝采纳大臣郑当时的提议，命令著名的水工徐伯，率领数万民工开凿一条和渭河平行的漕渠。漕渠在渭河南岸，傍渭东行，途经今临潼、渭南、华县、华阴，至潼关附近注入黄河，全长100多千米。后来又提出新的方案，开凿褒斜道，避开黄河中的砥柱，将山东的粮食从汉水经褒水、斜水漕运到关中地区。

汴渠和阳渠是东汉重点建设的两条通漕运河。汴渠原来是鸿沟系统的汜水，因西汉时期黄河泛滥，鸿沟破坏，等到了王景治理黄河、黄河归入正轨，鸿沟系统只剩下汜水了。汴就是汜，汴渠就是汜水。东汉时期，以洛阳为都城的原因就在于东部的产粮面积广阔。东方漕运船只，必须由汴渠入黄河，才能转入洛水。因而，统治者就开始打起了汴渠的主意。到了光武帝二十四年，张纯任大司空，重提整理洛水水道，但是改变了王梁的做法，在洛阳城南"穿阳渠引洛水为漕"。阳渠东至偃师，再归入洛水，并取得了成功。

知识链接

巴拿马运河

巴拿马运河地处中美洲的巴拿马，横穿巴拿马地峡，使太平洋和大西洋在此处连接起来，是重要的航运要道，被誉为世界七大工程奇迹之一以及"世界桥梁"。在开凿这条运河之前，在美国东西两岸间往来的船只，只能绕道位于南美洲的合恩角，而通过巴拿马运河则可缩短航程约15000千米。

巴拿马运河的长度约为65千米，宽的地方达304米，最窄的地方也有152米。巴拿马运河属于水闸式运河，整个运河的水位高出两大洋 26 米，设有 6 座船闸。仅需要 9 个小时，普通的船舶就能通过巴拿马运河，可以通航 76000 吨级的轮船。

巴拿马运河由美国建成，自 1914 年通航至 1979 年，一直由美国独自掌控。1979 年，运河的控制权转交给巴拿马运河委员会，但这是一个由美国和巴拿马共和国共同组成的联合机构。1999 年 12 月 31 日正午，运河的经营管理权全部交给巴拿马，由巴拿马运河管理局全权负责。

3. 隋唐时期的航运

在隋代，我国的运河开凿工程进入一个全新时期，即南北大运河的形成时期。在中国运河开凿史上，隋代第一次完成了纵贯南北的大运河。在我国古代运河发展史上，是承前启后的重要发展时期。

在这一时期，最伟大的工程无疑是南北大运河的贯通。京杭大运河是世界上最长的运河，它北与海河相连，南与钱塘江相接，将海河、黄河、淮河、长江和钱塘江五大水系，连成了统一的水运网。在隋以前，除秦汉和西晋是统一时期外，春秋战国和三国东晋南北朝则处于长期分裂割据，使运河的开凿多半是属于地方性的，范围很小，流程也比较短，只是局部地沟通了江、淮、河、海。只有隋朝所开的南北大运河，才沟通了海、河、淮、江、钱塘江五大水系，贯穿了河南、河北、江苏、浙江等省，全长 2700 千米，成为世界上开凿最早、航程最长、最雄伟的一条人工运河。可以说，大运河的开凿体现了我国古代劳动人民改造大自然的伟大力量和其自身的聪明才智，而作为当政者的隋炀帝，却因此留下贪图享乐、不顾人民死活的千古骂名。很多人认为，大运河的开凿主要是因为隋炀帝杨广这个暴君穷奢极欲、爱好游玩，但我们应该客观地看待这个问题。我国的

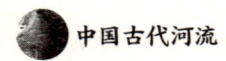 中国古代河流

大江大河大都是从西往东横向流动的。在现代陆路交通工具还没有出现的情况下，开凿一条纵贯南北的水路运输，是非常有必要的。特别是在结束南北朝分裂局面，隋朝实现了全国统一之后，南北大运河的开通是刻不容缓的趋势。

当时，隋朝的政治和军事中心在北方，而南方江淮地区的经济却有了很大的发展。北方城市所需要的物资，特别是粮食，有很大一部分要依赖江淮地区供应。怎样把这些粮食源源不断地运到北方地区，这是摆在统治阶级面前不得不解决的重大问题。物资自然可以通过陆路交通进行运输，但是因其耗资大速度慢的缺点，很难满足统治者的需求。只有利用水道运输，才能很好地完成这项任务。除此之外，南北经济自身的发展，也迫切地要求加强南北经济的联系；另外，从加强政治统治、满足军事需要的角度，开凿南北大运河也势在必行。所以，当时开凿运河是时代的需要和历史的必然，不能把它简单地归咎于隋炀帝的贪图享乐。但是，由于开凿运河是一项艰巨的工程，在当时的历史条件下势必给劳动人民带来巨大的灾难，使成千上万的民工惨死在运河工地上。晚唐文人韩偓写的《开河记》中描写了修河民工的悲惨生活。文中写道，隋炀帝派遣了酷吏麻叔谋主管修河，强制规定，凡是15岁以上的所有男丁都必须参加修河工程。共征发了360万人。同时又从五家抽一人，或老，或少，或女子，担负供应民工的伙食炊事。另外，隋炀帝还派出了五万名彪形大汉，各执刑杖，作为督促民工劳动的监工。因为劳动负担很重，监工督责太急，动不动就用棍棒毒打，所以不到一年，在360万民工中，就有250万人在修河过程中死亡。

运河开凿工程，并不是人们想象的那么简单。要求在勘察测量、节制水量、平衡水位差、利用天然湖泊和故水道等时，都必须有高超的科学水

平。隋代开凿运河时对这些复杂的技术问题如何解决且怎样进行具体的计划和施工等问题，文献资料缺乏记载，但从史实看，隋唐大运河是一次设计、一次施工、一次通航的，从工程进展的顺利和完工的速度来看，是与当时高超的工程技术知识和优秀的技术人才及丰富的经验密不可分的；而这些经验的积累和使用，都是与地方性运河的开凿密切关联的。隋朝时大运河的修建，首先是以东周春秋时期吴王夫差修建的邗沟为基础的，邗沟在经历了秦、汉、魏、晋和南北朝的发展，又连通了许多河道。到了隋朝时，隋炀帝杨广下令开凿一条贯通南北的大运河，主要包括四大工程：第一是广通渠；第二是通济渠；第三是永济渠；第四是江南河。下面我们就重点介绍一下隋朝修筑大运河的几项重要工程。

第一，开凿广通渠，与黄河连接起来。隋朝初年，以长安为其都城，有两条水道可以通往黄河，一条是自然河道——渭水，另一条便是汉朝修建的人工河道——漕渠。因渭水流浅，泥沙深，河道又弯弯曲曲，导致航行不方便；而漕渠也因水流不畅，堙废不能使用。在这种情况下，隋文帝又下令重修漕渠，改名为富民渠，工程交由大将郭衍负责。富民渠在郭衍等人的共同努力下很快修建而成，然而这条水路还是无法满足东粮西运的需求。三年之后，富民渠的改建工程再次启动。这次改建，要求把渠道凿得至少能够通航体型庞大的"方舟巨舫"。这次改建工作交由当时著名的水利专家宇文恺全权负责。改建工程在民工们的齐心协力下进展极为顺利，当年就竣工了。新渠的主要水源仍旧是渭水，从大兴城（今西安市）到潼关，全程长150多千米，重新命名为广通渠。广通渠修建完成之后，大大超过了原先的富民渠，完全能够满足关中运粮的需求。

第二，整治南通江淮的御河——通济渠与山阳渎。将都城迁往洛阳的隋炀帝，急需改善黄河与淮河以及长江之间的水上交通，以方便南粮北运，同时加强对东南地区的控制。因而，公元605年，隋炀帝下令，同时开凿通济渠和扩建山阳渎。通济渠可以划分为东、西两段。在东汉阳渠的基础上扩建而成西段，西（洛阳西面）以洛水以及其支流谷水作为水源，从洛阳城南穿过，流经偃师东南，再跟着洛水入黄河。东段西起荥阳西北黄河边上的板渚，把黄河水作为水源，途经今开封市及杞县、睢县、宁陵、商丘、夏邑、永城等县，再往东南，贯穿过今安徽宿县、灵璧、泗县，以及江苏的泗洪县，到达盱眙县注入淮水。两段全长将近1000千米。山阳渎北起淮水南岸的山阳（今江苏淮安市），一直向南，流经江都（今扬州市）西南与长江相接。这两项工程设计了统一的标准，不仅河渠要足够深，方便通行船体庞大的龙舟，而且要在河渠两岸栽种柳树，修筑御道，与此同时，为了满足隋炀帝的私人欲望，还在沿途修建了40余座华丽异常的离宫。在施工过程中，两条河渠将旧有的渠道与自然河道都加以充分利用，并规定了统一的宽度和深度，主要还要依靠人力开凿，因此，工程浩大且艰巨。即便如此，工程的进度依旧是惊人的，这两项艰巨的工程在短短五个月内就竣工了，不得不说，这是中外工程史上的一个奇迹。

第三，修建北通涿郡的永济渠。在完成通济渠与山阳渎的修建工程之后，隋炀帝决定在黄河以北再开凿一条运河，这就是永济渠。永济渠全长约1000千米，龙舟可以顺利地在其上畅通无阻。永济渠也可以划分为两段：南段从沁河口向北，途经今新乡、汲县、滑县、内黄（此段属河南省）、魏县、大名、馆陶、临西、清河（此段属河北）、武城、德州（此段属山东）、吴桥、东光、南皮、沧县、青县（此段属河北），抵达今天津市；北段从今天的天津市向西北风向通行，途经天津的武清、河北的安次到达涿郡（今北京市境）。永济渠工程的进展同样极为快速，南北两段都是当年就完成了。

第四，疏浚江南河。江南河原先为春秋时吴国开凿，以今天的苏州市为中心，向南通向钱塘江。在秦汉、三国、两晋、南北朝时，这条河曾经进行过多次整治。隋炀帝时，大概是为了效仿当年夏禹于会稽大会诸侯、秦始皇登会稽山以望东海的盛典，他又下令对江南河做了进一步疏浚。疏浚之后，江南河从京口到余杭，全长400多千米，宽十多丈，完全可以通行龙舟。隋炀帝东巡会稽的途中，为了满足私欲，下令在江南河两岸也建立多处奢华至极的驿宫。

广通渠、通济渠、山阳渎、永济渠以及江南河等渠道，在开凿时各自已经拥有独立的运输渠道。只不过，由于这些渠道都以长安、洛阳这些曾经的政治中心为枢纽，向东南与东北辐射，同时规格又几近相同，可以相互连接，因而实际上形成了一个完整的体系，共同构成了一条大运河，历史上将其称为南北大运河。这条自长安、洛阳，向东南通到余杭、向东北通到涿郡的大运河，堪称世界上最长的运河。因为它贯穿了钱塘江、长江、淮河、黄河、海河五大水系，唐代并没有像隋代那样大规模开凿大运河，主要是利用隋朝时遗留下来的运河加以疏浚整理和开凿不太长的新运河。但是，唐代漕运却是我国封建社会史上蓬勃发达的历史时期，开创了我国漕运史上光辉灿烂的一页，为唐王朝的繁荣昌盛作出了极大的贡献。

唐王朝对从江淮到长安的漕运干线进行了艰苦不懈的疏浚、修整以及开凿，主要工程包括四疏汴渠、五浚山阳渎、三治江南运河等，这极大地维护了长安与江淮之间的漕运事业，对唐中央政府的粮食和物资的供应意义重大。唐王朝除了致力于东南一系列运河的开凿、疏浚和整理之外，对

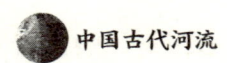 中国古代河流

走向东北的永济渠一线,也进行了一些整治工程,使永济渠的水量大大增加。但随着北方经济的衰退和安史之乱后河北三镇军阀的相继割据,永济渠的漕粮作用受到了极大的影响。

除了上述的南北大运河的开凿、疏浚和整理外,唐朝还对浦水道、褒斜道、嘉陵江故水道、灵渠和汾水道也都进行过疏凿和修浚的整治工程。如二凿丹水道、三治褒斜道、疏浚嘉陵江故水道、治理灵渠等,这些对漕运事业的兴旺发达都起了相当大的促进作用。

4. 隋唐以后的河运

南北大运河在公元610年开凿完工后,南北交通更加便利,加强了京都与河北、江南等地区的水上运输。只是,隋朝在历史上存在的时间太短,南北大运河开通不久便覆灭了。所以大运河的作用主要表现在以后各个朝代。北宋时,统治阶级每年通过大运河由江南运到开封的粮食,通常都在五六百万石,多时还曾达到800万石,超过了唐朝的漕运量。至于金银、布帛、香药、茶叶和其他土特产品所运送的数量就难以估计了。京城因为水运而变得更加繁盛,北方边疆军事也因水运而更加顺畅。元朝的疆域最大,超过了历代王朝。它定都大都(今北京)后,需要从江南运送大批粮食,所以这一时期的内河航运,主要是漕运。元朝先后开凿了"会通—济州河"和通惠河,使京杭大运河全线通航。如此一来,漕粮船从杭州出发,经江南运河进入扬州运河,再北入黄河、泗水,通过"会通—济州河",再由卫河入通惠河,直达大都。

元朝在开凿运河方面,主要进行了以下几项重大工程:一是开凿济州河与会通河。自元朝都城大都(今北京市)到东南产粮区,大多数地方都有水道可以通过,只有大都与通州之间、临清与济州之间没有开

■第六章 古代的水运、水利工程

通便捷的水道。所以，在这两个区间进行人工开凿河道成为南北水道贯通的关键所在。在临清与济州之间的运河，共分为两期修建，首先开通济州河，其次开通会通河。济州河南起济州（今济宁市）南面的鲁桥镇，北至须城（在今东平县）的安山，长达75千米。人们利用这里有利的自然条件，取泗水与汶水的水源，修建闸坝，开凿渠道，用来修通漕运。会通河南起须城的安山，连接济州河，凿渠向北，途经聊城，到达临清连接卫河，全长125千米。它与济州河一样，在河上同样创建了许多闸坝。开凿完成这两段运河后，来自南方的粮船就能顺利运往通州了。

二是开凿坝河与通惠河。为了把由海运、河运集中至通州的粮食，全部转运到大都，元朝亟须在大都和通州之间修建一条运输能力较大的运河，因而相继开凿了坝河与通惠河。首先开凿的坝河，西起大都光熙门（今北京东直门北面），向东至通州城北，接至温榆河。这条水道长约10千米，具有东低西高的地势，落差达20米，河道的比降比较大。为了保证粮船通航正常就在沿线设置了7个闸坝。而这条运河又称为坝河。后来因坝河水源供应不足，水道不通畅，元政府又下令开凿了通惠河。由著名的水利工程技术专家郭守敬负责通惠河的设计施工，他首先千方百计开辟了水源，并引水至积水潭蓄积起来，然后从积水潭向东开凿通航河段，途经皇城东侧南流，东南到文明门（今北京崇文门北），东到通州，接至白河。忽必烈将这条新开凿的人工河道命名为通惠河。通惠河开通之后，积水潭便成了繁华的码头，船来舟往，热闹非凡。

元朝时期，开凿运河的几项重大工程全部完成以后，今天全长850多千米的京杭大运河便形成了。京杭大运河把隋朝的南北大运河许多河段综

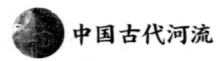

合利用起来，比南北大运河更为便捷。从北京至杭州水路比陆路可以缩短900多千米的航程。

明、清两朝，由于都在北京建都，所以此时的大运河依然发挥着它的重要作用，运往京城的大批粮食与货物主要还是依靠大运河。久而久之，在大运河沿岸也陆续出现了许多商业城市，明朝中后期的资本主义经济萌芽也和大运河的通行有密切关系。这个时候，除了大运河之外，作为东西水运主干的其他几个河流的航运，随着社会文化经济的发展，一样起着重要的作用。

参考文献

[1] 王俊. 中国古代水利[M]. 北京：中国商业出版社，2015.
[2] 王俊. 中国古代交通[M]. 北京：中国商业出版社，2015.
[3] 葛剑雄. 黄河与中华文明[M]. 北京：中华书局，2020.
[4] 中国科学院南京地理与湖泊研究所. 中国湖泊掠影[M]. 南京：南京大学出版社，2018.
[5] 杨景春，李有利. 华夏文明地理新谈[M]. 北京：北京大学出版社，2011.
[6] 韩建业. 早期中国：中华文化圈的形成和发展[M]. 上海：上海古籍出版社，2015.
[7] 许宏. 何以中国：公元前2000年的中原图景[M]. 北京：生活·读书·新知三联书店，2016.
[8] 李学勤，徐吉军. 黄河文化史（上中下）[M]. 江西：江西教育出版社，2003.
[9] 李学勤，徐吉军. 长江文化史（上下）[M]. 江西：江西教育出版社，2011.

图片授权

中华图片库
林静文化摄影部

敬 启

本书图片的编选,参阅了一些网站和公共图库。由于联系上的困难,我们与部分入选图片的作者未能取得联系,谨致深深的歉意。敬请图片原作者见到本书后,及时与我们联系,以便我们按国家有关规定支付稿酬并赠送样书。

联系邮箱:932389463@qq.com

中国传统民俗文化丛书

一、古代人物系列（13本）

1. 中国古代乞丐
2. 中国古代道士
3. 中国古代名帝
4. 中国古代名将
5. 中国古代名相
6. 中国古代文人
7. 中国古代高僧
8. 中国古代太监
9. 中国古代侠士
10. 中国古代幕僚
11. 中国古代皇后
12. 中国古代士人
13. 中国古代华侨

二、古代民俗系列（11本）

1. 中国古代民俗
2. 中国古代玩具
3. 中国古代服饰
4. 中国古代丧葬
5. 中国古代节日
6. 中国古代面具
7. 中国古代祭祀
8. 中国古代剪纸
9. 中国古代鞋帽
10. 中国古代生肖文化
11. 中国古代门窗

三、古代收藏系列（16本）

1. 中国古代金银器
2. 中国古代漆器
3. 中国古代藏书
4. 中国古代石雕
5. 中国古代雕刻
6. 中国古代书法
7. 中国古代木雕
8. 中国古代玉器
9. 中国古代青铜器
10. 中国古代瓷器
11. 中国古代钱币
12. 中国古代酒具
13. 中国古代家具
14. 中国古代陶器
15. 中国古代年画
16. 中国古代砖雕
17. 中国古代床文化

四、古代建筑系列（13本）

1. 中国古代建筑
2. 中国古代城墙
3. 中国古代陵墓
4. 中国古代砖瓦
5. 中国古代桥梁
6. 中国古塔
7. 中国古镇
8. 中国古代楼阁
9. 中国古都
10. 中国古代长城
11. 中国古代宫殿
12. 中国古代寺庙
13. 中国古代寺庙建筑与道观建筑

五、古代科学技术系列（16本）

1. 中国古代科技
2. 中国古代农业
3. 中国古代水利
4. 中国古代医学
5. 中国古代版画
6. 中国古代养殖
7. 中国古代船舶

8. 中国古代兵器

9. 中国古代纺织与印染

10. 中国古代农具

11. 中国古代园艺

12. 中国古代天文历法

13. 中国古代印刷

14. 中国古代地理

15. 中国古代地方志

16. 中国古代天文历法与二十四节气

六、古代政治经济制度系列（18本）

1. 中国古代经济

2. 中国古代科举

3. 中国古代邮驿

4. 中国古代赋税

5. 中国古代关隘

6. 中国古代交通

7. 中国古代商号

8. 中国古代官制

9. 中国古代航海

10. 中国古代贸易

11. 中国古代军队

12. 中国古代法律

13. 中国古代战争

14. 中国古代衙门

15. 中国古代外交

16. 中国古代盐文化

17. 中国古代河流

18. 中国古代车马

七、古代文化系列（28本）

1. 中国古代婚姻

2. 中国古代武术

3. 中国古代城市

4. 中国古代教育

5. 中国古代家训

6. 中国古代书院

7. 中国古代典籍

8. 中国古代石窟

9. 中国古代战场

10. 中国古代礼仪

11. 中国古村落

12. 中国古代体育

13. 中国古代姓氏

14. 中国古代文房四宝

15. 中国古代饮食

16. 中国古代娱乐

17. 中国古代兵书

18. 中国古代哲学

19. 中国古代宗祠

20. 中国古代奇案

21. 中国古代旅游

22. 中国古代家风

23. 中国古代地名

24. 中国古代家谱与年谱

25. 中国古代名字与别号

26. 中国古代墓志铭

27. 中国古代民居

28. 中国古代汉字史话

八、古代艺术系列（12本）

1. 中国古代艺术

2. 中国古代戏曲

3. 中国古代绘画

4. 中国古代音乐

5. 中国古代文学

6. 中国古代乐器

7. 中国古代刺绣

8. 中国古代碑刻

9. 中国古代舞蹈

10. 中国古代篆刻

11. 中国古代杂技

12. 中国古代民间工艺